U0535346

中文作为第二语言学习者的认知研究

The Cognitive Research of
Chinese as a Second Language Learners

吴思娜

——

著

北京出版集团
北京出版社

图书在版编目（CIP）数据

中文作为第二语言学习者的认知研究 / 吴思娜著 . — 北京：北京出版社，2022.6
ISBN 978-7-200-17246-1

Ⅰ. ①中… Ⅱ. ①吴… Ⅲ. ①汉语—对外汉语教学—教学研究 Ⅳ. ① H195.3

中国版本图书馆 CIP 数据核字（2022）第 105984 号

总 策 划：高立志　　　责任编辑：侯天保
责任印制：燕雨萌　　　封面设计：田　晗
责任营销：猫　娘

中文作为第二语言学习者的认知研究
ZHONGWEN ZUOWEI DI ER YUYAN XUEXIZHE DE RENZHI YANJIU
吴思娜 著

出　　版	北京出版集团
	北 京 出 版 社
地　　址	北京北三环中路 6 号
邮　　编	100120
网　　址	www.bph.com.cn
总 发 行	北京出版集团
印　　刷	北京华联印刷有限公司
经　　销	新华书店
开　　本	710 毫米 × 1000 毫米　1/16
印　　张	18.75
字　　数	287 千字
版　　次	2022 年 6 月第 1 版
印　　次	2022 年 6 月第 1 次印刷
书　　号	ISBN 978-7-200-17246-1
定　　价	80.00 元

如有印装质量问题，由本社负责调换
质量监督电话　010-58572393

前　言

　　国际中文教育关涉国家语言发展战略和中文国际影响力，意义重大。《中华人民共和国国民经济和社会发展第十四个五年规划和2035年远景目标纲要》明确提出，要提升中华文化影响力，而加强国际中文教育是实现这一目标的基本路径。

　　在国际中文教育中，一个最重要也是最值得关注的视角就是对学习者的研究。这是国际中文教学的基础，同时也能极大提高语言教学和学习的效率。虽然近年来出版了一些汉语二语习得的书籍，但是这些书籍多侧重于语言教学方面，对于学习者认知和加工规律方面的关注则十分有限。鉴于此，本书拟从字词、句子、篇章阅读、隐喻理解与具身认知、个体差异与教材需求等多个方面和层面，尽可能全方位地展示中文作为第二语言的研究成果。各章节目录的设置在内容、形式以及风格上都保持着一致性、连贯性，便于读者理解和查询。

　　本书第一章为中文作为第二语言学习者的字词加工，包含了四项研究。三项为汉字研究，一项为词汇研究。三项汉字研究分别从汉字字形的一致性意识、注音方式对阅读的影响、母语者与二语者汉字结构意识对比的角度探讨了影响汉字学习和认知的因素；一项词汇研究考察了外国学生汉语心理词典的构成及影响因素。

　　第二章为中文作为第二语言学习者的句子加工。五项研究主要从句法认知和加工的角度探讨了外国学生汉语句子学习的规律。着重考察了汉语定语、状语等句法的学习难度和句子加工中的语内和语际启动效应。

　　第三章为中文作为第二语言学习者的篇章阅读理解。由一篇研究综述和四项实证研究组成。研究综述主要从认知科学的视角对阅读理解的研究进程与未来发展进行了介绍。四项实证研究分别探讨了文本因素、学习者因素、国别因素和水平因素几个方面对中文作为第二语言阅读理解的影响。

  第四章为中文作为第二语言学习者的隐喻理解与具身认知。本章由四项研究组成。前两项研究为隐喻理解研究，具体考察惯用语的呈现方式对隐喻理解的影响及中文作为第二语言隐喻理解的策略；后两项则从最新兴起的第二代认知科学——具身认知的角度探讨汉语作为二语的空间隐喻的形成和特点。

  第五章为中文作为第二语言学习者的个体差异与教材需求。包含一项元认知策略的研究，一项认知风格的研究，三项教材分析和课程需求的研究。

  由于本人学识有限，研究过程中可能存在一些不足与错误，恳请各位学者、同行批评指正！

吴思娜
2022 年 1 月 19 日于北京

目 录

第一章　中文作为第二语言学习者的字词加工 ············· 1

第一节　外国学生汉字声旁一致性意识发展 ············· 3
 1　声旁一致性意识研究 ············· 3
 2　研究方法与程序 ············· 5
 3　研究结果与分析 ············· 6
 4　一致性意识研究结论及对国际中文教学的启示 ············· 8

第二节　注音方式对外国学生汉字学习的影响 ············· 11
 1　拼音对留学生中文学习的作用 ············· 11
 2　研究方法与程序 ············· 13
 3　结果与分析 ············· 14
 4　注音方式对外国学生汉字学习的影响及教学启示 ············· 16

第三节　母语者和二语者汉字结构意识的发展 ············· 18
 1　汉字结构意识的研究 ············· 18
 2　研究方法与程序 ············· 20
 3　研究结果与分析 ············· 22
 4　母语者与二语者汉字结构意识对比及研究结论 ············· 25

第四节　韩国学生汉语心理词典构成及影响因素 ············· 27
 1　二语心理词典的研究 ············· 27
 2　研究方法与程序 ············· 28

3　研究结果与分析 …………………………………… 30
　　4　韩国学生汉语心理词典的构成与影响因素及对国际中文教学的启示 …………………………………… 33

第二章　中文作为第二语言学习者的句子加工 …………………………………… 39
第一节　韩国及马来西亚学生汉语句法的加工难度 …………………………………… 41
　　1　偏误分析与句法加工 …………………………………… 41
　　2　不同水平的中文学习者句法认知难度 …………………………………… 42
　　3　不同国家的中文学习者句法认知难度 …………………………………… 45
　　4　句法认知难度的研究结论及其对国际中文教学的启示 …………………………………… 47
第二节　日本学生汉语句法认知难度研究 …………………………………… 51
　　1　标记理论与第二语言学习 …………………………………… 51
　　2　研究方法与程序 …………………………………… 53
　　3　研究结果与分析 …………………………………… 54
　　4　日本学生汉语句法认知等级及教学启示 …………………………………… 57
第三节　基于多元发展模式的留学生状语学习难度研究 …………………………………… 60
　　1　多元发展模式与学习难度研究 …………………………………… 60
　　2　研究方法与程序 …………………………………… 62
　　3　研究结果与分析 …………………………………… 64
　　4　基于多元发展模式的留学生状语学习难度与国际中文教学 …………………………………… 67
第四节　汉语句法启动效应研究 …………………………………… 71
　　1　句法启动效应研究 …………………………………… 71
　　2　研究方法与程序 …………………………………… 72
　　3　研究结果与分析 …………………………………… 75
　　4　汉语句法启动效应讨论与结论 …………………………………… 78
第五节　英语母语者汉语口语产生中的跨语言句法启动 …………………………………… 81
　　1　跨语言的句法启动效应研究 …………………………………… 81
　　2　不同水平留学生跨语言句法启动 …………………………………… 82
　　3　跨语言句法启动中的动词一致性 …………………………………… 86

  4 英汉跨语言句法启动结论及对国际中文教育的启示 ………… 88

第三章 中文作为第二语言学习者的篇章阅读理解 …………… 93
第一节 阅读理解的认知研究历程与发展 …………………… 95
  1 早期文本理解的实验心理学研究 ……………………… 96
  2 文本理解研究的起步 …………………………………… 96
  3 阅读理解的在线研究 …………………………………… 98
  4 未来值得关注的问题 …………………………………… 99
第二节 文本因素对二语阅读理解的影响 ………………………… 101
  1 文本因素与阅读理解 …………………………………… 101
  2 研究方法与程序 ………………………………………… 103
  3 研究结果与分析 ………………………………………… 104
  4 文本因素对二语阅读影响的讨论及其对国际中文教育的启示 ……………………………………………………… 109
第三节 学习者因素对不同国别学生汉语阅读理解的影响 ……… 113
  1 学习者因素与二语阅读理解 …………………………… 113
  2 研究方法与程序 ………………………………………… 115
  3 研究结果与分析 ………………………………………… 117
  4 学习者因素对不同国别学生汉语阅读理解的影响及教学建议 ………………………………………………………… 120
第四节 词汇知识、语素意识、词汇推理与二语阅读理解 ……… 123
  1 词汇知识、语素意识、词汇推理与二语阅读理解的研究现状 …………………………………………………… 123
  2 研究方法与程序 ………………………………………… 125
  3 研究结果与分析 ………………………………………… 128
  4 词汇知识、语素意识和词汇推理与二语阅读理解的讨论及教学建议 ………………………………………………… 132
第五节 语言学与策略知识在不同水平学习者汉语阅读理解中的作用 ……………………………………………………………… 136

　　　　1　语言学知识、策略知识与二语阅读理解 ……………………… 136
　　　　2　研究方法与程序 ………………………………………………… 137
　　　　3　研究结果与分析 ………………………………………………… 139
　　　　4　语言学和策略知识在不同水平二语学习者阅读理解中的
　　　　　　作用及教学启示 ………………………………………………… 142

第四章　中文作为第二语言学习者的隐喻理解与具身认知 ……………… 145
　第一节　汉语惯用语呈现方式对留学生隐喻理解的影响 …………………… 147
　　　　1　汉语惯用语理解的研究现状 …………………………………… 147
　　　　2　研究方法与程序 ………………………………………………… 148
　　　　3　研究结果与分析 ………………………………………………… 151
　　　　4　呈现方式对惯用语隐喻理解的影响及教学启示 …………… 153
　第二节　汉语二语学习者隐喻理解策略研究 …………………………… 157
　　　　1　隐喻与概念隐喻的研究 ………………………………………… 157
　　　　2　研究方法与程序 ………………………………………………… 159
　　　　3　研究结果与分析 ………………………………………………… 161
　　　　4　汉语二语隐喻理解策略的主要结论 …………………………… 168
　第三节　具身认知视角下汉语二语情感词的空间隐喻 ………………… 169
　　　　1　具身认知与空间隐喻 …………………………………………… 169
　　　　2　汉语二语情感词的空间隐喻 …………………………………… 172
　　　　3　马来母语情感词的空间隐喻 …………………………………… 177
　　　　4　具身认知视角下的空间隐喻讨论及主要结论 ……………… 179
　第四节　身体与文化的碰撞：水平空间隐喻的视角 ………………… 183
　　　　1　概念隐喻与水平空间隐喻的研究 ……………………………… 183
　　　　2　研究方法与程序 ………………………………………………… 186
　　　　3　研究结果与分析 ………………………………………………… 189
　　　　4　语言文化与身体特异性对水平空间隐喻影响的讨论
　　　　　　及主要结论 ……………………………………………………… 192

第五章　中文作为第二语言学习者的个体差异与教材需求 …… 197

第一节　日本与马来西亚学生阅读中的元认知策略 …… 199
1. 阅读策略中的元认知策略 …… 199
2. 研究方法与程序 …… 201
3. 研究结果与分析 …… 202
4. 日本与马来西亚学生阅读中的元认知策略讨论与教学启示 … 203

第二节　认知风格与外国学生学习成绩的关系 …… 206
1. 认知风格与二语学习 …… 206
2. 研究方法与程序 …… 208
3. 研究结果与分析 …… 209
4. 认知风格与二语学习的讨论及教学建议 …… 212

第三节　中文作为第二语言学习者阅读教材需求分析 …… 215
1. 需求分析与中文作为第二语言的需求分析 …… 215
2. 研究方法与程序 …… 217
3. 研究结果与分析 …… 218
4. 外国学生阅读教材需求分析讨论及结论 …… 227

第四节　从《大家的日语》看国际中文教材编写 …… 232
1. 《大家的日语》概要介绍 …… 232
2. 《大家的日语》编写特点及对国际中文教材编写的启发 …… 236
3. 存在的问题及改进措施 …… 239

第五节　基于学习风格的教材二次开发 …… 241
1. 学习风格与教材需求 …… 241
2. 研究方法与程序 …… 242
3. 研究结果与分析 …… 242
4. 基于学习风格的教材二次开发 …… 246

参考文献 …… 253

第一章

中文作为第二语言学习者的字词加工

- 外国学生汉字声旁一致性意识发展
- 注音方式对外国学生汉字学习的影响
- 母语者和二语者汉字结构意识的发展
- 韩国学生汉语心理词典构成及影响因素

第一节 外国学生汉字声旁一致性意识发展

1 声旁一致性意识研究

对于外国学生,即便是母语中包含汉字的日、韩学生而言,汉字无疑也是语言学习的一个难题。这个问题已经引起了国际中文教育界众多学者的重视。了解外国学生汉字学习的规律,更有效地实施国际中文教学已成为全体研究者共同的目标。研究证明,汉字的学习并不是无规律可循。汉字的主体是形声字,占汉字总数80%以上。王宁(1997)认为,现代形声字的声旁有效提示声音的比例占77%左右,形旁有效表意的比例占83%。形声字的字形、字音和字义三者之间的对应关系虽然不像拼音文字那样密切,但形旁和声旁都在一定程度上分别提供了字的语义和语音信息。

实验研究表明(舒华,2000;舒华,2003),中国成人和儿童对合体字的语音加工受到声旁发音与整字发音是否一致这一特性(规则性)的影响,对规则字(如"油")的命名要快于对不规则字(如"抽")的命名。对外国学生的研究也发现了类似的规律(郝美龄,2005;江新,2001)。另外,由同一声旁组成的汉字往往不止一个,同一声旁组成的所有汉字构成了一个家族,有的家族中全部的字发音相同，称为声旁一致字，例如："劳"字为声旁的一系列字"捞""崂""唠"等读音皆一致；也有的家族中的字发音不同，称为声旁不一致字，如"青"字为声旁的一系列形声字，"请""清""晴""情""鲭""蜻"等字的读音为/qing/，而"精""静""菁""靖"等字的读音为/jing/，倩的读音为/qian/。研究表明：汉字读音是否一致这一特性（即声旁一致性）也会影响汉字的命名（Fang，1986；Peng，1994），并且在读汉字的时候，虽然声旁的规则性和一致性都很重要，但一致性的效果比规则性的更好（金善娥、辛承姬，2015）。

舒华等（2000）考察了中国儿童汉字声旁一致性意识的发展。结果发现，随着年级的提高，声旁一致性意识对猜测不熟悉字读音的影响增强。小学四年级语文水平高的儿童已经开始萌发声旁的一致性意识，六年级儿童总体上已经发展了一致性意识，而初二年级学生已得到比较充分的发展，接近成人的水平。Ho等（1999）发现香港一年级儿童通过短期训练就可以利用熟悉字来推测含有相同声旁的不熟悉字的读音，例如，通过"爐"的音来推测"鱸"的音，其中声旁是儿童不熟悉的。王娟等（2015）采用类别一致性判断任务考察了汉语儿童意符（形旁）一致性意识的发展特征。结果发现，儿童的意符一致性意识随着年级增长而提高，六年级儿童获得了完善的意符（形旁）一致性意识。儿童这种通过熟悉字猜测不熟悉字读音的类推能力表明，他们已经开始了汉字声旁一致性意识的萌芽。最近的研究表明（张金鑫，2020），声旁家族大小对于不同年级小学生的形声字识别具有一定的影响。越是认识汉字多的学习者，越会利用形声字的一致性规则（金善娥、辛承姬，2015）。

以上研究说明，以汉语作为第一语言的儿童在学习过程中，可以发现并利用声旁提供的语音信息来学习生字，并逐渐发展起声旁的一致性效应。相对于儿童的研究，外国学生声旁一致性意识发展的研究还十分有限。儿童和外国学生同属语言学习群体，但二者又差别很大，儿童在学习过程中表现出来的形声字一致性的发展规律是否适用于外国学生呢？本研究试图回答以下三个问题：（1）外国学生是否能发展起来类似儿童的汉字声旁一致性意识？（2）外国学生一致性意识是否随着学习的增加而增强？（3）不同汉字水平的外国学生的一致性意识发展速度是否相同？

2 研究方法与程序

2.1 研究对象

北京外国语大学中文学院 60 名日本、韩国本科学生参加了研究，其中一年级、二年级、三年级学生各 20 名。让班主任老师按照汉字水平的差别将学生分成两个小组，分别为高水平组和低水平组，每组 10 名。这里仅选用日、韩籍学生，主要是考虑日、韩学生具有一定的汉字基础，而一致性意识的建立需要以一定的汉字量作为基础。

2.2 研究设计与材料

研究采用 3（年级）×2（水平）×2（字的类型）的三因素混合设计，其中年级和水平是被试间因素。年级分为三个水平，水平分为高、低两个水平；字的类型是被试内因素，分为一致字和不一致字两个水平。

研究材料由 40 对汉字组成，这 40 对字均为左右结构，即声旁在右边的形声字。每对字中，第一个字均为高频熟悉字（如"妈"），第二个字是低频不熟悉字（如"码"）。不熟悉字与熟悉字共用一个声旁。这 40 对字中有 20 对是声旁一致字；另外 20 对字为不一致字。

2.3 研究程序与假设

本研究采用的形式为纸笔测验。在测验过程中，要求学生对两个字的读音是否相同做出判断。如果可能同音，画"√"；不同音，画"×"。假设学生已经发展了声旁一致性的意识，这种意识就将会影响学生对不熟悉字的判断，从而影响到做强迫判断的反应：一致的声旁会使学生倾向于认为当前的熟悉字和其他包含此声旁的汉字读音一样，从而更多地做出肯定的判断；不一致的声旁会使学生意识到当前不熟悉字与其他包含此声旁的汉字读音可能不一样，从而增加做出否定判断的可能性。所以，如果学生已经发展起声旁一致性意识，他们对声旁不一致字的否定判断会高于对一致字的否定判断。反之，如果学生声旁一致性意识尚未发展起来，他们对这两种字的否定判断比例就不会有明显的差异。

3 研究结果与分析

3.1 不同年级之间的比较

学生在声旁一致字和不一致字上的否定判断比率如表1所示。通过对不同年级和字的类型（一致字/不一致字）进行的方差分析发现：字的类型主效应十分显著，$F_{(1,57)}=28.73$，$p<0.001$，学生对声旁不一致字上的否定判断显著高于对声旁一致字的否定判断，同时，一致字的否定判断比率随着年级的增高而降低，不一致字的否定判断比率随着年级的增高而增高；字的类型与年级的交互效应显著，$F_{(2,57)}=4.74$，$p<0.05$。这说明，各年级表现出的模式并不完全相同，因此需要进一步分析。进一步的简单效应分析显示：一年级被试对一致字和不一致字否定判断比率的差异不显著，$t_{(19)}=1.14$，$p>0.05$，说明他们判断的标准是随机原则，同时说明一年级的外国学生还没有产生声旁的一致性意识；二年级被试的差异显著，$t_{(19)}=2.67$，$p<0.01$，这表明二年级的外国学生已经形成了一定的声旁一致性意识；三年级被试的差异极显著，$t_{(19)}=5.31$，$p<0.001$，说明他们的一致性意识已经充分发展起来。

表1 一致字和不一致字的"否定"判断比率

声旁一致性	一年级	二年级	三年级
一致字	0.46	0.40	0.39
不一致字	0.50	0.52	0.61
差异	0.04	0.12	0.22

可见，随着年级的增高，学生对声旁不一致字与一致字的否定判断的差异在逐渐增加，说明高年级的学生对声旁不一致字更倾向于认为不同音，而对声旁一致字更倾向于做出同音判断。这表明，学生声旁一致性意识在随着年级升高而逐渐增强，且这种意识被自觉地迁移到新遇到的汉字上。上述分析是基于每个年级全体学生得到的结果，在年级内部，不同水平的学生之间

这种意识程度是否相同呢？

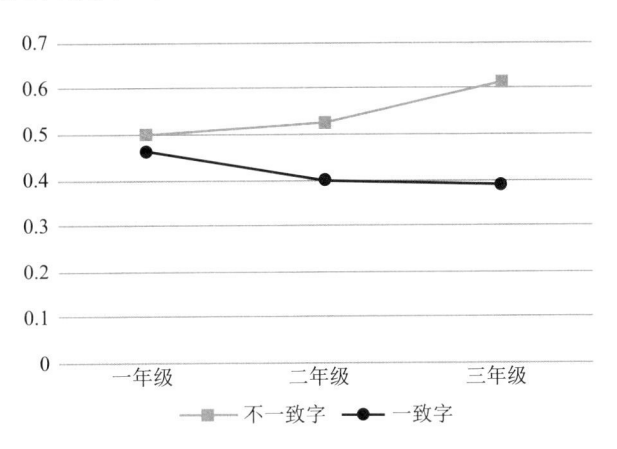

图1 不同年级一致字和不一致字的"否定"判断比率

3.2 不同汉字水平学生的比较

我们进一步对一年级外国学生进行了分析，研究结果见表2。不同汉字水平和字的类型（一致字/不一致字）进行的方差分析发现：字的类型的主效应不显著，$F_{(1,18)}=0.003$，$p>0.05$；这与前面的结果是一致的，说明一致字和不一致字的判断比率没有差别。一年级学生不同汉字水平的主效应显著，$F_{(1,18)}=9.68$，$p<0.01$，高水平学生的否定判断比率比低水平的学生更多。水平和字的类型交互作用显著，$F_{(1,18)}=5.75$，$p<0.05$，说明不同水平学生的判断模式不同。Pair-t检验结果表明，高水平组在字的类型上差异显著，$t_{(9)}=-2.64$，$p<0.05$；说明高水平组学生在不一致字上的否定判断明显多于一致字，已开始表现出一致性意识的萌芽，而低水平组在字的类型上差异不显著，$t_{(9)}=1.32$，$p>0.05$，显然，他们还没有出现一致性意识。

表2 不同水平学生的"否定"判断比率

字的类型	一年级		二年级		三年级	
	高	低	高	低	高	低
一致字	0.49	0.45	0.38	0.42	0.38	0.40
不一致字	0.60	0.40	0.64	0.41	0.74	0.49

二年级的学生字的类型主效应显著，$F_{(1,18)} = 12.88$，$p < 0.01$，说明一致字和不一致字否定判断的比率有差别。水平的主效应不显著，$F_{(1,18)} = 3.51$，$p > 0.05$，水平高和水平低的学生总体的否定判断比率没有差别。但是，汉字水平和字的类型交互作用显著，$F_{(1,18)} = 16.30$，$p < 0.01$，说明不同水平学生的判断模式不同。Pair-t 检验结果表明，高水平组在字的类型上差异显著，$t_{(9)} = -4.23$，$p < 0.01$；说明高水平学生在不一致字上的否定判断明显多于在一致字上的判断，并且差异比一年级时更大，这说明了一致性意识的持续发展。低水平学生的表现同一年级时相同，在字的类型上差异不显著，$t_{(9)} = 0.52$，$p > 0.05$，这表明，到二年级时汉字水平低的学生仍然没有出现一致性意识。

三年级学生字的类型的主效应显著，$F_{(1,18)} = 61.62$，$p < 0.01$；不一致字的否定判断比率多于一致字。汉字水平的主效应显著，$F_{(1,18)} = 10.74$，$p < 0.01$，同一、二年级时相同，水平高的学生否定判断比率和水平低的学生不同。同样，汉字水平和字的类型交互作用显著，$F_{(1,18)} = 23.53$，$p < 0.01$，不同水平的学生否定判断的模式有差异。Pair-t 检验结果表明，高水平的学生在不一致字上的否定判断明显多于一致字，$t_{(9)} = -7.66$，$p < 0.01$；而且，这种差异进一步加大，表现了一致性意识的进一步发展。与此同时，低水平学生在字的类型上差异也显著，$t_{(9)} = -2.68$，$p < 0.05$。这表明，到三年级时汉字水平低的学生也开始出现一致性意识。

4 一致性意识研究结论及对国际中文教学的启示

4.1 一致性意识的发展过程

本研究通过要求学生判断两个汉字是否同音的方法，观察到了日、韩学生汉字声旁一致性意识及其发展过程。

徐丽华（2003）在分析日、韩学生汉字学习特点时指出，对属汉字文化圈的日、韩学生来说，学习汉字不像欧美学生那样感觉茫然和无助，汉字本身就是记录他们母语的书写符号的重要组成部分。1981 年日本政府公布的《常用汉字表》收有汉字 1945 个。但是在学习中，日本学生仍然面临着区分汉字和日语中的"简俗字""国字"以及扩大汉字数量的问题；韩国教育部公布的常用汉字略少于日本，但韩国的中学普遍开设汉文必修课，许多父母愿意利用课余时间把孩子送到汉文补习班学习。所以韩国学生来华之前早已熟知汉字的形体，学习汉字最需解决的问题是简体汉字与繁体汉字的对应关系，掌握简体汉字的书写规范以及增加汉字的数量。

虽然日、韩学生的母语中存在大量的汉字，但是，这些汉字和汉语中汉字的发音完全不同，而声旁一致性意识的产生和发展依赖于对某一声旁以及包含这一声旁在内的所有汉字的读音的认识。在这一点上，日、韩学生虽然因其母语中存在的汉字使书写过程变得更加容易，但是汉字的读音差异并没有帮助他们形成关于汉字读音规则的意识。因此，一年级的日、韩学生对声旁一致字和不一致字所做的否定判断比例接近随机概率，说明一年级学生尚未建立声旁一致性意识。一年级学生对声旁一致字做否定判断的比率高于二年级学生，二年级学生又高于三年级学生；而对不一致字做否定判断的比率一年级学生低于二年级学生，二年级学生低于三年级学生，这两种不同的趋势反映了声旁一致性意识的存在和随着年级的增高而不断加强的发展过程。

综合本研究的结果可以看出，一年级学生没有产生声旁一致性意识；二年级学生已经产生了声旁一致性意识的萌芽，并自觉运用到不熟悉的汉字上；三年级学生发展了声旁一致性意识，但是这种意识的发展还没有达到顶峰。这是针对学生总体分析得到的结果，而在每个年级内部，不同水平的学生之间仍然存在很大的差别。

4.2 不同水平学生发展的差别

研究显示，不同汉字水平的学生在一致性意识发展的时间进程上是不同的。一年级水平高的学生已经开始了一致性意识的萌芽，他们初步建立了声旁家族的概念，对不一致字的否定判断比率明显高于对一致字的判断比率。一年级水平低的学生则没有产生这种意识。到了二年级时，水平高的学生进一步发展了一致性意识，而水平低的学生仍然没有发展起一致性意识。三年级时，水平高的学生的一致性意识继续发展，而水平低的学生则开始表现一致性意识的萌芽。从不同水平的学生所表现的一致性意识的时间可以看出，一致性的发展和汉字的水平有关，只有在掌握了一定数量的汉字的基础上，才有可能发展起一致性意识。这种发展的过程是学生在学习过程中自觉形成的，所以，对于水平低的学生而言，可能需要比较长的时间，如果在教学过程中教师能有意识地把一些同声旁的字结合在一起讲授，对学生汉字一致性意识的发展将起到促进作用。

4.3 对国际中文教学的启示

4.3.1 合理安排教材中的汉字

张熙昌（2007）发现，在2500个常用字中，形声字有1644个，占常用字的65.76%，其中声韵调都相同的有490个，占形声字的29.81%，占常用字的19.60%。因此我们应当给形声字教学以足够的重视，充分利用形声字自身所具有的音义理据，来降低学习难度，提高汉字学习效率。对初级阶段外国学生汉语课本中的生字类型进行的统计分析发现，《汉语教程》第一册出现的生字中形声字与非形声字数量相当，而且三分之二的形声字的声旁是学生未学过的，这就无法明确提示声旁与整字之间的语音关系。

4.3.2 口语词汇和书面语词汇分开教学

现行课本的编排顺序大多是按照语言交际的功能，以口语表达为主线编排的。这种编排顺序有利于学生尽快适应目的语交际的需要。但是，汉字学习和记忆的问题也就突显出来。由于一些汉字在口语中的使用频率远远高于在书面语中的使用频率，这就造成学生汉字书写产生困难。比如，"谢谢"一词的写法比较复杂，而且在口语中的使用频率远高于书面语。因此，在国际中文教学过程中，有必要将口语词汇的教学和汉字的教学分开进行。在汉字教学时，可以让学生从字的构成和书写形式最简单的独体字开始学习，对这种字的学习还有另一个好处，那就是这些独体字一般都具有极强的构字能力，基本上都能成为形声字的声旁，而由同一独体字形成的形声字很容易使学生形成一个"声旁家族"的概念，有利于一致性意识的发展。

4.3.3 声旁的直接教学

郝美玲（2005）发现，在学完800多个汉字以后，外国学生可以自觉建立起部件的概念，但是这些部件往往是比较小的单位，例如"请"字的部件"月"对外国学生来说很熟悉，声旁"青"却没学过，因此，在他们的意识里，"月"会有清晰的表征而"青"的表征却比较模糊。事实上，在外国学生的学习中，较大单位的部件（主要是形旁和声旁）中比较小单位的部件（例如"请"字中的部件"月"）所起的作用更大。因此建议在课堂教学中，教师在教授笔画和常用的组字频率很高的部件后，可以适当引入形旁和声旁的概念。教一个形声字时，不仅要教该字的读音，也要给学生出示该字声旁的读音，并提示声旁和整字的读音关系，以帮助学生有意识地运用声旁提供的语音线索。

4.3.4 帮助学生总结和发现汉字的规律

如何提高汉字学习的效率呢？建议通过归纳总结的办法来帮助学生发现汉字的规律。在汉字学习的过程中，由于具有成熟的认知推理水平，外国学生比较容易建立起部件意识，但在部件与功能没有真正结合起来以前，部件在汉字学习中的作用非常有限，只有将部件与其表音（声旁）、表意（形旁）的功能结合起来，才能提高学习者的学习效率。

第二节 注音方式对外国学生汉字学习的影响

1 拼音对留学生中文学习的作用

汉语是联合国规定使用的五种工作语言之一。目前，学中文在世界上很多国家和地区成为一种热潮。在这种形势下，如何更高效、更科学地学习中文就成为一个重要的课题。为了进行正常的阅读，一个汉语读者通常要学习几千甚至上万个汉字，因此，识字是阅读学习中极其关键的一步。研究发现（柯彼德，2003），外国学生在学习汉语过程中，听说能力和读写能力经常不能协调，甚至会互相脱离、互相干扰。学习中国语言的最大难点是传统的文字。汉字之所以难学是因为汉字难以据其字形获得其读音。汉语拼音是联结字形和字音的桥梁。有研究者认为拼音是我国语言学界的最大成就，它具有强大的生命力。

因此，中国儿童在开始学习汉字时往往借助拼音作为辅助工具。拼音对小学低年级儿童学习生字词是有积极作用的（舒华等，1993）。同时，不同的拼音注音方式和呈现方式会对儿童汉字学习产生不同的影响（陈琳等，2016）。在教师考核条件下，全文注音方式比无注音方式的效果更好（杨斌芳，2016）。外国学生在中文学习过程中，首先也要学习拼音，并通过拼音建立汉字字形和字音之间的联结。在国际中文教学中，一个普遍的现象是，虽然学生对汉字的熟悉要经历一个相当长的时期，但在短时间内就可以基本掌握汉语拼音。无论是初学者还是有一定中文基础的学生，在学习中始终离不开拼音。研究者发现，拼音知识可以有效预测学习者的汉字阅读成绩，也可以预测形声字学习成绩以及同声旁未学生字的阅读正确率（郝美玲、赵春阳，2022）。随着我国国际中文教育事业的迅速发展，拼音在国际中文教学中所起的作用也日益明显。可以说，拼音已经成为国际中文教学的重要手段，是外国学生学习中文的重要法宝。但同时，也应该正确地对待拼音的作用。孟子敏在《在对外汉语语音教学中使用〈汉语拼音方案〉的几个问题》一文中，第一次讨论了汉语拼音方案对汉语发音偏误的诱发和教学对策的问题（孟子敏，1995）。赵金铭主编的《对外汉语教学概论》，也指出汉语拼音对汉语语音学习产生的积极影响和负面影响（赵金铭，2004）。此外，还有一些研究者从不同母语背景的视角研究了相关问题，如周奕对日本学生，孟柱忆对韩国学生，蔡整莹、曹文对泰国学生的研究（周奕，2005；孟柱忆，2000；蔡整莹、曹文，2001），指出汉语拼音对偏误的诱发问题。儿童发展的研究也发现，拼音的作用是有条件的。拼音起作用的范围主要是儿童口语里熟悉的词。此外，注音方式对儿童的学习效果也具有重要影响。儿童阅读研究中发现，仅对生字注音的学习效果远不如对整篇文章全部注音的学习效果（伍新春等，2002）。

在外国学生阅读学习过程中，教师往往会要求学生阅读一些短文或故事。对生字词的处理可以有几种不同方式。一是全篇注音，使学生顺利获得每一个字词的读音与字形；二是仅在生字词上进行注音；三是文中没有拼音，生字词在文章的前面或者后面以生词表的方式标出。这几种标注拼音的方式对学生的汉字学习是否有影响？哪一种注音标注方式的学习效果最好？这个问题关系到留学生如何高效、快速地掌握汉字，对汉字教学具有重要作用。

2 研究方法与程序

2.1 研究对象

北京外国语大学中国语言与文学学院培训中心汉语初级水平外国学生56人,学生掌握的词汇量在100—500字,相当于HSK考试2级至3级水平。

2.2 研究材料

研究材料为四个HSK考试书中经过改编的小故事。每篇故事的总字数150—200字,相当于HSK考试3级水平。四个故事整体难度基本一致。每个故事有四个版本:全文注音、生字注音、拼音在前(生字拼音在整个故事前列出)和拼音在后(生字拼音在整个故事后列出)。按照拉丁方设计分配材料,共形成16份学习材料。

从每个故事中挑出7个生字,生字的选择标准为在课本中没有出现过的,并且经过汉语课老师的评定。将28个生字做成两种随机顺序,分别制成单字测验和语境测验两种测验类型。在单字测验中,仅提供单独的目标汉字,让学生注音。而在语境测验中,引用故事中的原句,对非目标字给予拼音,让学生对目标字注音。另外,为了考查学生对整个故事的理解程度,还根据每个故事的内容编制了阅读理解测验,每个故事一道题。

2.3 研究设计与实施

本研究为2(测验类型)×4(注音方式)被试内设计。其中,测验类型有单字测验和语境测验两个水平;而注音方式有全文注音、生字注音、拼音在前和拼音在后四个不同的水平。用拉丁方设计把上述16份材料分成四种测验类型,每一种类型测验包含了四个故事和四个版本,每种类型测验中的四个故事分别属于不同的版本,每个学生接受一种类型测验,阅读四个不同故事。

为了确保学生都不认识这些生字,我们又做了预测。预测中我们找了和正式研究中的班级水平相当的班级,它和正式研究中的班级使用相同的教材,学生的背景和学习时长也相仿，预测共有21个同学。研究材料中的28个生字的平均识别率为23%。

为了使阅读条件尽可能地接近真实的阅读情景，采用课上集中阅读的方式，阅读过程中教师可以对学生不理解的词语进行解释，也可以对学生不认识的非目标汉字进行辅导。每个故事的阅读时间为10—15分钟。阅读结束后，学生独立完成阅读理解题目。此题旨在检查学生对文章的理解，并不做具体分析。

2.4 数据收集与整理

学生阅读完四个故事后进行单字和语境两项测验。为避免测验顺序不当造成的学习效应，对每个学生的测验都按照单字测验、语境测验的顺序进行。学生对汉字进行注音，考虑到学生的拼音水平有限，我们在统计正确率时将声调的错误忽略不计。

3 结果与分析

3.1 全方差分析

首先，我们统计了学生在不同注音方式下测验的正确率，见表3和图2。对测验结果进行了重复测量方差分析。结果发现，测验类型主效应显著：$F_{(1,55)} = 51.52$，$p < 0.001$；句子条件下的识别成绩明显高于单字条件。注音方式和测验类型交互作用不显著：$F_{(3,165)} = 1.58$，$p > 0.05$。说明不同条件下，学生表现出的模式是相近的。不同注音方式主效应显著：$F_{(3,165)} = 22.40$，$p < 0.001$。表明注音方式对汉字的识别具有明显的影响。为了了解不同注音方式之间的差异，需要做进一步的配对分析。

表3 学生在不同注音方式下测验的正确率及标准差

条件	单字（SD）	句子（SD）
全文注音	0.52 (0.27)	0.63 (0.29)
生字注音	0.34 (0.20)	0.43 (0.23)
拼音在前	0.30 (0.18)	0.43 (0.21)
拼音在后	0.41 (0.26)	0.50 (0.33)

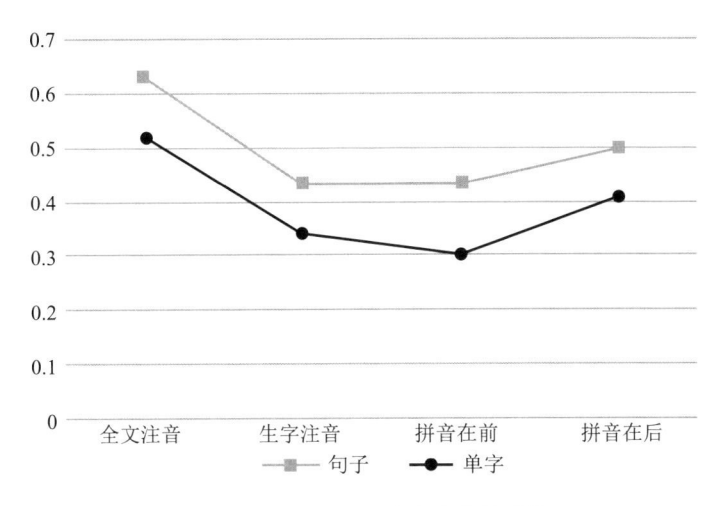

图 2　学生在不同注音方式中的成绩

3.2　单字条件

为了检测具体的差异，我们采用了配对 t 检验的方法对单字和句子测验进行比较。从表 3 中可以看出，成绩最好的条件是"全文注音"。它的成绩好于其他三种注音方式。多重比较也发现，"全文注音"的方式和其他三种注音方式的成绩存在显著差异（生字注音：$t_{(55)}=5.60$，$p<0.001$；拼音在前：$t_{(55)}=6.84$，$p<0.001$；拼音在后：$t_{(55)}=4.14$，$p<0.001$）。

"拼音在后"条件的成绩显著低于"全文注音"条件，同时又明显好于"生字注音"和"拼音在前"两种条件。（生字注音：$t_{(55)}=-2.39$，$p<0.05$，拼音在前：$t_{(55)}=-3.65$，$p<0.01$）。

"生字注音"条件和"拼音在前"条件之间的差异不显著（$t_{(55)}=1.37$，$p>0.1$），但是明显低于"拼音在后"条件和"全文注音"条件。

3.3　语境效应

句子测验得到的结果和单字测验非常一致。"全文注音"的成绩好于其他三种注音方式（生词注音：$t_{(55)}=5.63$，$p<0.001$；拼音在前：$t_{(55)}=6.23$，$p<0.001$；拼音在后：$t_{(55)}=4.99$，$p<0.001$）。

"拼音在后"条件的成绩显著低于"全文注音"条件，同时又明显好于"生字注音"和"拼音在前"两种条件（生字注音：$t_{(55)} = -2.21$，$p < 0.05$，拼音在前：$t_{(55)} = -2.01$，$p < 0.05$）。

"生字注音"和"拼音在前"的成绩没有显著差异，$t_{(55)} = -0.29$，$p > 0.1$，但是明显低于"拼音在后"和"全文注音"条件。结果表明，"全文注音"条件效果最好，其次是"拼音在后"条件，最差的是"拼音在前"和"生字注音"条件，这两者之间没有显著差异。

4 注音方式对外国学生汉字学习的影响及教学启示

4.1 语境对汉字学习的意义

有西方研究者认为，对于受到本国传统教育的西方人，达到高水平精通汉语并了解中国社会和文化是一项极为艰巨并需要坚忍精神的任务。虽然来中国专门进修一两年中文的学生在回国后，口语既流利又得体，但是他们无论是在阅读报纸、文学作品和其他书面材料，或者是自己写信、写报告和文章时，仍旧还有不少困难。因此，汉字的学习是一项非常艰巨而重要的任务，而如何有效并且快速地掌握汉字也就成了首要的研究课题。语境对于汉语学习的作用，这几年受到越来越多研究者的关注。本研究中的测验顺序为先进行单字测验，然后立刻进行语境测验，两个测验中间没有时间学习。从研究结果来看，学生在有语境的条件下成绩远远好于单字条件，而且，四种注音方式都得到了相同的结果。这说明，语境线索的确可以帮助学生从字形中获得读音，这一点对于汉字教学具有重要的意义。徐子亮（2000）认为："对于外国留学生而言，走由词学字的道路，比由字学词效果好得多。"

笔者在教学过程中曾发现，"幸子"在书中作为人名出现时，学生识别没有任何困难，但是如果单独出现"幸"时，学生就无法识别。因此，在教学过程中，教师应该充分利用语境因素进行教学。此外，本研究还发现，测验类型和注音方式之间没有交互作用，这说明了语境的作用在四种不同注音方式中的促进作用是相似的，同时也说明了语境的效应是相对稳定的。但因为我们的研究中所选用的被试都是初级水平的学习者，因此，语境对不同级别学习者的促进作用是否相同，还有待于进一步的研究。

4.2 注音方式对汉字学习的影响

阅读材料的注音方式是一个很少有人研究但又十分重要的问题。为了帮助学生在阅读过程中建立适当的形音联结，教育者往往会为其中的生词添加拼音，但是添加的方式有很多。有的课本或阅读材料在全部的内容上加注拼音，有的材料只为生词注音，也有的材料把需要标注拼音的生词全部放在文章的前面，与内容分开；还有的材料则全部放在后面。我们的研究发现，标注拼音的方式对学生建立形音联结会产生一定影响。在全部的内容上加注拼音的效果最好，其次是拼音在材料之后的标注方法，最差的方式是只在生词上进行注音和拼音放在材料之前的标注方式。这可能是因为，在全文注音的条件下，学生可以获得完整的字形和语音，使他们在阅读时既依靠汉字也依靠拼音，而在遇到生词时则能较好地把字形和语音相结合。这个结果和儿童发展的研究得到的结果是一致的。伍新春等人在儿童分享阅读的研究中发现（伍新春等，2002），"全文注音"是一种可取的注音方式，其成绩好于"生字注音"方式。本研究也得到了类似的结果。"生字注音"条件的成绩比"拼音在后"和"全文注音"条件的成绩都差。这也说明，"生字注音"方式不利于学生掌握字形与字音之间的联结。这可能是因为，在"生字注音"条件下，标注了拼音的生字具有一定的新异性，提示学生忽略字形，直接关注拼音，分散了学生对字形的注意，阻碍了形—音联系的建立。对于"拼音在前"和"拼音在后"两种条件下的差异，这是出乎我们的意料的。因为在这两种条件下，除了拼音存在的位置不同，其他条件均相同，那么，为什么两种条件下成绩会有显著差异呢？我们分析，这可能与学习者的阅读习惯有关。因为人们在阅读书籍和材料时，总是从前往后翻看，学生阅读材料时也会按照同样的顺序。所以，学生在遇到生字时也有一种向后看的倾向，而往前查找生词的注音可能更不习惯，需要更多时间，给阅读造成困难。因为我们在研究中选取的被试都是初级水平的汉语学习者，因此，这一研究结果还需要来自其他水平的学习者的验证。无论如何，本研究的结果将对国际中文教学产生一定的启示。在教学中，教师应该了解学生的学习规律，在给学生设计阅读材料时，为了让学生对材料中的汉字有最好的记忆效果，应尽量做到对全部的材料加以注音，这样，学生既可以复习学过的生词，又可以较好地学习新的生词。从研究中我们可以看到，如果注音方式不合适，拼音可能不会帮助学生建立汉字的形—音联系。

第三节　母语者和二语者汉字结构意识的发展

1　汉字结构意识的研究

每种文字都有一定的造字规则，即正字法规则，而汉字学习一直是欧美等外国学生学习的重点和难点。欧美学生使用的是以形表音的拼音文字，与汉字的特征具有本质的不同（冯丽萍等，2005）。汉字是非拼音文字，有复杂的两维结构，由大量的部件，按一定规则组合而成。掌握汉字正字法规则可以帮助学生更好地理解和记忆汉字。

对于儿童阅读获得的研究发现，当儿童开始注意书面文字的时候，他们就可能对书写的规则性变得敏感了。研究者发现，在儿童熟悉的文字系统中，5岁的儿童就能识别出上下颠倒或左右颠倒不正确的字（Miller，2002）。这说明儿童在接受正式的教育之前就对书面文字的视觉结构方面有了一定的认识。近年来的研究结果表明，儿童在学习过程中发展起来的组字规则意识而不是一般的视觉分析技能在儿童阅读发展中起着重要的作用（彭聃龄，1997）。Peng & Li（1995）研究了小学三年级、六年级儿童和大学生的组字规则意识，结果发现大学生与三年级和六年级的儿童的反应时、错误率模式相似，即对左右部件位置均符合组字规则的字反应时最长，而且错误率最高；对左右部件位置均不符合组字规则的字反应时最短，且错误率最低。这表明了三年级的学生已经对组字规则敏感；六年级学生对正字法的掌握已经达到大学生的水平（Peng & Li，1995）。舒华、刘宝霞（1997）发现，判断"形旁在字中出现的位置是不正常的"假字最容易；判断"形旁和声旁的位置都符合规则"的假字最难，判断部件错误的假字，错误率随年级的增高而减少。他们的实验结果表明，儿童对汉字组合规则已有一定的认识，而且他们对形旁和声旁的位置及其组合规则的认识发展较早，但对声旁内部结构的认识发展较晚。李娟等人（2000）对小学一年级、三年级、五年级儿童及大学生的汉语正字法意识进行了研究，结果表明儿童的正字法意识的形成是以识字为基础逐步发展的。小学一年级儿童已萌发正字法意识，但到五年级时才能基本达到成人的水平。王晓雯（2020）采用实验法探讨了朝鲜族儿童在汉字笔画、结构、部件和部件位置意识上的发展特点，分析了朝鲜族儿童汉字正字法意识对汉字识别的影响。结果发现，朝鲜族儿童部件和部件位置意识的发展，在幼儿园大班时开始部件位置意识的萌芽，一年级时开始部件结构意识的萌芽。部件位置意识早于也好于部件结构意识的发展。荣泰（2018）考察了泰国华人学校的小学生汉字正字法意识发展，发现小学阶段是汉字正字法意识发展的重要阶段，学生对不同结构汉字的认知能力逐渐加强。

虽然同样是语言学习过程，但二语者和母语者的汉语学习有着明显的不同。首先，二语者在学习汉语之前就掌握了大量的母语词汇，虽然这些词汇的写法和内涵与汉语不同，但是能帮助他们有效地理解汉语词汇的意义。其次，二语者的口语词汇知识比母语者缺乏，这使他们利用口语词汇进行学习的能力受到限制；最后，二语者所拥有丰富的母语学习策略，这会对他们的汉语学习产生影响。正是这些不同，使我们不应该也不能够把母语者的研究结果应用到二语者的汉语学习中。

对二语学习者的汉字研究发现（肖奚强，2002），中高级水平的二语学习者对部件位置信息已经有了一定的敏感性，学生产生的汉字偏误较多地发生在意旁，发生在声旁的比例很小，在水平较低的学生的汉字加工中，字形因素起着更大的作用。部件的位置信息对汉字圈和非汉字圈的学习者具有不同的作用。鹿士义（2002）用假字、非字和真字判断的反应时和正确率来考察二语学习者的汉字结构意识的发展。结果发现，二语学习者的汉字正字法意识随着汉语水平的提高而发展，从初识汉字到正字法意识的萌发需要两年左右的时间。

我们认为，前人的研究是有意义的，但也存在一定问题。比如以往研究中所使用的因变量常为反应时和正确率,这两种指标同时使用可能存在相互之间的平衡(trade-off)问题。也就是说,为了追求更快的反应速度,有时会以正确率作为代价,反之亦然。因此,这类研究需要在保证一定的正确率的前提下,对反应时进行分析。但是作者一般并不会在文中报告学生的反应正确率。因此,我们无法断定在学生的反应时数据中是否存在着平衡问题。而且,已有的研究并没有对假字和非字的内部结构做研究,意识的发展应该是一个连续的过程,而不仅仅是明显的假字和非字的辨别。另外,已有的研究虽然显示,二语学习者能够在汉字学习过程中掌握一定的正字法规则,但对于这种规则发展的过程,以及与母语者发展的过程的异同,则没有涉及。对这个问题的研究可以使教育者了解学生汉字学习的一般规律,更有效地实施教学。

2 研究方法与程序

2.1 研究对象

研究对象分为母语者和二语者两个群体。母语者为北京市一所普通小学一、二、四、六年级学生。其中一年级学生53人;二年级学生70人;四年级学生72人;六年级学生82人,共计277人。二语者为北京外国语大学短期进修生共174人,其母语中均没有汉字。汉语水平按其实际情况分为A级、B级、C级、D级、E级五个等级。A级的词汇量为100个以下;B级为100—800;C级800—1500;D级1500—3000;E级为3000以上。A级有58人,B级有53人,C级有30人,D级有20人,E级有13人。

2.2 研究材料

母语者的测验材料共有57个字。其中真字30个,均来自小学语文课本,人造假字27个,有五种类型:结构良好假字,这种字完全符合正字法规则,所用部件也是学生熟悉的,但是在汉语中并不存在。如:枫;结构不好、位置不可能假字,这种字的左右部件都处于其不经常出现或根本就不可能出现的位置,如:斤;结构良好,但部件不正确字,这种字符合造字规则,但其中有一个部件是在汉字中没有的,如:奶。经过单因素方差分析检验,三种条件下的假字的笔画数无显著差异。具体的笔画数见表4。

二语者测验共有70个字。考虑到不同群体使用的课本有所差异。因此,我们变换了测验用字。其中真字30个,选自初级汉语课本。假字40个,二语者另外增加了一种假字,即上下颠倒的字,如:㞢。几种类型的笔画数无显著差异,见表5。

表4 母语者测验用字的数量及笔画数

类型	条件	例	数量	笔画
假字	结构良好	枫	9	8.7
	位置不可能	斤	9	8.4
	结构好部件不正确	奶	9	8.7
真字		真	9	8.3

表5 二语者测验用字的数量及笔画数

类型	条件	例	数量	笔画
假字	结构良好	休	10	7.5
	位置不可能	卟	10	7.4
	结构好部件不正确	早	10	8.1
	上下颠倒	㞢	10	5.9
真字		天	30	6.4

2.3 研究设计

母语者研究采用4×3混合设计。4(年级)为被试间变量,有一、二、四、六年级四个水平;3(类型)为被试内变量,有三个水平。二语者研究采用5×4混合设计。5(汉语级别)为被试间变量,有A、B、C、D、E级五个水平;4(类型)为被试内变量,有四个水平。

2.4 实施与数据处理

测验采用团体施测。四种研究材料以随机的方式呈现给被试。研究材料印在一张A4的纸上。每个字的下面有一个方框,被试对该字在汉语中是否存在作判断，真字画"√"，假字画"×"。

计算被试在每种条件下的正确率，对正确率进行方差分析和多重比较。因为研究中真字只是用作填充字，因此，只对假字进行分析。

3 研究结果与分析

3.1 年级效应和条件效应

母语者测验中的正确率见表6。为了考察年级和条件效应，我们进行4（年级）×3（类型）的方差分析；结果显示：类型主效应极显著 $F_{(2,546)}$ = 121.154，$p<0.001$，年级主效应极显著 $F_{(3,273)}$ = 15.06，$p<0.001$；二者交互作用极显著 $F_{(6,546)}$ = 16.105，$p<0.001$。

表6 母语者不同类型假字的判断正确率

类型	条件	一年级	二年级	四年级	六年级
结构良好	类型1	0.56	0.48	0.46	0.42
位置不可能	类型2	0.79	0.96	0.98	0.97
结构好部件不正确	类型3	0.61	0.71	0.83	0.87

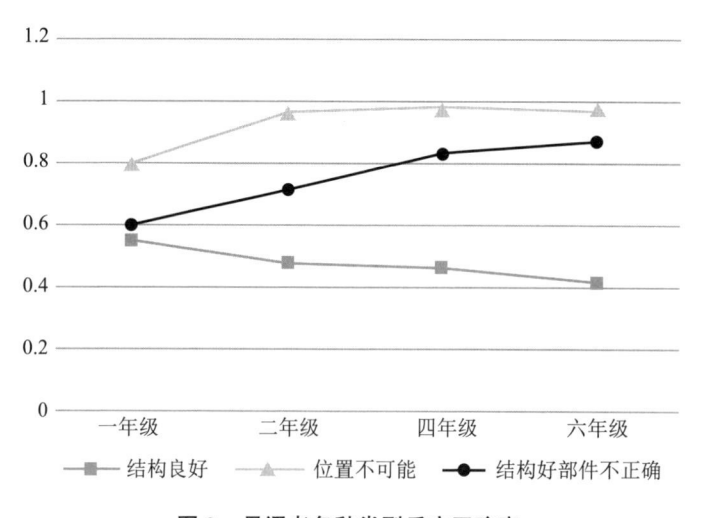

图3 母语者各种类型反应正确率

二语者测验中各年级各种类型的正确率见表7。为了考察年级和类型效应，我们进行了方差分析。结果显示：类型主效应极显著 $F_{(3,507)} = 205.83$，$p < 0.001$；年级主效应极显著 $F_{(4,169)} = 11.88$，$p < 0.001$；交互作用不显著 $F_{(12,507)} = 1.33$，$p = 1.96$。

两个测验中的结果都表明各个年级发展的程度有很大差异，而学生对不同类型的字的发展速度也不同。为了考查学生汉字结构规则发展的具体水平，我们做了下面的分析。

表7　二语者各种类型假字的判断正确率

类型	A级	B级	C级	D级	E级
结构良好	0.36	0.44	0.52	0.42	0.58
位置不可能	0.77	0.95	0.97	0.97	0.99
结构好部件不正确	0.41	0.52	0.61	0.58	0.75
上下颠倒	0.84	0.97	0.96	0.98	0.99

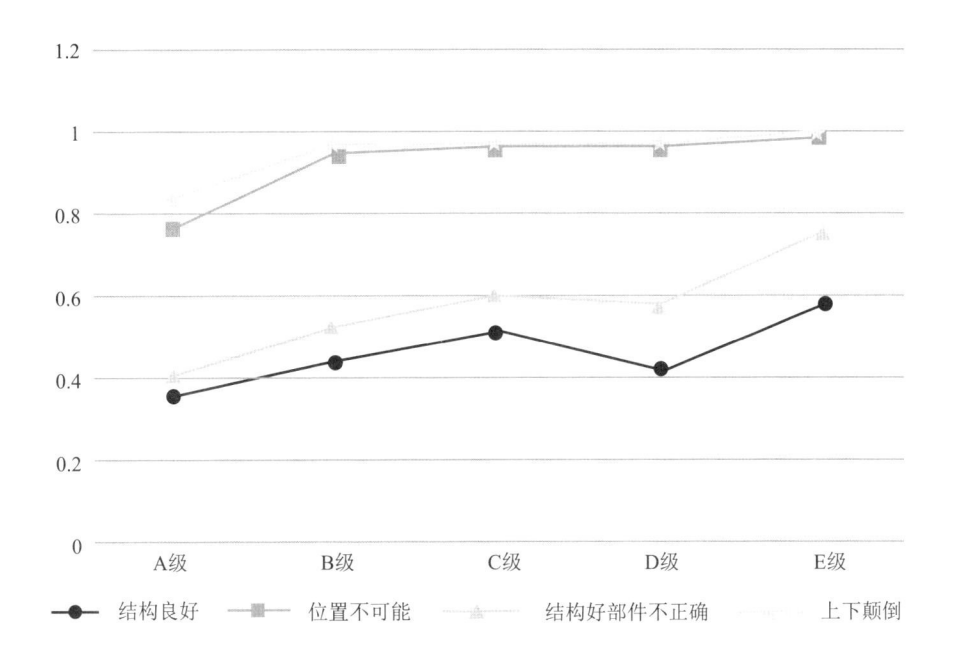

图4　外国学生各种类型反应正确率

3.2 年级间的比较

为了检验二语者每种条件下不同年级学生发展的水平，我们进行了多重比较。结果表明：对于结构良好的非字，虽然各级别之间差异显著 $F_{(3,273)}$ = 2.926，$p<0.05$，但是选择的比率都在 0.5 左右，都处于随机水平。进一步的多重比较发现：A 级和 C 级、E 级的差异显著（$p=0.03$；$p=0.03$），而且反应比率明显低于概率水平（$p=0.001$）。这说明，A 级同学更倾向于认为这种字在汉语中存在，而其他级别学生的反应则更倾向于不能确定。

对于位置不可能的非字，母语者年级间的差异均显著 $F_{(3,273)}$ = 28.911，$p<0.05$；多重比较发现，一年级和二、四、六年级的差异显著，而二年级和四、六年级的差异不显著。二语者的年级间差异显著 $F_{(4,173)}$ = 16.35，$p<0.05$；多重比较发现：A 级和其他各级别同学都存在显著差异，B、C、D、E 级之间没有显著差异。这说明，对于一年级母语者和 A 级二语学习者来说，都没有完全掌握汉字部件的位置信息。

对于结构良好但部件不正确的非字，母语者的年级间差异显著 $F_{(3,273)}$ = 7.453，$p<0.05$；多重比较发现，一年级与各年级差异显著，二、四年级差异显著；二语学习者年级间差异显著 $F_{(4,173)}$ = 7.70，$p<0.05$；A 级学生的正确率明显低于概率水平。虽然 B、C、D 级之间的差异不显著，但是正确率也都处于概率水平。E 级学生的正确率已经高于概率水平，而且显著高于其他级别学生。这说明，部件意识不论在母语者还是二语者的学习中，都是较难掌握的，到了中等偏上的年级才能有较大发展。

对于上下颠倒的非字，二语学习者年级间的差异显著 $F_{(4,173)}$ = 8.34，$p<0.05$；多重比较发现：A 级和其他级别差异显著，而其他级别之间无显著差异。A 级学生虽然在成绩上明显落后于其他级别同学，但他们的正确率已经超过了概率水平，说明 A 级阶段汉字整体形状的意识已经初步发展，而且很快就会达到顶峰。

4 母语者与二语者汉字结构意识对比及研究结论

4.1 不同发展阶段的差异

从研究结果来看，母语者和二语者对汉字的一般组合规则的意识都存在一个发展过程。我们将分别就不同类型的假字对年级差异进行分析。

对于结构良好的假字，A级的二语学习者更倾向于接受这种字为真。这可能因为这种字虽然是假字，但是它完全符合正字法规则，A级的二语学习者本身拥有的词汇量十分有限，对于结构良好的汉字，他们在拒绝时会更加保守。但对部件不正确的非字的判断，A级同学也更多地表现出"接受其为真字"的倾向。这说明，A级同学还没有很好地发展汉字的部件意识，但是已经掌握了一定位置信息。对于二语学习者而言，汉字的结构意识的发展是一个"由外及里"的过程，即先发展汉字的框架意识，然后才深入到汉字内部。母语学习者的一年级学生表现出了和二、四、六年级同学相似的模式。对于其他种类的字的判断，一年级同学的正确率也都超过了概率水平，因此我们可以认为，一年级的母语学习者已经初步产生了汉字的结构意识。

对于位置不可能的非字，一年级和二、四、六年级的差异显著，而二年级和四、六年级的差异不显著。这个结果较为清晰地说明：一年级的学生已经开始对汉字部件的位置信息敏感了。到了二年级部件位置意识就得到了充分发展。二语学习者中A级和其他各级别学生之间都存在显著差异，但B、C、D、E级学生之间没有显著差异。因此，可以认为和一年级的母语者类似，汉字的部件位置信息在二语者学习初期就发展了，而且很快就能达到顶峰。

对于结构好而部件不正确的非字，母语者二年级的成绩明显好于一年级的成绩，四年级的成绩又明显好于二年级的成绩，但六年级的成绩与四年级的成绩没有差别。这说明，部件意识是一个不断发展的过程，一直持续到四年级，四年级的学生对部件的意识已经有很大提高。这和舒华、曾红梅（1996）的研究是一致的。他们认为，对于汉字内部结构的细节的觉察是一个逐渐发展的过程，他们对形旁和声旁的位置及其组合规则的认识发展较早，对声旁内部结构的认识发展较晚。而且这种认识随年级的增高而不断提高，一直持续整个小学阶段。二语者中 A 级学生的正确率明显低于概率水平，表现了他们较少的正字法知识，而更倾向于接受的态度。B、C、D 级的差异不显著，正确率也都处于概率水平，说明他们并没有真正发展起汉字的部件意识。E 级学生的正确率已经超出概率水平，而且显著高于其他级别学生，说明二语者汉字的部件意识发展较为缓慢，飞跃时间一直到中高级阶段才会出现。

对于上下颠倒的非字，二语学习者中 A 级学生的正确率超过了概率水平，这说明他们并不是随意判断，已经产生了汉字整体形状的意识。A 级学习者和 B、C、D、E 级学习者的差异显著，而 B、C、D、E 级学习者之间没有差异，并且成绩出现"天花板效应"。这表明学生到了 B 级就能完全发展这种意识，这种意识的发展时间较早，所需时间较短。

4.2　母语者与二语者的差异

母语者和二语者在汉字结构意识的发展中表现了非常类似的过程，都是由汉字的整体结构意识向汉字内部结构意识发展变化。对汉字的整体意识发展较早，而且这种意识很快就能发展充分。二语学习者大约经过半年的学习，就能掌握汉字的结构信息和部件的位置信息。对于部件正确性的觉察，不论对母语者还是二语者来说，都是一个较为滞后并且漫长的过程。二语学习者在学习汉字后相当长的一段时间里都不具有这种意识，表现为其判断成绩处于随机水平。他们不具有汉字部件意识，是因为他们识记汉字的单元仍然是笔画，因此，当轮廓类似的假字出现时，他们不能有效地觉察错误部件。这种部件意识只有在积累了一定数量的汉字以后才能形成。相比之下，母语者的部件意识发展较早，这可能与他们在学前阶段接触了一定的汉字有关，因此，他们发展的基础高于二语学习者，但两个群体的发展过程和发展趋势是相同的。这可能是由汉字的特点和识记汉字过程的规律决定的，这种规律为国际中文的汉字教学提供了一定的参考。

第四节　韩国学生汉语心理词典构成及影响因素

1　二语心理词典的研究

　　心理词典，又称为心理词库或心理词汇，是指词汇知识存贮的心理表征。19世纪对失语症的研究开启了学界对心理词典的关注，之后越来越多的学者开始研究心理词典的表征模式、词语提取等（周谨平，2013）。心理词典的研究已经成为心理语言学中一个非常重要的研究领域，受到了众多语言研究者的关注。大部分心理词典的研究采用"词汇联想测试"方法，最常见的有看—写法、听—说法、听—写法等，即给被试口头或书面呈现一个刺激词，让被试说出或写出联想到的词，也就是反应词。通过考察反应词与刺激词之间的关系，研究者可以了解被试心理词典的组织结构及表征方式。以往研究显示，被试的反应词与刺激词之间的关系主要有以下几种类型（张淑静，2003；Nissen & Henriksen，2006；谢谜，2009；Li，2009；付玉萍、崔艳嫣等，2009）：（1）聚合反应：反应词与刺激词有明显语义关系，并且词性相同，如：比赛—竞争；（2）组合反应：反应词与刺激词能在句中构成顺序关系或搭配关系，如：比赛—足球；（3）语音反应：反应词与刺激词在发音上接近，但没有语义联系。如比赛—笔记；（4）无关反应：无上述关联的反应词，如比赛—邮票；（5）无反应：没有给出任何反应词。

　　国内英语作为二语的研究发现：在初级阶段，中国英语学习者会产生大量的语音反应（张淑静，2003、2004、2005、2008；付玉萍、崔艳嫣等，2009），但也有不同的证据表明语音反应即便在初级阶段所占比例也很小，聚合反应和组合反应占绝对优势（崔艳嫣、刘振前，2010）。虽是如此，大部分研究者还是认为语音联系在二语心理词典中起主导作用（张淑静，2005；谢谜，2009；付玉萍、崔艳嫣等，2009）。研究者还发现，随着二语水平的提高，学习者会产生更多的聚合反应，而非组合反应（张淑静，2003、2005；张萍，2010；谢谜，2009）。但同时，也有人发现水平较高的学习者会产生更多的组合反应，而非聚合反应（Li，2009）。

随着研究的深入，人们越来越意识到心理词典的组织结构远没有想象的那么简单。其构成不仅受学习水平制约，也与词汇本身的性质有关。研究者先后发现了心理词典中的词频效应（Soderman，1993）、词汇熟悉度效应（Namei，2004）和词性效应（Nissen & Henriksen，2006；张珊珊，2006）。然而这些都是关于英语心理词典的研究。

汉语心理词典方面的研究目前相当有限。龚社莲（2010）考察了初级阶段越南学生汉语心理词典的组织结构，发现被试的组合反应高于聚合反应，但其他国家学生以及其他水平学生的情况目前不得而知。

众所周知，韩国不仅是汉语学习人数最多的国家之一，在韩语中也存在大量的汉字词，汉字词的意义和用法有些和汉语词汇非常接近，如"和睦——화목"；但有些却和汉语差别很大，如"小心——조심"。韩语中的意思是"胆子小、不大方"。两种语言文字之间的共性和特性会对韩国学生汉语心理词典的组织结构产生何种影响呢？总结韩国学生汉语心理词典的结构特点，将有助于教育者了解为数众多的韩国学生汉语词汇学习的特点，继而为学生提供及时、有效的指导。

鉴于此，本研究拟探讨韩国学生汉语心理词典的组织结构，并将深入词汇内部，考察词汇特性对心理词典结构的影响。具体回答如下几个问题：（1）韩国学生汉语心理词典的组织结构如何？（2）双字词的词性是否影响韩国学生汉语心理词典的组织结构？（3）双字词的构词形式是否影响韩国学生汉语心理词典的组织结构？

2 研究方法与程序

2.1 研究对象

韩国某大学汉语专业学生43名。其中汉语学习时间为一年以下者13名；一至两年者9名；两年以上者21名。女生30名；男生13名。

2.2 研究材料

测试材料一共为40个双字词,为名词和动词,其中名词24个,动词16个。选自韩国学生所用的汉语课本《新实用汉语课本》(1、2册),并且为《汉语水平词汇与汉字等级大纲》中的甲级词。经班级未参加正式测试的同学和任课老师评定,全部为已学词语。之所以选择名词和动词,原因有二:一是这两类词心理词典的组织结构在英语的研究中被发现有较大差异;二是这两类词学生接触最多,且数量最大。具体种类、数量及分配见表8。

表8 实验材料列表

测试词 (40个)	动词 (16个)	结婚、起床、比赛、上课、参加、练习、考试、游泳、帮忙、提高、放假、散步、认识、开门、见面、看病	
	名词 (24个)	联合式 (8个)	朋友、衣服、语言、生活、种类、身体、世界、时间
		偏正式 (8个)	构词数大 (8个)	汉语、机票、书店、画家、电影、商场、篮球、汽车
			构词数小 (8个)	饭馆、书包、牛奶、京剧、队员、医院、新年、花园

2.3 反应分类及计分

本研究采用"自由联想测试"范式。书面呈现一个刺激词,被试看到这个词后,在20秒之内将头脑中出现的第一个词写出来,不会写的汉字可以用拼音代替。如写出一个以上的词语,按照第一个反应进行分析。笔者参考以往研究(邢红兵,2003;张淑静,2003;Namei,2004;Nissen & Henriksen,2006;谢谜,2009;付玉萍、崔艳嫣等,2009),将反应词分为五类:聚合反应(比赛—竞争)、组合反应(比赛—足球)、语音反应(比赛—笔记)、无关反应(比赛—邮票)、无反应。这五种类别几乎包含了母语和二语者的全部反应类型,是当前研究者比较认可和广泛使用的分类模式。

评分由两位具有海外汉语教学经验的志愿者教师对所有反应词进行独立分类，事后统计二人评分一致性信度为0.92。对于两位评定者分类不一致的反应词，由另外一位专业教师再次进行分类。最后，统计每种反应的频次和比例，数据分析使用SPSS19.0统计软件进行。

3 研究结果与分析

3.1 总体反应类型及差异

本研究共获得1720个数据。其中语音反应49次；聚合反应503次；组合反应1089次；无关反应24次；无反应55次。为了便于观察，将数据转换成百分数进行比较（见表9）。对不同阶段学生各种反应进行X^2检验发现，学生五种反应的差异显著（$X^2 = 2416$, df = 4, $p < 0.001$），聚合和组合反应的比例最大，分别占30%和61%，远高于语音反应和其他反应类型。组合反应高于聚合反应（$X^2 = 215.7$, df = 1, $p < 0.001$），三个阶段上聚合反应和组合反应的差异都显著（$X^2 = 11.57$, df = 1, $p < 0.01$；$X^2 = 39.24$, df = 1, $p < 0.001$；$X^2 = 197.28$, df = 1, $p < 0.001$）。聚合反应随着学习时间的增加逐渐减少，而组合反应则逐渐增加，二者差异不断扩大（见图5）。

因为语音反应和其他反应类型所占比例较低，在下文中将不做分析。

表9 不同级别学生各类反应比例

反应类型	全体	一年以内	一——两年	两年以上
语音反应	3%	4%	2%	2%
聚合反应	30%	36%	30%	24%
组合反应	61%	50%	62%	71%
无关反应	5%	7%	6%	2%
无反应	1%	3%	0%	1%

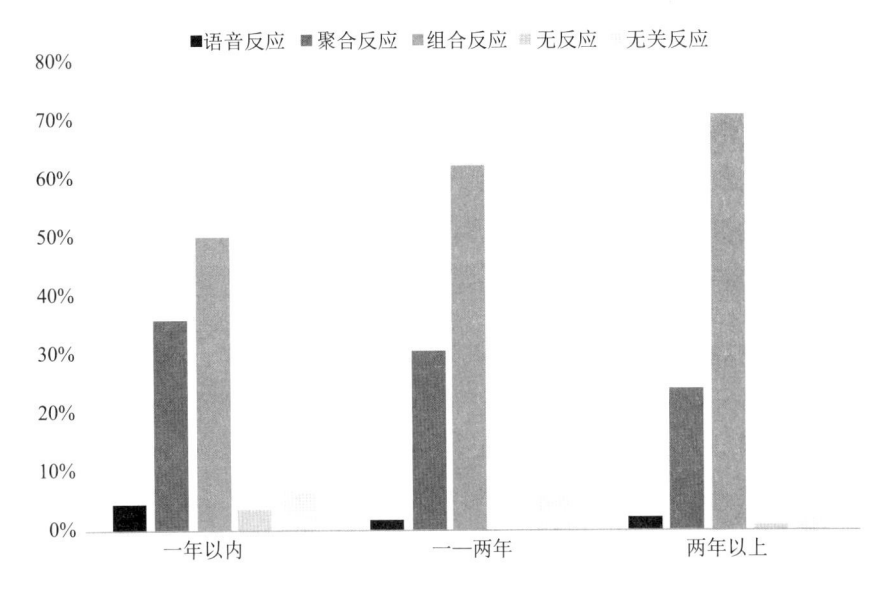

图 5　总体反应类型

3.2　不同词性的双字词反应类型及差异

为了探讨双字词词性与反应类型的关系，接下来对名词和动词在两类反应上的差异进行分析。名词的确比动词引发了更多的聚合反应（$X^2=23.58$, df=1, $p<0.001$），但是动词并没有比名词引发更多的组合反应（$X^2=2.61$, df=1, $p>0.05$）。

具体分析不同学习阶段的反应模式。结果见图6。聚合反应上，在前两个阶段（"一年以内"和"一——两年"），名词都比动词引发了更多的聚合反应（$X^2=11.43$, df=1, $p<0.001$；$X^2=7.02$, df=1, $p<0.01$），在第三个阶段（"两年以上"）名词和动词引发的聚合反应没有差异（$X^2=0.31$, df=1, $p>0.05$）；组合反应上，三个阶段中名词和动词均没有差异（$X^2=2.09$, df=1, $p>0.05$；$X^2=2.66$, df=1, $p>0.05$；$X^2=0.54$, df=1, $p>0.05$）。这说明，汉语词性会影响韩国学生汉语心理词典的反应类型，并且对不同阶段学生的影响方式不同。

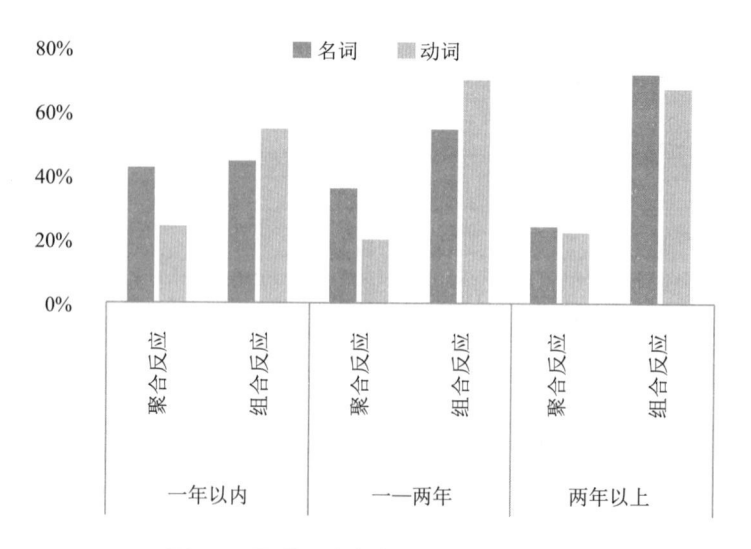

图 6 不同学习阶段在不同词性上的反应

3.3 不同构词方式的双字词反应类型及差异

有研究显示，联合式与偏正式两种不同构成方式的合成词，词素的激活方式不同（彭聃龄、张必隐，2000；冯丽萍，2001），但以往研究都是用反应时方法进行的。本研究将基于联想反应理论，探索构词方式对心理词典的反应模式产生的影响。结果发现，联合式和偏正式名词聚合反应差异边缘显著（$X^2 = 3.35$, df = 1, $p = 0.06$），偏正式比联合式产生了更多的聚合反应；但偏正式和联合式的组合反应没有明显差异（$X^2 = 0.97$, df = 1, $p > 0.05$）。

具体分析不同学习阶段的反应模式。结果见图 7。与不同词性的反应模式一致，在前两个阶段（"一年以内"和"一—两年"），偏正式比联合式产生了更多的聚合反应（$X^2 = 3.11$, df = 1, $p = 0.07$；$X^2 = 4.09$, df = 1, $p < 0.05$），在第三个阶段（"两年以上"）没有表现出差异（$X^2 = 0.19$, df = 1, $p > 0.05$）。同样，在每个阶段上，联合式与偏正式的组合反应均没有差异（$X^2 = 1.09$, df = 1, $p > 0.05$；$X^2 = 2.45$, df = 1, $p > 0.05$；$X^2 = 0.07$, df = 1, $p > 0.05$）。这说明，词汇结构对韩国学生汉语心理词典的组织结构具有一定影响，但不同反应类型对各阶段的影响不同。

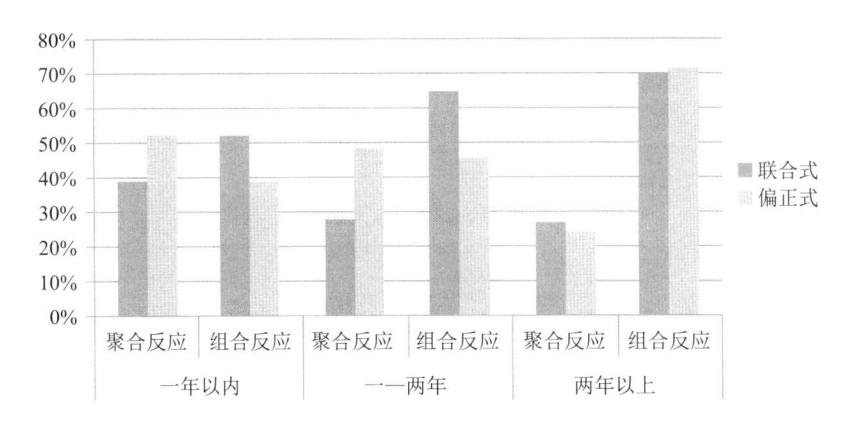

图7 不同学习阶段的双字词反应类型

4 韩国学生汉语心理词典的构成与影响因素及对国际中文教学的启示

4.1 韩国学生汉语心理词典的特征

本研究发现：组合反应在韩国学生汉语心理词典中占绝对优势，且本研究中每一阶段的学生均如此，这与龚社莲（2010）对越南学生的研究结果一致，但该研究只考察了初级阶段的学生。此外，和英语二语者尤其是初级阶段二语者的心理词典以语音反应为主，然后逐渐过渡到以聚合反应为主的模式相比（张淑静，2005；谢谜，2009），韩国学生即便在汉语学习的初级阶段，语音反应的比例也很低（4%）。之所以出现如此差异，笔者分析可能与汉语语言特点有关。英语是一种拼音文字（alphabetic script），具有形、音对应特点，学习者若掌握音素的读音就能将生词拼读出来，因此语音意识一直是探测英语母语儿童阅读能力的最有效的指标。中国的英语学习者在词汇量尚未充分发展、联想受限的条件下，就会寻求语音线索进行联想，因此语音反应也会增多，相关研究也验证了这一点（张淑静，2005），而汉语是典型的表意文字，缺少明显的形音对应规则，无法通过字形推知字音，使语音线索的有效性降低，因此语音在汉语阅读中的作用不及英语，这在儿童阅读的研究中也得到证实（McBride-Chang et al.，2005；李虹、饶夏溦等，2011）。不仅韩国和越南的汉语学习者，即便是汉语母语者，其语音反应较英语母语者也低得多（张淑静，2005；谢谜，2009），而 Namei（2004）用实验证明的语音反应不分语言都具有重要作用的结论，也都是基于拼音文字的研究。这说明，语言特性可能会影响心理词典的组织结构。

有研究表明，心理词典随着学习的深入在组织结构上会产生变化（Wolter，2001；Li，2009；崔艳嫣、刘振前，2010）。英语的研究目前尚未达成共识，由组合反应逐渐过渡到聚合反应占优的研究抑或反之都具有相当比例（Wolter，2001；Namei，2004；张萍，2010）。本研究显示，韩国学生汉语心理词典也会随学习时间的变化而变化，表现为聚合反应随着学习时间的增加逐渐减少，而组合反应逐渐增加，二者差异不断扩大，韩国学生汉语心理词典的变化不仅表现在组合反应数量的增加，组合反应的抽象性也随之提高。如对"比赛"的反应，"一年以内"学生的反应基本都是"足球"，到了"两年以上"，学生的反应词范围更广，深度更深，抽象性更强，开始出现"竞争""精彩""热烈""现场""体育""项目"等词语；再如对"语言"的反应，"一年以内"学生常常是"说""外国""学院"等词，而"两年以上"学生则出现了"网络""文化""习得""沟通""国际"等比较抽象的词。这说明，随着学习的深入，韩国学生汉语心理词典中句法联系不仅范围更广，且深度也在加深。

4.2　词性对韩国学生汉语心理词典组织结构的影响

以往研究发现，刺激词的词性会影响反应类型（Deese，1965；张姗姗，2006；张萍，2011），名词更依赖聚合反应，而动词更易引发组合反应（Fillbaum & Jones，1965；张姗姗，2006），但也有研究得到了相反的结果（张萍，2010、2011）。龚社莲（2010）对初级阶段越南学生汉语心理词典的组织结构的研究发现，不论名词还是动词，被试的组合反应均大于聚合反应，词性对反应类型没有明显影响。从本研究结果来看，词性对韩国学生的反应类型有明显影响：名词比动词引发了更多的聚合反应，但是动词并没有比名词引发更多的组合反应。随着时间的增加，词性效应逐渐消失。

对于名词为何会引发更多的聚合反应，Aitchison（2003）曾分析，名词是大脑中最稳固的词类，对二语学习者来说，名词的语义知识比其他词类更容易获取和习得。由于名词在语言中主要是按层级分布的，如上下义关系、部分整体关系等（Nissen & Henriksen，2006），因此名词引发聚合反应词的可能性比动词和形容词要大。在二语学习的初级阶段，韩国学生的心理词典还没有充分发展，词汇量有限，名词的这些特点易让学生产生语义上的联结，于是产生了更多的聚合反应。但是这种优势只存在于初级阶段，因为随着学习的深入，学习者的二语心理词典不断丰富，联结的节点数增加，语义联系的范围扩大，二语心理词典逐渐建立起自己的句法和搭配体系，对名词语义知识的依赖性降低，造成名词、动词之间的聚合反应没有差异。

双字词的词性对韩国学生的组合反应没有影响，也就是说名词和动词引发的组合反应没有差异。这与以往研究发现的动词比名词诱发更多组合反应的研究结果不同（Deese，1965；张珊珊，2006；龚社莲，2010）。这可能与韩国学生常常将韩语词的用法迁移至汉语有关，比如对"认识"一词，不少韩国学生反应为"知识"。在汉语中我们不会说"认识知识"，"认识"一般搭配人或者物等具象名词，"知识"一般与"学习"搭配。有17个韩国学生对"알다（认识）"的反应都是"지식（知识）"。这不是个别现象，可能是因为韩语里的"알다（认识）"一词，不仅仅有"认识"的意思，还有"知道、理解、明白"等意思，可以与"지식（知识）"搭配，所以学生看到"认识"时会写出反应词"知识"。动词的这种错误搭配降低了韩国学生组合反应的比例。此外，因为本研究所选择的词语相对简单，都是学生课本中学过的。学生已经形成了较为固定的语块，因此易形成组合反应。比如"生活"一词，学生产生频率较高的是"中国""日常""习惯"等词；而"比赛"一词，几乎全部的初级阶段学生（一年以下）都产生了"足球"一词，这样的反应在后两阶段学生中也占有一定的比例。由此可见，学生在学习过程中形成的语块促使名词组合反应的比例增加，并与动词的组合反应差异不显著。

4.3 构词方式对韩国学生心理词典组织结构的影响

以往关于心理词典的研究很少涉及词汇本身的结构特点。词汇的认知研究表明，中级水平的外国学生已经具有中文合成词的结构意识（冯丽萍，2001；邢红兵，2003），学生对联合式与偏正式两种不同的合成词，语素的激活方式不同（彭聃龄、张必隐，2000；冯丽萍，2003；张金桥、吴晓明，2005）。本研究具体考察了韩国学生对于不同结构名词的心理词典组织方式。结果发现，构词方式影响韩国学生的聚合反应，偏正式名词比联合式名词诱发了更多的聚合反应，但这种影响只存在于学习的前两个阶段（"一年以内"和"一——两年"）。两类名词的组合反应没有差异。笔者分析，这可能与不同类型词语的表征方式有关。联合式和偏正式词语语素的激活模式不同（冯丽萍，2003），偏正式词语的语素可能较早开始独立表征，而联合式的词语仍是整体表征。学生可以通过独立表征的语素联想到其他同语素词，而同语素词在初级或中级阶段的大部分词语中都有语义关联，从而引发更多的聚合反应。比如对"机票"一词的反应，56%的学生用其中一个语素组词，产生了像"飞机""机场""火车票""门票"这样的反应；"晚饭"一词有47%的学生，"教师"一词有37%的学生用其中一个语素组词。在联合名词中，包含共同语素的聚合反应占全部聚合反应的44%，而在偏正名词中，比例则高达86%。

偏正式名词比联合式名词诱发更多聚合反应的另一可能的原因是学习者学习过更多以偏正名词中的语素组成的词，比如说对于"机票"一词，学习者可能掌握了以"票"或"机"为语素的多个偏正名词，像"飞机""跑步机""游戏机""电影票""门票""火车票"等，因此比较容易产出同语素的词。如果是这样，偏正式名词的构词数应该会影响学生的反应，构词数大的词会产生更多的聚合反应。

接下来，笔者分析了偏正名词构词数对反应的影响。发现无论在聚合反应还是组合反应上，构词数大小对反应均无影响（$X^2 = 3.1$, $df = 1$, $p > 0.05$；$X^2 = 1.62$, $df = 1$, $p > 0.05$）。这样的结果说明，学生对偏正名词更多的聚合反应是因为偏正名词中语素的独立表征，而非语素的构词能力。

4.4 对国际中文教学的启示

本研究对韩国汉语词汇教学至少有以下几点启示：（1）加强韩国学生词汇的联想学习。研究发现，韩国学生汉语心理词典的聚合反应数量不足，这与母语者的心理词典结构有较大差异（Wolter，2001；张淑静，2005；张珊珊，2006；张萍，2010），因此要特别加强同义词、近义词和反义词的学习，丰富韩国学生汉语心理词典的语义联系；（2）重视语块教学。虽然韩国学生汉语心理词典中组合反应的比例很高，甚至超过聚合反应的比例，而且随着学习的深入有不断扩大的趋势，但是实际上，学生的组合反应缺少多样性，产生的反应相对单一。在词汇教学中，教师要注意并善于利用语块，帮助韩国学生形成多种不同的语块，增加学生语块数量，扩大学生语块使用范围；（3）注重语素教学，尤其是联合名词的语素教学。初级阶段语素意识的培养不仅是必要的，而且也是可能的（冯丽萍，2003）。关于语素教学的意义和方法，不少研究都进行过阐述（冯丽萍，2003、2009；冯丽萍、宋志明，2004）。笔者要强调的是要加强韩国学生联合名词的语素教学。从研究中可以看到，联合名词的语素不易被学生分解，学生往往处于整体识记的状态，因此教师要特别注意引导学生发现联合名词中各语素的含义与作用，培养学生语素分解和组合的能力，最大限度提高词汇教学效率。

第二章

中文作为第二语言学习者的句子加工

- 韩国及马来西亚学生汉语句法的加工难度
- 日本学生汉语句法认知难度研究
- 基于多元发展模式的留学生状语学习难度研究
- 汉语句法启动效应研究
- 英语母语者汉语口语产生中的跨语言句法启动

第一节　韩国及马来西亚学生汉语句法的加工难度

1　偏误分析与句法加工

一种语言可以分解成大大小小的语言项目。对学习者来说,有些项目容易学,有些项目难学。研究语言项目的学习难度及产生原因,能直接了解学生学习的难点和重点,促进第二语言的教学(周小兵,2004)。

自从1984年鲁健骥将"偏误"这一概念引入国内后,学者们纷纷从偏误分析的角度研究学生的句法学习难度。纵观近30年来的研究结果,主要的研究方向是基于偏误语料,对留学生存在的偏误现象进行描述和分类,分析偏误产生的原因及规律。而这种分析多陷于公式化,硬套偏误产生的五个来源(母语负迁移、目的语知识负迁移、文化因素负迁移、学习策略和交际策略的影响、学习环境的影响),对指导教学和学习实践意义不大(刘珣,2000)。

目前,也有一些学者开始试图从历时和共时两个维度来分析留学生产生偏误的阶段性和规律性。赵金铭(2002)对留学生语法方面的错句进行了分类,将语法错句排出了等级序列。施家炜（1998）从习得角度，探讨了留学生习得22类现代汉语句式的先后顺序。周小兵（2007）发现，偏误的产生具有阶段性，初级阶段和中级阶段学生会产生不同的偏误种类。

为此，我们将采用实验的方法探索留学生对不同句法结构的认知难度是否存在差别；学生在不同阶段对不同句式的认知难度会有何变化；不同国家和地区的学生是否具有相同的表现模式。在教学中，如果教师能较好地把握上述问题，就会更加明确教学的重点和难点，提高教学效率。

韩国和马来西亚同属亚洲国家，同受东亚文化的影响。近年来，两国汉语学习的人数激增，汉语在两个国家都受到普遍的欢迎并具有一定的普及度。但是，两国的语言体系差异很大。韩语有黏着语的特征，主要依靠虚词和语序表达语法关系，依靠附加成分（词尾）表示语法关系。其句子成分的排列不十分严格，必要时可以调换，语序变了，只要词尾不变，句子成分就不变。文法结构是主语—宾语—谓语结构，状语放在动词之前。韩语的这些特点，使得韩国学生学习汉语时较容易掌握汉语词汇，而较难掌握语法功能及句法结构（肖溪强，2000）。

而马来语在语言分类上是属于南岛语系的印度尼西亚语族，是分析型语言，名词没有性、数、格的变化，重叠法可以构成复数和表示其他语法意义。大部分词由两个音节词根组成，通过前、后、中缀构成派生词或表达某些语法意义。句法关系由功能词和词序表示。句子的基本结构是主语—谓语—宾语，定语在名词之后，状语在动词之后。

如果母语背景迥异的两国学生同在中国学习汉语，语言环境相同，并且汉语水平相当，他们的句法认知模式呈现一致性还是差异性？为此我们将展开研究。

2 不同水平的中文学习者句法认知难度

2.1 研究对象

被试为北京外国语大学中文学院17名马来西亚留学生。初级阶段学生7

名，中级阶段学生10名。

2.2 研究材料

句法判断和修改的实验材料包括状语位置错序、定语位置错序和补语位置错序三种错序类偏误的句子各12个，共36个句子（见表10）。另有18个正确句子作为填充材料。偏误句子与正确句子共54个，句子长度5—11个词，平均8.3个词。所有句子中包括的字词均来自对外汉语初级教材，并标注了拼音，句子内容均与留学生的日常生活相关，留学生比较熟悉。实验材料于实验前由留学生的任课教师进行评定，绝大部分实验材料为留学生已经学习的知识，个别不熟悉的词汇在实验前进行了解释，并且在实验过程中学生可以就不确定意思的词汇向老师提问，以尽可能减少实验材料本身对实验结果造成的干扰。54个句子的呈现顺序进行随机化处理。

表10 实验材料举例

句法错误类型	例句
状语错误	*我学习汉语在北京外国语大学。/ *我跟常常中国朋友一起聊天儿。
定语错误	*我很想吃中国菜朋友做的。/ *昨天两个我的朋友来北京了。
补语错误	*暑假的时候他想回去西班牙。/ *我可以看黑板上的字清楚。
正确句	我们班有十二个留学生。/北外食堂在中文学院的旁边。

2.3 实验设计与程序

实验为2（汉语水平）×3（句法错误）两因素混合设计，其中汉语水平为被试间因素，分为初级和中级两个水平，句法错误为被试内因素，包括状语位置错误、定语位置错误和补语位置错误三个水平。实验任务包括错误判断和错误修改两项。要求被试首先对句子进行判断，然后要求被试在不改变句子语义的情况下，对错误的句子进行修改，使之成为正确的句子。实验在课堂上完成，为了让被试能够完成全部实验，没有实验时间限制。句法判断任务中，留学生判断正确即得 1 分，不做判断或判断错误均计为 0 分；句法修改任务中，留学生能够准确改正句子偏误，并且没有改变句子原有结构和语义，即得 1 分，不做修改或修改错误均计为 0 分。

2.4 研究结果

2.4.1 句法判断正确率结果

初、中级汉语水平留学生的句法判断正确率见表 11。

表 11 初、中级汉语水平留学生的句法判断正确率与标准差

句法错误	判断正确率（标准差）	
	初级水平	中级水平
状语错误	0.98（0.04）	0.96（0.06）
定语错误	0.86（0.16）	0.95（0.04）
补语错误	0.87（0.13）	0.98（0.03）

对句法判断正确率进行 2（汉语水平）×3（句法错误）方差分析，结果发现：偏误类型主效应显著，$F_{(2,30)}=5.37$，$p<0.05$；状语错误判断成绩好于定语错误（$t=2.08$，$p<0.05$）；定语和补语错误没有差异（$t=-1.57$，$p>0.05$）。

汉语水平主效应不显著（$F_{(1,30)}=3.45$，$p>0.05$）。汉语水平和偏误类型交互作用显著（$F_{(2,30)}=6.67$，$p<0.01$）。进一步简单效应检验发现：状语错误，初、中级学生差异不显著（$t=-0.72$，$p>0.05$）；定语错误显著边缘差异（$t=1.83$，$p=0.08$）；补语错误差异显著（$t=2.76$，$p<0.05$）。

2.4.2 句法修改正确率结果

初、中级汉语水平留学生的句法修改正确率见表 12。

表12 初、中级汉语水平留学生的句法修改正确率与标准差

句法错误	修改正确率（标准差）	
	初级水平	中级水平
状语错误	0.95（0.07）	0.91（0.08）
定语错误	0.71（0.16）	0.84（0.12）
补语错误	0.51（0.10）	0.57（0.16）

2（汉语水平）×3（句法错误）方差分析结果表明，句法错误主效应非常显著，$F_{(2,28)}=50.08$，$p<0.001$；状语错误的修改正确率高于定语错误（$t=3.06$，$p<0.01$），定语错误的正确率又高于补语错误（$t=5.76$，$p<0.001$）。状语错误的正确率最高，而补语错误的正确率最低。

汉语水平主效应不显著（$F_{(1,28)}=0.77$，$p>0.05$），汉语水平和偏误类型交互作用不显著（$F_{(2,28)}=2.48$，$p>0.05$）。

3 不同国家的中文学习者句法认知难度

3.1 研究对象

被试为北京外国语大学中文学院24名中级汉语水平留学生，其中，马来西亚留学生10名，韩国留学生14名。

3.2 研究材料

同本节2.2部分。

3.3 研究设计与程序

2（国别）×3（句法错误）两因素混合设计，其中国别为被试间因素，分为马来西亚和韩国两个水平；句法错误为被试内因素，分为状语位置错误、定语位置错误和补语位置错误三个水平。

3.4 研究结果

3.4.1 马来西亚和韩国中级水平学生句法判断正确率

马来西亚和韩国中级水平学生句法判断正确率见表13。

表13 马来西亚和韩国中级水平学生句法判断正确率与标准差

句法错误	判断正确率（标准差）	
	马来西亚	韩国
状语错误	0.96（0.06）	0.95（0.07）
定语错误	0.95（0.04）	0.67（0.18）
补语错误	0.98（0.03）	0.54（0.19）

对正确率进行2（国别）×3（句法错误）方差分析，结果显示，偏误类型主效应非常显著（$F_{(2,44)} = 24.82$，$p < 0.001$）；多重比较结果显示，状语错误判断成绩好于定语和补语（$t = 4.22$，$p < 0.001$；$t = 4.11$，$p < 0.001$），而后两者没有差异（$t = 1.55$，$p > 0.05$）。

国别主效应显著，$F_{(1,22)} = 40.81$，$p < 0.001$；句法错误和国别交互作用非常显著，$F_{(2,44)} = 30.00$，$p < 0.001$；说明马来西亚学生和韩国学生表现的模式不同。进一步简单效应检验发现，马来西亚学生在三种错误上的判断正确率无显著差异（$F = 0.31$，$p > 0.05$）；而韩国学生差异显著（$F = 42.7$，$p < 0.001$）。经Bonferroni校正的配对t检验发现，韩国学生的状语判断成绩显著高于定语和补语（$t = 7.02$，$p < 0.001$；$t = 9.06$，$p < 0.001$），而后两者之间没有明显差异（$t = 2.48$，$p > 0.015$）。

3.4.2 马来西亚和韩国中级水平学生句法修改正确率

马来西亚和韩国中级水平学生句法修改正确率见表14。

表14 马来西亚和韩国中级水平学生句法修改正确率与标准差

句法错误	修改正确率（标准差）	
	马来西亚	韩国
状语错误	0.91（0.08）	0.89（0.09）
定语错误	0.84（0.12）	0.51（0.11）
补语错误	0.57（0.16）	0.33（0.12）

2（国别）×3（句法错误）的方差分析得到了和句法判断相似的结果，句法错误主效应非常显著（$F_{(2,36)} = 90.25$，$p < 0.001$）；状语错误修改成绩好于定语错误（$t = 5.35$，$p < 0.001$），而定语错误好于补语错误（$t = 6.15$，$p < 0.001$）。国别主效应显著（$F_{(1,18)} = 16.63$，$p < 0.01$）；句法错误和国别交互作用非常显著（$F_{(2,36)} = 11.79$，$p < 0.001$）。

进一步简单效应检验发现，马来西亚学生在三种错误的修改正确率上有显著差异（$F = 25.09$，$p < 0.001$）；经 Bonferroni 校正的配对 t 检验得知，状语和定语错误二者没有差异（$t = 1.38$，$p > 0.05$）；两者都高于补语错误（$t = 6.69$，$p < 0.001$；$t = 5.94$，$p < 0.001$）。

韩国学生在三种错误上也差异显著，$F = 75.81$，$p < 0.001$。状语错误修改成绩显著高于定语错误（$t = 11.72$，$p < 0.001$）；而后者又明显高于补语错误（$t = 3.44$，$p < 0.001$）。

4 句法认知难度的研究结论及其对国际中文教学的启示

4.1 不同水平留学生句法认知难度差异

本研究通过句法判断与修改任务，观察到了初、中级留学生句法认知的发展过程。总体而言，学生对状语错误的判断成绩优于定语错误和补语错误，状语错误的修改正确率也显著高于定语和补语错误，同时，定语错误的修改正确率高于补语错误。无论在判断还是修改任务上，初、中级均没有明显差异。这说明，初、中级在各种类型的语法错误的判断和修改上，并没有明显的质的飞跃。但是，对不同类型的语法错误的认知难度，初、中级是有差别的。

4.1.1 初、中级状语判断与修改成绩出现"天花板效应"

在状语判断成绩上，初、中级阶段的学生没有差异，并出现了"天花板效应"，这暗示了学生很早就获得了汉语状语位置的信息，而且这种学习效应是稳定的。因为学生不仅能正确判断，同时也能正确修改，在修改成绩上初、中级学生同样没有差异，都表现出了"天花板效应"。

这是因为状语的位置信息通常学生接触较早，所学一般为时间或地点状语，相对简单。而且，因为汉语中状语位置的特殊性，教师们往往会将其作为学习的重点和难点而加大练习力度。因而，学生的掌握较好。在初级阶段，学生已经能完全掌握状语位置信息。

4.1.2 中级学生的定语和补语判断好于初级，但错误修改没有明显进步

定语和补语判断成绩，中级学生好于初级，但修改成绩中级并没有好于初级。这表明，学生对定语和补语错误的认知难度较大，即便学生到了中级阶段能够判断出错误的句子，他们也不能像对待状语错误那样容易改正。对于他们来说，产生正确的句子仍然是一个艰难的过程，需要不断地重复和练习。

另外，修改成绩显示，不论初级还是中级学生，定语修改的成绩好于补语。这说明，虽然定语错误和补语错误的修改对于学生来说都是一件困难的任务，但是，对于定语错误，学生们如果能够正确判断，就比补语错误更容易改正。

4.2 不同国别留学生的句法认知难度差异

4.2.1 马来西亚学生补语修改最难

在判断任务上，马来西亚学生在三种类型上的成绩没有差异，都出现了"天花板效应"。但在修改任务上，马来西亚学生状语和定语修改成绩没有差异，明显好于补语成绩。而补语错误判断与修改成绩的巨大差别，也说明了学生即使能够认识到补语的错误所在，但是仍然无法产生正确的表达形式。

这可能是因为，马来语中的时间和地点状语的使用方式类似于英语，除了强调时放在句首，通常都放在谓语动词的后边。因此，学生在使用规则上除了位置的差异，并无更多难点。因此，无论判断还是修改任务，成绩都很好。

与汉语中定语放在中心词前不同，马来语中的定语通常也后置，放在中心词后边，一般短的定语和中心词之间没有标记，而长的定语在中心词后加"yang"标示。在马来语中，"我的三个朋友"应该被说成"三人+朋友+我的"。而汉语的定语顺序有明确的要求，学生在定语使用中的难点可能是多项定语的顺序安排。

而补语在马来语中并不存在。和英语类似，某些情况可以用介词加形容

或长短语以及句子来表示，另外，目前用定语从句和宾语从句的现象也被普遍接受。对于学生而言，汉语中的补语结构变化万千，规则不固定，用法灵活，在学习和使用中是较难掌握的内容。

4.2.2 韩国学生呈现出阶梯性的变化

韩国学生的状语判断和修改成绩都远远好于定语和补语；定语错误的判断成绩和补语错误没有差别，但是修改成绩上明显好于补语错误。表现了对状语错误、定语错误和补语错误的认知难度逐渐增加的阶梯性的变化趋势。

从韩语的语言特点来看，韩语的处所状语和时间状语可以放在谓语动词的前面，其顺序与中文一致。因此，状语错误的认知难度是最低的，这一点从较高的判断与修改的正确率中就可以体现。

韩语定语一般在前面，中心语在后面，这与汉语相同。几个定语来修饰中心语时，韩语的语序比汉语灵活一些（程冰，2012）。因此，韩国学生对汉语定语排序的掌握特别困难。多项定语排序偏误也是韩国学生学习定语时的典型偏误，出现率很高（崔美敬，2009）。

韩语没有补语这种句子成分，所以韩语的状语跟汉语的两种句子成分相对应，状语和补语。例如：对于"我学习汉语一年了"这样的汉语句子，韩语应说成"我一年汉语学习"。而"我可以看清楚黑板上的字"在韩语中应为"我清楚黑板上的字看可以"或"我黑板上的字清楚看可以"。而汉语的补语表达形式多样，意义丰富，关系复杂。因此也成为韩国学生学习的重点和难点之一。

4.3 不同国别留学生句法认知的共性

研究者认为，目前的研究大多通过对比母语和目的语的异同来预测学习难点和学习者的语言错误，而事实上应该将语言差异与标记性差异结合起来考虑才能进行科学的预测，特别是当两种语言在语音、句法、语义以及语用等层面均存在着标记性差异时（马黎华，2010）。

研究者发现，语言标记性会影响习得的难易程度（施加炜，1998）。无标记或标记性弱的语言点，便于认知和习得，往往先习得，偏误少；有标记或标记性强的语法点，难于认知和习得，往往后习得，偏误多（周小兵，2009）。

从不同国别的学生表现的趋势来看，状语的认知难度最低，而补语的难度最大，定语介于二者之间。状语错误在我们的研究中只是涉及"时间、地点状语"和"也、都"副词的位置问题，其标记性不强。因此错误较少，这种模式在不同国别学生中表现得很明显。Eckman（1977）曾提出，目标语中比母语更具标记性的成分的相对难度与这些成分的标记程度呈正相关。汉语的定语错误涉及多重定语的顺序问题，具有更强的标记性，因此对于学生的学习更难。补语在韩语和马来语没有相应的表达形式，也是汉语更具标记性的成分，因此学生的学习难度最大。

4.4　教学启示

基于上述研究结果，我们建议在国际中文教学中，教师应该：

（1）注重学生句法错误的修改环节

学生在判断任务上的成绩优于修改任务已说明，学生虽然能够感知句法错误，但仍然无法产生正确句子。这与课堂教学方式不无关系。教师在课堂上发现学生的错误句子时，习惯性地进行纠正。这样学生缺少了自我分析和修正的机会，并且多数时候可能并不明白错误的原因。在以后的语言产生中，当同样的错误再次出现时，学生无法理解错误的本质，并进行正确修改。因此，教师在发现学生的错误时，不要简单地进行改正，应帮助学生分析其中的错误，引导学生自己产生正确的句子。另外，要适当增加错误修改的练习，强化错误修改意识。

（2）注意不同国家学生的学习差异

对于马来西亚学生而言，虽然在判断任务中，三种错误的成绩没有差异，但在修改任务上，补语成绩明显落后于定语成绩和状语成绩。因此补语的学习对于马来西亚学生是一个重点和难点，虽然他们能感知错误，但依然不能进行正确改正。而状语和定语则没有表现出很大的困难。

而对于韩国学生而言，则明显呈现出了阶梯性变化的趋势。状语成绩都明显好于定语成绩，而定语成绩好于补语成绩。因此，定语和补语的学习对他们来说都是难点。

教师在教学中,要考虑到学生的学习背景,对于某一个国家的学生很容易掌握的句法内容,对于另一个国家的学生可能是一个难点。因此,除了上课学习的内容以外,教师可以在学习定语和补语时,适当补充一些形式多样的练习,学生按照自己的需要进行选择性练习。

(3) 注意语言的标记性对留学生语言学习的影响

在汉语教学中,教师需要注意语言的标记性对留学生语言学习的影响。在形态和句法层面上,标记程度取决于结构的复杂化程度。如在英语里,名词的复数形式相对于单数形式而言是有标记的,因其结构更加复杂。Givon(2001)提出了衡量标记性的三条标准:第一,结构复杂性:有标记项比无标记项的结构复杂;第二,频率分布:有标记项出现频率较低,具有认知显著性;第三,认知复杂性:有标记项在思维努力程度、注意力要求和认知加工时间方面更复杂。

因此,教学中对于标记性强的句法项目教师要着重强调,并反复练习。像"补语"这样在汉语中特殊的句式结构,对于初级和中级不同学习水平的学生或者不同国家的学生而言都是标记性较强的语法项目,需要教师格外重视并不时复习。

第二节 日本学生汉语句法认知难度研究

1 标记理论与第二语言学习

第二语言的习得困难一向是第二语言研究所关注的问题。兴起于20世纪50年代的对比分析方法试图通过揭示学习者的母语与所学语言之间的差异来预测和解释第二语言的学习困难,但人们对此种方法的结果不甚满意,这是因为"对比分析不是以学生为出发点,通过分析学生对第二语言的实际使用来预测第二语言学习中的难易,而是抛开学生,单纯从两种语言本身的比较来预测学习中的难易。这就不可避免地造成预测的不准确，有些真正的难点，对比分析没有预测到"，也就是说所预测的错误常常没有出现，而实际出现的错误常常是对比分析没有预测到的。不仅如此，对比分析法还会面临的一个问题是：要是第二语言中的某些语言形式在学生母语中都没有，这些语言形式对语言习得者有没有难度上的不同？比如汉语中的四个声调，其他语言中都没有，它们对学生来说是不是一样难呢？对比分析法显然不能回答这样的问题。由此可以看出，对比分析法在预测习得者的难点上还不够完善。

自鲁健骥先生首次将"偏误"这一概念引入中国以来，学者们纷纷从不同的角度研究学生在汉语学习过程中的偏误形式。但是，偏误分析法有其自身的局限性：其一，学生对某些复杂的表达方式可能采取回避策略；其二，偏误分析无法对不同句法的认知情况进行差异比较；其三，偏误分析无法比较不同国别的学生在某些特定句法结构认知中的共性与差异性。所以结果仍然不能让人满意（吴思娜，2013）。此外，研究者还发现，偏误具有阶段性，不同学习程度的学生在偏误的类型和表现方式上存在差异。周小兵（2007）发现，初级阶段和中级阶段学生会产生不同的偏误类型。

标记理论（Markedness Theory）是结构主义语言学中一个重要的理论，由布拉格学派的音位学家首创于20世纪30年代，是布拉格学派对语言学的重要贡献之一。根据《朗文语言教学及应用语言学辞典》（2002）的定义，标记理论认为："世界上的各种语言中，某些语言成分比其他的更基本、更自然、更常见（是为无标记成分），那些其他的语言成分称为有标记的"。Givon（2001）提出了衡量标记性的三条标准：

（1）结构复杂性：有标记项比无标记项的结构复杂；

（2）频率分布：有标记项出现频率较低，具有认知显著性；

（3）认知复杂性：有标记项在思维努力程度、注意力要求和认知加工时间方面更复杂。

标记的概念自特鲁别茨柯依（Trubetzkoy）提出以后，历经雅柯布森（Jakobson）、乔姆斯基（Chomsky）、莱昂斯（Lyons）等语言学家发展和完善。标记理论在语言分析的各个层面上，从音位、词法、词汇到语法（尤其是句法），都发挥着重要作用。

到了 20 世纪 70 年代，标记理论开始进入第二语言习得研究之中，并对第二语言学习的困难这一问题做出了比较令人满意的解释。它依据普遍语法理论，运用标记性来预测学习者的难点，同时，他们又很重视比较习得者第一和第二语言的不同，其中最有名的就是 Eckman 提出的"标记差异假说"（Eckman, 1977），它在系统地比较母语和目的语的基础上，比较了普遍语法中所说明的标记关系，来预测第二语言习得者的难点，该假说对第二语言学习的困难做出了三种预测和解释：(1) L2 中那些不同于 L1 且标记程度更高的区域学习时会有困难；(2) L2 中那些不同于 L1 且标记程度更高的区域学习时其困难程度等于其标记程度；(3) L2 中那些不同于 L1 且标记程度低于 L1 的区域学习时不会有困难。

那么，日本学生在学习汉语时，学习难度是否和语言的标记性有关？在不同语法项目上会不会表现出难度的差异？标记性高的语言项目会比标记性低的学习难度更大吗？如果学生在不同项目上存在学习难度的差异，这些差异是不同国家的学生共同的，还是每个国家都不同？

2　研究方法与程序

2.1　实验目的

考察中级水平日本学生对错序、遗漏和误加三种不同类型的句法错误的认知难度。

2.2　研究目的

被试为日本大东文化大学汉语专业一年级和三年级学生 30 名。两个班虽然年级不同，但是汉语水平相当。我们测试了 HSK 5 级的阅读题目，两个班成绩没有差别。

2.3　研究材料

实验材料包括错序、遗漏和误加三种类型错误的句子各 15 个，共 45 个句子。每种类型中各包含 3 小类，每小类有 5 个句子（表 15）。另有 15 个正确的句子作为填充材料。错误句子与正确句子共 60 个，句子长度 10—15 个字，平均 12.15 个字。所有句子中包括的字词均来自对外汉语初级教材，并标注了拼音，以尽可能减少实验材料本身对实验结果造成的干扰。句子内容均与学生的日常生活相关，学生比较熟悉。60 个句子的呈现顺序进行随机化处理。

表 15　研究材料举例

错误	具体类型	例句
错序	状语位置	我学习汉语在大学。
	定语位置	这里是一个中国很美的地方。
	补语位置	去年他回来日本了。
遗漏	谓语遗漏	李老师教 A 班，也 B 班。
	状语"很"遗漏	他的女朋友漂亮。
	结构助词"的"遗漏	那里有好看湖。
误加	"是"的误加	周末地铁上的人是很多。
	"有"的误加	我要学习汉语，也有要学习中国文化。
	"很"的误加	我们的教室很干干净净。
填充句	我打算请朋友去吃北京烤鸭。

2.4　研究设计与程序

句法错误为被试内因素，包括错序错误、遗漏错误和误加错误三个水平。每种水平内部又分为 3 个水平。实验任务为让被试对句子进行判断，正确的画"√"，错误的画"×"。实验在课堂上完成，为了让被试能够完成全部实验，没有实验时间限制。句法判断任务中，留学生判断正确即得 1 分，不做判断或判断错误均计为 0 分。

3　研究结果与分析

我们首先统计了全体学生的正确率，见表 16。对错序、遗漏、误加三种错误的总体识别率进行方差分析，没有明显差异（$F_{(2,58)} = 1.46$, $p > 0.05$），说明学生对于这三种错误的认知难度相当。

第二章 中文作为第二语言学习者的句子加工

表16 各种错误类型的判断正确率

错误	具体类型	正确率	共计
错序	状语位置	0.71	0.64
	定语位置	0.63	
	补语位置	0.53	
遗漏	谓语遗漏	0.74	0.62
	状语"很"遗漏	0.48	
	结构助词"的、得"遗漏	0.63	
误加	"是"的误加	0.69	0.63
	"有"的误加	0.55	
	"很"的误加	0.65	

错序错误考察了三种类型：(1) 状语位置（我学习汉语在大学）；(2) 定语位置（这里是一个中国很美的地方）；(3) 补语位置（去年他回来日本了），这三种错误进行方差分析，结果表明三种错误的识别率差异显著（$F_{(2,58)}$ = 6.28，$p < 0.05$）。配对比较分析显示，(1) 和 (2) 正确率差别不显著（t = 1.21，$p > 0.05$），但都高于 (3)。（t = 5.67，$p < 0.05$；t = 1.99，$p < 0.05$）。见图8。

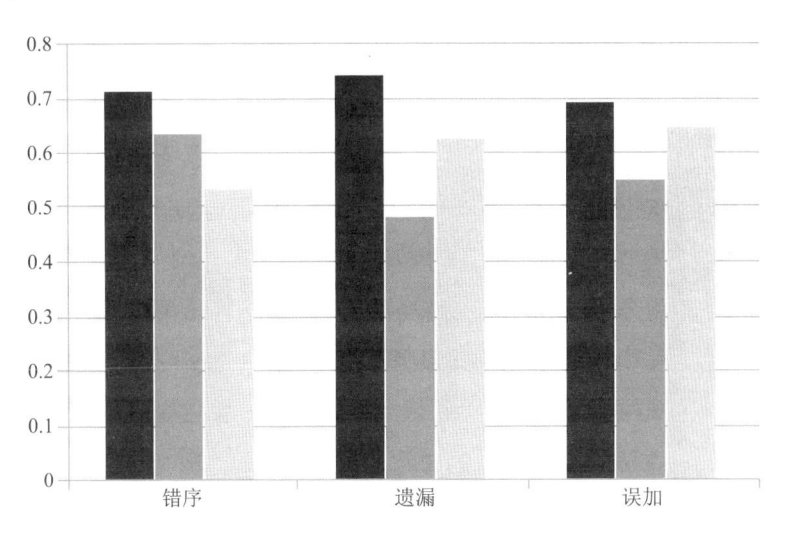

图8 三种类型错误的识别正确率

遗漏错误中，我们又考察了（1）谓语遗漏（李老师教 A 班，也 B 班）、(2) 状语"很"遗漏（他的女朋友漂亮）和(3) 结构助词"的"遗漏（那里有好看湖）。方差分析的结果表明，这三种错误识别差异显著（$F_{(2,58)}$ = 11.95，$p < 0.001$），进一步多重比较发现，其中（2）的识别率小于（3），（3）的识别率小于（1）。说明遗漏错误中，最难识别的是状语"很"遗漏，而谓语遗漏则相对容易。

误加错误也有三种类型：（1）"是"的误加（周末地铁上的人是很多）；(2) "有"的误加（我要学习汉语，也有要学习中国文化）和（3）"很"的误加（我们的教室很干干净净）。三种错误差异显著（$F_{(2,58)}$ = 4.1，$p < 0.05$），其中（2）识别率最低，（1）和（3）的识别率没有差异。说明学生对"有"的错误的识别比对"是"的错误和"很"的错误更难。

从上述统计分析得知，补语错序在错序判断中难度最大，"很"的遗漏在遗漏判断中难度最大，而"有"的误加在误加判断中难度最大。

接下来，我们又对全部 9 种类型错误的平均数进行了排序，见图 9。对 9 种错误类型进行了方差分析，结果发现，九种错误之间差异显著（$F_{(8,232)}$ = 4.41，$p < 0.001$）。我们分别对识别率最高和最低的两种类型进行了统计检验。识别率最高的错误类型是"状语位置"（我学习汉语在大学）和"谓语遗漏"（李老师教 A 班，也 B 班），识别率最低的错误类型是"很"遗漏（他的女朋友漂亮）和补语错序（去年他回来日本了）。最高的两种错误类型之间差异不

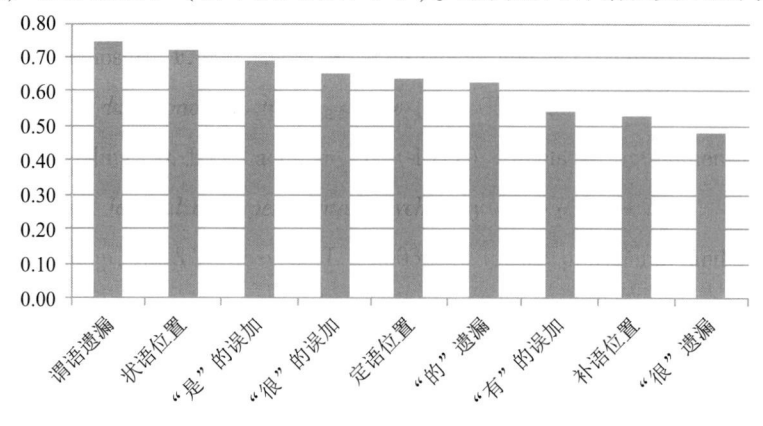

图 9　九种错误的判断正确率

显著（t=0.61，p>0.05），最低的两种错误类型之间没有显著差异（t=1.17，p>0.05）。但最高两种类型和最低两种类型之间的差异显著（t=3.78，p<0.01；t=4.5，p<0.001；t=3.28，p<0.01；t=3.75，p<0.01）。

4 日本学生汉语句法认知等级及教学启示

4.1 状语、定语和补语错误差异显著

在外国学生作业和作文中，最常见的错误类型有错序、遗漏和误加。这些错误的出现反映了学生对于汉语句法认知的困难。但学生学习时，对哪种类型的错误认知更困难呢？通过本测验，我们发现日本学生对于三种错误的识别难度并没有差异。但同时我们也发现，每种类型内部的情况是不尽相同的。

错序错误中，日本学生的状语、定语和补语三种错误的判断成绩表现出差异。状语和定语成绩没有差别，都好于补语判断。这说明，补语错误最难判断。安藤好惠、喜多山幸子（2012）对日本学生"综合汉语统一考试"的分析发现，在错误率超过正确率的7道排序题目中，涉及补语错误的就有3道题，平均错误率为70%。日本学生和马来西亚学生及韩国学生表现的模式既有相同点，又有不同之处。马来西亚学生和韩国学生都表现出了状语成绩明显好于定语错序，而定语错序又明显好于补语错序的模式（吴思娜，2013）。补语错误最难判断，这在三个国家的学生中都是相同的。

那为什么日本学生没有表现出状语优势呢？进一步分析发现，在状语错误中，学生的学习难度也是有所差别的。对于地点和时间状语错误，如"我学习汉语在大学"和"九月去年，我开始学习中文"这样的句子，学生的判断正确率较高，为84.5%。而对于复句如"你去动物园的话，也我去"这样的句子，学生的正确率为87%，判断成绩同样较好。但是对于其他位置的状语错误，学生的判断情况并不太好。比如对于"中国是最人口多的国家"和"今天太累了，我要吃多点"这样的句子，正确率只有54%和50%。这说明，学生对于状语错误的识别同样存在先后顺序，学生按照由简单到复杂、由低级到高级的认知顺序进行学习。状语错误在日本学生虽然没有表现出和定语错

的显著差异，但是也表现出了优势趋向。也许在下一个阶段明显的差异就会显现出来。当状语位置完全掌握后，其模式有可能表现为状语优势效应。

对学生定语错误的分析发现，学生对于两个定语的顺序错误"这张照片上是可爱的我妹妹"和"昨天两个我的朋友来北京了"的判断正确率（79%）显著高于三个定语的判断成绩"下午我去看了一位我爸爸的老朋友"和"张老师是年轻漂亮的一位汉语老师"（52%）。可以看出，两个定语顺序的认知难度明显小于三个定语。

4.2　相对于"很"的误加，"很"的遗漏更值得关注

遗漏错误中我们主要考察了学生经常出现的错误省略形式。即谓语省略、"的"和"很"的省略。结果发现，学生对于谓语动词遗漏的情况（李老师教A班，也【教】B班）识别较好，相比之下，"的"和"很"的遗漏判断就更加困难。从结果上看，"很"的遗漏识别最差（48%），然后是"的"的遗漏（63%）。学生最难判断的"的"遗漏是"那里有好看【的】湖，美极了"和"我觉得学汉语特别重要【的】是多听多说"。主要是定中结构的结构助词的遗漏方面。有人对越南学生和维吾尔族学生进行过研究（陈福生，2009），结果发现，越南学生定中结构的标志主词的错误率在30%以上，属于学生较难掌握的项目。而对维吾尔族学生的研究发现（张芳，2012），MHK（中国少数民族的汉语水平考试）三级水平的维吾尔族学生在习得结构助词"的"时还存在着较多偏误。其中，定中结构的偏误率较高，都超过20%。这说明，"的"的遗漏是外国学生汉语学习过程中的普遍难点。

从另一个角度看，"很"的遗漏判断正确率小于"很"的误加判断正确率（65%）。这说明，"很"遗漏的认知难度更高。曾有人对 HSK 动态作文语料库中的"很"的偏误进行分析。结果发现，有关"很"的遗漏偏误，HSK 动态作文语料库中共搜到 110 例。其中有一半以上（约占"很"遗漏偏误的55%）在句子中是作谓语成分（黄丹丹，2011）。我们在研究中考察的几个句子，正是作为谓语成分时的遗漏情况。由此可见，"很"的遗漏错误，尤其是作为谓语时的遗漏是教师在教学时需要格外关注的内容。

4.3 "有"的误加应重点训练

在所有误加错误中,学生最难判断的是"有"的误加。其中,对"我【有】去过上海,但没去过北京"和"这件事我【有】想过,但是还不知道怎么办"这样的句子,正确率只有34%。考虑到中国南方部分地区有此表达习惯,我们又进一步区分了有、无汉语母语背景的学生,考察这种错误是否与语言习惯有关。结果发现,去掉母语环境的影响,判断正确率为55%,虽然有所提高,但不难看出,"有"的误加依然是个学习的难点。而在"有"的误加错误中,"有+动词+过"的误加错误是最不容易判断的,需要格外的训练和纠正。

4.4 认知错误与标记理论

研究者认为,目前的研究大多通过对比母语和目的语的异同来预测学习难点和学习者的语言错误,而事实上应该将语言差异与标记性差异结合起来考虑才能进行科学的预测,特别是当两种语言在语音、句法、语义以及语用等层面均存在着标记性差异时(马黎华,2010)。

学生在学习汉语时,对不同句式的认知难度不同。日本、韩国和马来西亚的学生均不同程度地表现了状语认知优于定语,定语优于补语的趋势。如果从Given对于标记性的定义来看,相对于状语和定语的标记性,汉语补语的标记性可能是最强的。因为不仅在各种语言中没有对应的表达形式,而且汉语补语种类繁多,变化多样,形式灵活,不论从频率分布、结构复杂性还是认知复杂性,汉语中补语的标记性都要强于其他两者。

从定语的判断情况来看,也说明了标记性对于认知难度的影响。从分布频率、认知难度和结构复杂性几个方面看,三个定语的句子其标记性要强于两个定语。而在研究中我们发现,三个定语时判断正确率明显低于两个定语时。

另外,从"很"的遗漏判断成绩低于"很"的误加,可以知道,语言的标记性对认知产生的影响。在英语、日语、韩语中,形容词都可以直接作谓语,不必带"很"等程度副词也能成立。在汉语中情况却比较复杂。在形容词单独做谓语时,需要加程度副词,如:这个房间很大。但是当用来表示比较或比照的意思时却不需要加,如:这个房间大,那个房间小。或是问答句时,哪间房子大?——这间大。另外,在形容词重叠表强调和形容词带有补语的情况下,不能加程度副词修饰,如:这间教室打扫得干干净净;听了这个消息,她高兴极了。汉语程度副词"很"的使用复杂多变,具有结构和认知的复杂性,并且频率分布不均,使得这一标记结构难于掌握。

那么,在第二语言学习中如何克服有标记形式造成的学习困难呢?一般来说,在自然语言中无标记形式的出现频率要高于有标记形式,因此在第二语言学习中增加有标记形式的输入频率,来克服有标记形式造成的学习困难不失为一种行之有效的解决办法,这就需要教师在课堂教学中应该针对具体的语言学习难点有的放矢,多提供相应的示例,以增加学习难点的语言输入频率。同时,要定期或不定期地温习以加强这些知识的积淀。

日本学生在学习汉语时,学习难度和语言的标记性有关。标记性高的语言项目会比标记性低的学习难度更大。不同国家的学生在不同项目的学习上存在一些相似的过程和反应模式。

第三节 基于多元发展模式的留学生状语学习难度研究

1 多元发展模式与学习难度研究

学习难度,是心理学研究的重要内容,也是第二语言习得中的重要问题(周小兵,2004)。它基于习得顺序研究,却又不同于习得顺序研究,更关注某个语言点对学生认知掌握的难易程度。影响学习难度的因素不仅包括目的语和学习者母语的语言结构,也包括学习者认知加工的水平和程度。以往通过比较两种语言的相同点和差异点预测学习难点的对比分析研究成果丰硕,但语言学家发现在很多情况下,对比分析法并不能准确地预测习得者的难点(Eckman,1996),于是开始关注学习者因素,探究学习者认知加工特点。偏误分析是自20世纪90年代以来比较常用的方法。研究者通对学习者偏误产生的频率和持续时间的分析来推测学习难点，但这种方法的问题在于无法控制学习者的回避策略，因此有研究者开始用理论描述与学习内容相结合的方式获取信息。周小兵（2004）先分析了学习难度的测定方法和程序，然后据此研究了三个语言点的学习难度。随后，周小兵（2007）又根据二语习得理论，分析了越南人汉语语法点的学习难度。另外，也有研究者尝试用实验的方法探索学习者的认知加工过程。吴思娜（2013）采用句法判断和修改任务，考察了不同汉语水平及不同国家留学生对状语、定语和补语等不同句法错误的认知难度。洪炜、赵新（2014）通过实证研究考察了汉语二语学习者习得不同类型近义词的难度差异。纵观此类研究，数量还相当有限。鉴于此，本研究拟用实验的研究方法，探讨学习者对不同类型的状语项目的学习难度。

目前针对留学生状语学习的研究并不多，且多限于偏误分析的研究（黄露阳，2008；刘慧清，2005）。从研究内容上看，集中在多项状语的语序上，并没有对留学生状语的学习难度进行全面考察；从研究对象上看，多为单个国家的留学生，同时也没有区分不同的学习水平。本研究在查阅"汉语中介语语料库"以及前人相关研究基础上，拟从典型副词位置、状语位置、状语顺序、状语标记词"地"的隐现（以下简称"标记词"）四类留学生比较熟悉又具有一定学习难度的状语项目入手，细致考查学生在不同项目上的学习难度。

理论方面，随着研究的不断深入，研究者们逐渐走出了普遍语法观的限制，开始以新的视角阐释二语学习过程。多元发展模式（Multidimensional Model）是20世纪70年代末由ZISA小组的几位学者提出来的，后来发展成为二语习得的理论模式，在整个20世纪80年代乃至90年代的影响都很大。Ellis对这个模式给予了高度评价（王建勤，2009）。多元发展模式的理论价值不仅体现在它能够充分解释学习者语言的发展，而且还在于它构建了一个预测学习者语言发展的框架（Ellis，1994）。

多元发展模式认为第二语言发展具有阶段性。不同阶段具有严格的顺序，学习者不会跳过某一个发展阶段而直接进入下一个发展阶段。不同学习者的语言发展遵循相同的发展顺序；此外，学习者的语言发展还会出现明显的个体差异。这个理论不仅得到了德语、英语等拼音文字研究的证实（Pienemann, et al., 1988；Johnston, 1986），同时也得到了日语和汉语研究的验证。Yoshioka & Doi（1988）应用多元发展模式对日语作为第二语言语素的习得情况进行了研究。另外，孙书姿（2004）也运用此理论对韩国留学生汉语离合词的加工过程进行了考察。基于此模型，本研究拟探讨如下几方面问题：学生对不同状语项目的认知难度是否存在差别？不同背景学生的认知模式是否相同？不同项目上的个体差异情况如何？学生在不同状语项目上的发展速度是否相同？

2 研究方法与程序

2.1 研究目的

考察初、中级留学生对四类不同状语项目的学习难度。

2.2 研究对象

北京某高校 63 名短期进修留学生参加了此项研究，分为 A、B、C 三个水平。所有学生在编入班级之前都经过了学院组织的分班考试，根据考试成绩将其编入相应的班级。A 班是最低级别，属于基础和初级水平，相当于 HSK 一级水平，B 班是较 A 班稍高的一级，相当于 HSK 二到三级水平；C 班可以达到 HSK 三到四级水平。A 班有 26 名学生，B 班有 18 名学生，C 班有 19 名学生。来自欧美国家的学生 26 名，占总人数的 41%，分别来自德国、英国、法国、芬兰、瑞典、西班牙、比利时、匈牙利、乌克兰等国家；来自东南亚国家的学生 20 名，占总人数的 32%，来自马来西亚、泰国、印度尼西亚等国家；来自日本、韩国的学生 17 人，占总人数的 27%。

2.3 研究材料

汉语状语的种类很多，因此在一篇研究中无法穷尽不同类别。由于本研究关注留学生的状语学习规律，我们结合 HSK 动态作文语料和学生作文资料，特别挑选了在学生状语学习过程中经常出现的偏误类型，并基于此探讨学生状语学习的难易度。

第二章 中文作为第二语言学习者的句子加工

实验材料选择"典型副词位置""状语位置""状语顺序""标记词"四种类型。这几种类型虽然都与状语的位置有关，但是它们的侧重点有所不同。"典型副词位置"关注单个副词的使用情况，比如"都""很""也""没"等词的位置使用错误，选择项为单个副词；"状语位置"关注表示时间、处所、情态、对象等状语的使用情况，选择项一般是短语；"状语顺序"一般涉及两个状语，考查学生对于两个状语相对位置的判断；最后"标记词"主要考查学生对于标记词"地"的隐现的掌握情况。因此，这四种不同类型既有联系，又各有侧重。

实验材料为34个句子，其中实验句子24个，包括四种类型：典型副词位置、状语位置、状语顺序和标记词。句子长度7—15个词，平均每句10个词。句中包含的字词均来自《汉语等级大纲》中甲级和乙级词，并标注了拼音。句子内容均与留学生熟悉的日常生活相关。材料于实验前由留学生的任课教师进行评定，确定为留学生已经学习的知识，在实验过程中学生如果有不确定意思的词语，可以向老师提问，以尽可能减少生词对实验结果造成的干扰。

另外有10个无关句子作为填充材料。填充材料均为留学生日常使用的汉语句子，难度极低，所有学生都能达到很高的正确率，并且与要考察的状语项目无关。填充材料的目的和作用在于一方面可以检查学生对待测验的态度，另一方面能防止学生猜出研究者的意图，影响实验结果。

34个句子的呈现顺序进行随机化处理。在正式测验之前，分别找了A、B、C班不参与正式测验的学生进行了预测，并对测试材料进行了修改。研究材料举例见表17。

表17 研究材料举例

状语项目	词语	句子
典型副词位置	dōu 【都】	xué xiào li dào chù shì wài guó rén □学 校 里□到 处 □是 □外 国 人 □。
状语位置	zài běi jīng dà xué 【在 北 京 大 学】	wǒ xué xí hàn yǔ □我□学 习□汉 语□。
状语顺序	yī dìng 【一 定】	wǒ rèn zhēn xué xí hàn yǔ □我□认 真 □学 习□汉 语□。
标记词	de 【地】	tā gāo gāo xìng xìng chū qù le □她□高 高 兴 兴 □出 去□了□。

2.4 设计与程序

本研究为3（汉语水平）×4（状语项目）两因素混合设计。其中汉语水平为被试间因素，分为A、B、C三个水平；状语项目为被试内因素，包括典型副词位置、状语位置、状语顺序、标记词四个水平。

首先将句子分成四至五个短语，在短语之间放置方框，要考察的目标项目放在句子前面，学生需要为特定的状语项目选择合适的位置，并在方框中打钩。每题可选择的位置为4—5个。整个测验没有时间限制。数据分析采用SPSS19.0统计软件。

3 研究结果与分析

3.1 不同级别学生四类项目正确率

填充材料的正确率为0.85，正确率较高，说明学生做题态度比较认真。不同学生在不同项目上的平均数见表18和图10。数据显示，不同项目的正确率是不同的。为了检验其差异，我们进行了方差分析。

表18 不同水平学生四类项目正确率及标准差

句法成分	正确率（标准差）			
	A班	B班	C班	平均正确率
典型副词位置	0.73（0.21）	0.94（0.11）	1（0）	0.89
状语位置	0.69（0.26）	0.78（0.22）	0.94（0.13）	0.80
状语顺序	0.43（0.22）	0.53（0.25）	0.79（0.14）	0.58
标记词	0.41（0.23）	0.61（0.25）	0.64（0.21）	0.55

对正确率进行重复测量方差分析的结果显示，状语项目主效应显著（$F_{(4,240)} = 52.78$，$p < 0.001$）。汉语水平主效应显著（$F_{(2,60)} = 19.63$，$p < 0.001$）。汉语水平与句法成分交互作用不显著（$F_{(8,240)} = 1.76$，$p > 0.05$）。这说明不同项目之间的成绩差异明显，不同水平之间的成绩差异也明显。为了进一步明确差异点，我们进行了多重比较。

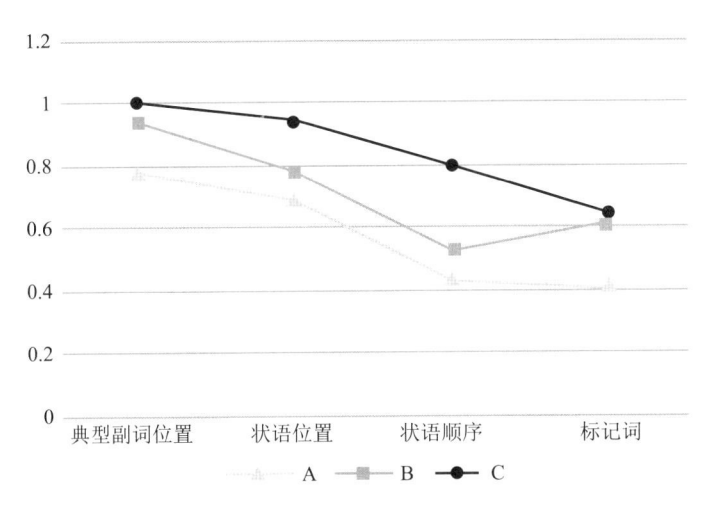

图 10 不同水平留学生四种句法成分正确率

多重比较分析结果显示,"典型副词位置"正确率明显高于"状语位置"($p<0.05$),"状语位置"的正确率明显高于"标记词"和"状语顺序"($p<0.05$),"标记词"和"状语顺序"成对比较差异不显著($p>0.05$)。这四类项目正确率从高到低的顺序为:典型副词位置>状语位置>状语顺序=标记词。不同级别学生的多重比较显示,C 班成绩高于 B 班($p<0.05$),而 B 班成绩则高于 A 班($p<0.05$)。

3.2 不同地区学生四类项目正确率

按照学生的背景,将学生分成欧美、日韩和东南亚 3 个小组。对这三个小组学生的学习难度分别进行考察,结果见表 19。方差分析结果表明,项目主效应显著($F_{(3,177)}=46.00$,$p<0.001$)。多重比较得知,"典型副词位置"正确率高于"状语位置"($p<0.05$),"状语位置"正确率高于"状语顺序"和"标记词"($p<0.05$),后两者差异不显著($p>0.05$)。具体可写为:典型副词位置>状语位置>状语顺序=标记词。

地区效应不显著($F_{(2,57)}=1.61$,$p>0.05$),欧美、日韩和东南亚学生之间没有明显差异。交互作用不显著($F_{(9,177)}=0.74$,$p>0.05$),说明不同背景学生的发展模式相似。见图 11。

表19　不同地区学生四类状语项目正确率及标准差

句法成分	欧美学生	日韩学生	东南亚学生	正确率
典型副词位置	0.85（0.23）	0.95（0.12）	0.83（0.18）	0.88
状语位置	0.75（0.25）	0.85（0.23）	0.77（0.25）	0.79
状语顺序	0.52（0.25）	0.65（0.27）	0.56（0.23）	0.58
标记词	0.52（0.24）	0.61（0.22）	0.5（0.25）	0.54

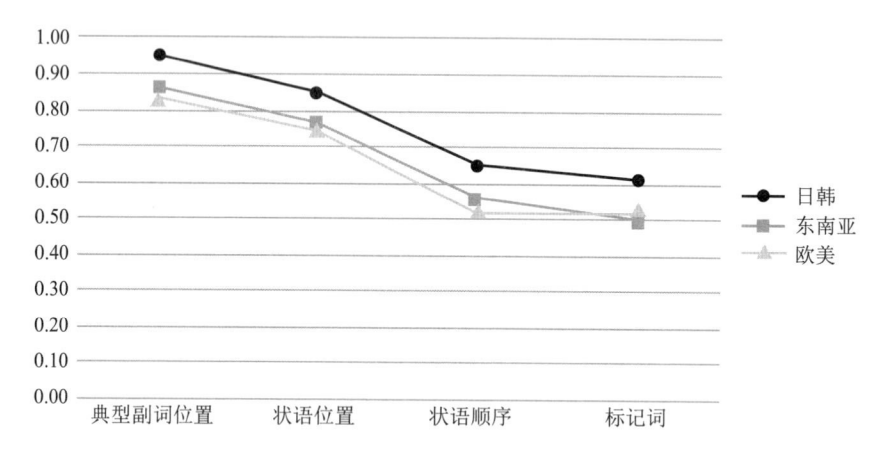

图11　不同地区留学生四种句法成分正确率

3.3　不同水平学生四类项目上的差异

为了探讨不同水平学生在四类项目学习上的难度差异，本研究将每个层级学生按从高至低顺序排列，选出前、后各三分之一的学生作为高、低水平组。对每个层级高、低水平学生的各个项目的成绩进行计算。见图12。统计结果显示，每个层级的高、低水平学生都表现出了明显差距（A：$F_{(1,16)}=94.41$，$p<0.001$；B：$F_{(1,10)}=32.22$，$p<0.001$；C：$F_{(1,10)}=55.39$，$p<0.001$）。

不同项目上高、低水平学生的差距是否相同？本研究对每个级别、每个项目上高、低水平学生的差距进行了分析。图13显示了每个层级高、低水平学生在各个项目上的差异状况。从图中可以看出，对于"标记词""状语顺序"，A班、B班高、低水平的差异都大于C班；而"状语位置""典型副词位置"项目A班的差异大于B班，B班的差异大于C班。这说明，不同项目上高、低水平学生的差距是不同的。

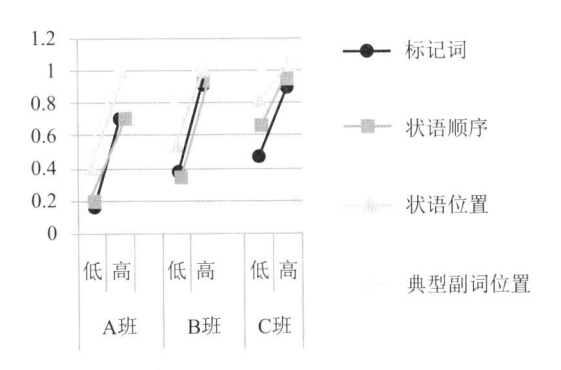

图 12　不同层级高、低水平学生各项目正确率

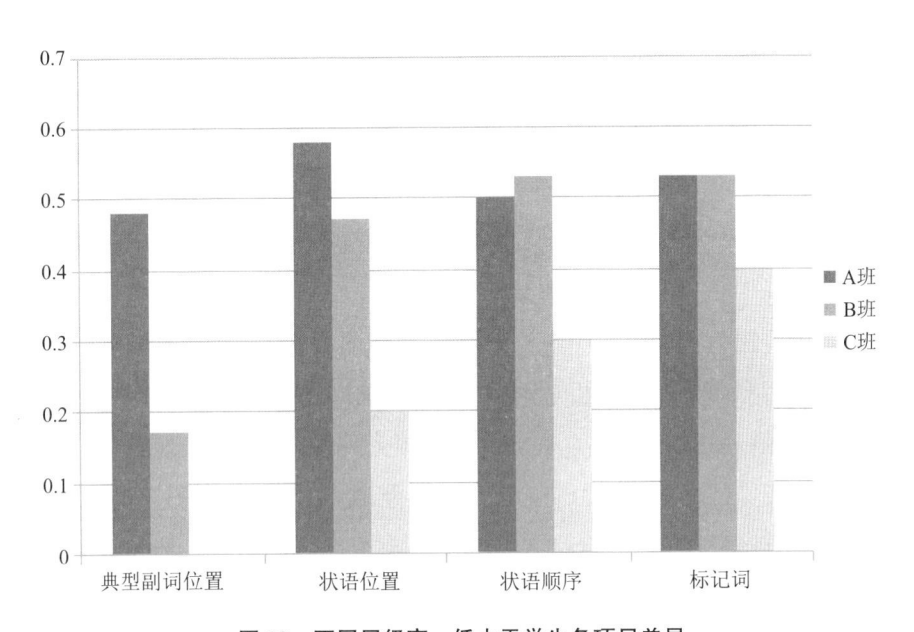

图 13　不同层级高、低水平学生各项目差异

4　基于多元发展模式的留学生状语学习难度与国际中文教学

4.1　认知难度与多元发展模式

多元发展模式认为，二语学习者对于不同语法项目的学习难度不同。ZISA

项目组在德语作为第二语言的研究中发现，优先习得的是语言中的典型结构，比如 SVO 语序，然后是副词前置（ADV），接下来是动词分离（SEP），随后是倒装（INV），最后是动词结尾（V-END）（王建勤，2009）。日语作为二语的研究也发现，学习者在日语小品词"wa、ga、o"的学习上也存在难度和学习顺序的差异，"wa、o、ga"的难度逐渐增加，习得时间逐渐加长（Yoshioka & Doi, 1988）。虽然多元发展模式认为语言项目的学习难度不同，但是并未细化至某一具体的语言项目内部，比如不同的状语类项目。通过考察留学生对四类汉语状语项目的习得情况，我们发现，四种不同类型状语项目的学习难度不同。正确率从高到低的排列顺序是：典型副词位置 > 状语位置 > 状语顺序 = 标记词。这说明，对于留学生来说，这四类不同的状语项目的学习难度有差别。"典型副词位置"项目的难度最小。在学习半年左右的时间（B 班水平）后，学习者的正确率就接近百分之百，学习一年至一年半以后（C 班水平）已完全掌握。其次是"状语位置"项目，C 班时正确率可以接近百分之百（94%）。比较难掌握的是"状语顺序"和"标记词"，二者统计检验没有明显差异，并且在达到 C 班时仍然没有完全掌握。

这可能是因为，本研究中考察的"典型副词位置"中的副词一般置于动词前，意义相对简单，位置相对固定，规则化较明显，因此，对于学生而言，这类项目比较容易掌握；而"状语位置"因为涉及状语的前置问题，并且这种顺序同某些语言，如英语、德语、马来语都是不同的，因此学习的难度有所增加。学习者习得此类状语的时间更晚，难度更大。但比起其他两类的难度，"状语位置"项目应该算低的。

"状语顺序"和"标记词"是学生最难掌握的状语项目。从多元发展模式的发展阶段来看，我们分析此类项目已经进入更细致地对句内结构进行调整的阶段，属更高的发展阶段，但模型对此并没有详细地说明。我们分析在此阶段，学习者需要更多应对母语加工的影响。状语前后顺序的学习易受母语影响，正、负两种迁移同时存在，需要学习者不断整合母语和二语信息。另外，此阶段的学习内容需要占有学习者更多的认知资源。二语学习者的记忆组块较小，尤其对初级学习者更是如此。这使他们常常无法对两个状语同时进行加工。再者，学习者无法抽取汉语状语语序规则也使这部分内容难于掌握。而

"标记词"的规则化程度不高，学生只能通过大量的范例获得语感，习得这部分内容，但是初、中阶段的学生还无法满足这一条件，因此，此类项目的学习难度最大。

4.2 学习顺序与多元发展模式

多元发展模式认为，某些语言特征的发展有内在的顺序，这种顺序既不受学习者个体因素的影响，也不受学习环境的影响。第二语言学习者的语言发展模式具有高度的一致性，即遵循共同的发展顺序。该理论认为虽然不同语言在结构和语序上会有差别，但因为制约学习者的语言处理策略和这些策略所形成的制约是大致相同的，它控制着语言的发展顺序，因此，不同国家学生的发展顺序应该类似。通过研究我们的确发现，一方面，欧美、日韩和东南亚学生的反应模式高度一致。这说明状语的学习过程更多反映了学习者认知加工的特点和阶段性，同时也与汉语的语法结构有一定的关系。另一方面，我们也发现，各种不同类型的状语项目发展速度不相同。"典型副词位置"在B班时已发展完全，"状语位置"和"状语顺序"项目从A班到B班时发展不明显，从B班到C班有一个比较明显的进步；"标记词"从A班到B班时有了一定的进步，但是从B班到C班时进步很微小，C班时的正确率仍然不足80%。从上述分析我们可以看出，不同状语项目的难度不同，发展的速度也不同。

4.3 个体差异与多元发展模式

多元发展模式特别强调发展的个体差异。个体差异是指学习者第二语言能力的发展具有个体差异，学习者的个体差异由外部的社会心理因素导致（王建勤，2009）。如图14所示，A和B处于第5个发展阶段，C和D处于第4个发展阶段，E和F处于第3个发展阶段，同时，该图也反映了处于相同发展阶段的学习者之间的个体差异。A和B之间、C和D之间以及E和F之间都存在个体差异。但是该模式并未预测不同项目上个体差异的大小以及不同发展阶段上差异的大小。

那么在本研究中这种差异是否存在，且这种差异在不同级别或不同项目上的表现是否相同？通过分析我们发现，在本研究中这种差异的确存在，且这种

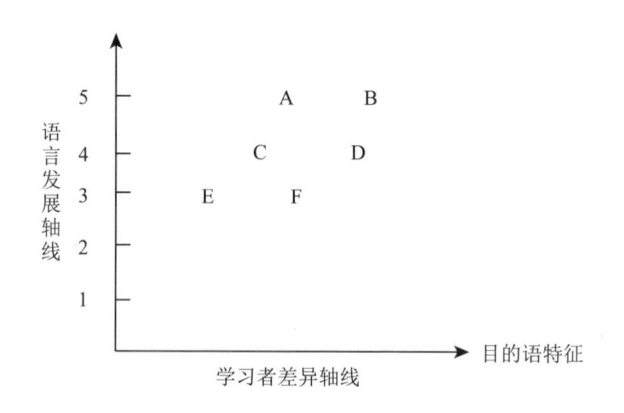

图 14 多元发展模式的两个维度

（引自王建勤《第二语言习得研究》：238，2009）

差异在不同级别或不同项目上的表现不同。每个层级高、低水平学生都显示了一定的差距。从总体表现来看，A 班学生的差距大于 B 班，B 班大于 C 班。同时，不同项目上的差距不同。有些项目如"状语位置"和"典型副词位置"的差距随着级别的增高逐渐缩小。但也有些项目如"标记词"和"状语顺序"在 A 班和 B 班上，差距没有任何明显变化，只是在 C 班上差距变小。这样的结果表明在状语学习过程中，个体差异是普遍存在的。不仅如此，不同级别的学生随着学习和认知阶段的不断发展，个体差异的表现也不同。随着状语项目的不断习得，高低学生的差距呈缩小趋势。整体来说，个体差异不仅与学习阶段有关，也与学习项目有关，不同项目上学生的变异明显。这样的结果也验证了多元发展模式关于个体差异的假设。

4.4 教学建议

4.4.1 合理安排状语教学顺序

状语不同项目的学习是有难度差别的。教育者和教材编写者首先要了解这些差别，才能科学、合理地安排状语教学顺序。状语学习最好按由简到难的顺序进行。在学生没有较好地掌握容易的项目之前，不要过分地强调和关注较难的语言项目的教学。Pienemann（1984）的研究发现，学习者不能跨越学习阶段，学习者只有在"心理语言准备"（psycholinguistically ready）就绪时，才能学习某一语言项目，教学才促进语言习得。Pienemann（1984）还讨论了教学超前于学生的学习阶段可能带来的后果。他认为超前教学引起的后果之一就是诱发学生的回避行为，从而对语言习得带来消极影响（转引自王建勤《第二语言习得研究》：252）。因此，合理规划教学项目、恰当安排教学内容需要引起教育者和教材编写者高度的重视。

4.4.2 根据学习阶段确定教学重点

不仅学习的顺序问题需要注意，不同阶段的训练重点不同也是一个不容忽视的问题。从研究中我们可以看到，不同语言项目的学习难度不同。这就要求教师在教学时考虑教学对象的语言水平和教学项目的复杂度等问题。比如"典型副词位置"项目的学习难度较低，因此，这一项目可以作为 A 班学生的教学重点，"状语位置"的学习难度稍高，B 班的教学则可有侧重地强调"状语位置"类，对于"典型副词位置"项目，教师则不需多讲，因为学生已经比较好地掌握了这个项目。"状语顺序"的成绩虽然在 B 班阶段得到了一定程度的提高，但总体来说，即便对于 C 班的同学，这个项目也是难度较大的，因此可作为 C 班的教学重点。另外"标记词"是学习难度最大的项目，即使到了 C 班，这个项目仍然无法完全掌握，可以考虑放在 C 班后期或者更高一级学习。虽然不同的语法项目本身确实存在难易之分，不同学习阶段的教学重点应有所差别，但是二语学习毕竟不同于一语学习，是学习和习得共同作用的过程。教学环节非常重要且关键，教师不能一味地强调和突出语法项目难度，过分关注习得的顺序性，也需要发挥教学的积极影响。在考虑到学生语法学习难度的同时，有选择地教授一些下阶段的语言项目，对于学生的学习而言，是有帮助的。

第四节 汉语句法启动效应研究

1 句法启动效应研究

语言产生过程中语法表征与加工一直是语言学家和认知心理学家共同关注

的课题。目前,启动效应作为探究人类语言表征本质问题的有效工具而被心理学研究领域广泛采用。其基本方法是通过提供某种启动刺激,如某个词或句子,增加受试者产出与启动刺激类似(甚至完全一致)的词或句子的可能性。如:向被试呈现被动句后,被试在接下来的描述中会倾向于使用被动句式。对启动刺激和所产生反应之间的关系研究能够有效揭示个体语言认知及其表征的本质。简单来说,如果个体对于所考察的语言知识存在相应的表征,就会发现启动效应;反之,则不会发现启动效应。因此通过控制启动材料和目标结构之间的关系,研究者可以探究语言表征的构成。

关于启动效应的相关研究已经取得很多成果,包括对语言中语义、词汇和句法结构的启动研究(Mcdonough Kim, 2008;Pickering, 2008)。英语的研究发现,抽象的句法结构甚至可以独立于具体的内容或形态而产生启动效应(Bock, 2000)。而现有的句法启动研究在不同语言、不同句法结构、不同群体、不同语体(口语、书面语)中均发现了句法启动的存在(Hartsuiker, 1998;Flett, 2003;Schoonbaert, 2007),表明句法启动效应有可能是所有语言的普遍特性。但迄今为止,句法启动研究主要集中在英语、德语、西班牙语、荷兰语等印欧语中,这些语言特性相近,都有着高度显性的语法范畴。很多学者认为,在这些语言背景上总结的句法表征能否说明语言学特性,特别是句法特性十分不同的其他种类的语言,是一个值得关注的问题(黄贤军, 2005;Pickering, 2008)。由于汉语属于汉藏语系,与其他印欧语言存在巨大差异,因此对汉语句法启动的研究结果无疑会为句法启动效应的跨语言特性假设增添新的证据。

本研究运用句法启动研究范式,以高级汉语水平的留学生和汉语母语者为被试,考察汉语的句法启动效应,探究二者的汉语句法表征问题,并比较二者之间汉语句法表征的差异。

2 研究方法与程序

2.1 研究目的

考察成年汉语母语者和高级汉语水平留学生汉语句法启动效应,比较二者句法启动效应的差异。

2.2 研究对象

成年汉语母语者20名。其中，男性17名，女性23名。所有被试平均年龄为23岁。

高级汉语水平留学生20人。分别来自波兰、俄罗斯、韩国、日本、瑞典、意大利等国家，平均学习汉语时间为3年。其中，男生6人，女生14人。

2.3 研究材料

研究材料中使用了20个汉语动词。这些动词主要选自这些留学生所使用过的汉语教材。经留学生任课教师评定，被认为是为高级水平留学生所掌握的词汇。研究材料包括：

（1）启动句

启动句共包含5个动词，每个动词重复3次，共形成15个启动句，但含有相同启动动词的句子所描述的内容各不相同。如：含有动词"打开"的句子内容分别为：他打开了窗户/小猫打开了盒子/他打开了电视机。每个启动句均可用主动句、"被"字句和"把"字句三种句法结构来描述。如：

主动句：他打开了窗户。

"被"字句：窗户被他打开了。

"把"字句：他把窗户打开了。

（2）目标句

目标句中含有15个动词，每个动词使用1次，共计15个目标句。与启动句一样，每个目标句也均可用主动句、"被"字句和"把"字句这三种句法结构来描述。

（3）热身句和虚假任务句

研究材料中还包括3个热身句。目的是帮助被试熟悉研究要求，进入研究状态。热身句的内容是主语为动物的简单句（如：小鸟在飞）。

此外，我们还设计了3个虚假任务句，目的是向被试掩盖研究的真实目的而对被试提出虚假任务要求，以尽可能避免被试在研究中对句法结构本身有意识的关注，或者对主试说出的启动句结构进行有意识的模仿。这3个虚假任务句与正式研究中使用的3个测试句有较高的相似性，但不完全相同。被试的任务是判断这张图片是否出现过。虚假任务句不进行统计分析。

所有研究句均以黑白图片形式呈现。我们将15张启动图片和15张目标图片进行随机配对，最后形成15对研究材料。

2.4 研究程序

三因素被试内研究设计。启动条件（主动句/"被"字句/"把"字句）为被试内因素。

首先，被试接受研究指导。主试先介绍本次研究是关于图片记忆的测验，然后呈现一些图片，要求被试尽可能记住图片的内容，为了帮助被试准确记忆图片的内容，主试和被试两人要轮流根据图片内容和图片下方的动词来描述这些图片。要求被试描述图片的句子必须正确完整。描述并记忆图片的过程完成后，被试要完成图片识别任务，以检验被试的记忆是否准确。

其次，进入研究热身部分。主试出示3张热身图片，被试对图片进行描述。所有被试均能按照主试的要求完成对热身图片的描述。

再次，进入正式研究部分。主试向被试出示15对启动—目标图片。每次主试向被试呈现1张启动图片并进行描述，接着呈现1张目标图片，请被试进行描述。每位被试均先接受5次主动句启动，接着接受5次"被"字句启动，最后接受5次"把"字句启动。研究中每位被试产出15个测试句子。20位被试最终共产出300个目标句。

最后，主试依次呈现3张虚假任务图片，图片识别准确率约为92%，说明被试在正式研究部分都认真观察了研究图片，基本没有出现不听从研究要求的情况。

每位被试单独进行测试，母语者的研究时长大约为3分钟。留学生的研究过程大约为4分钟。研究过程中主试助手对被试的描述语句进行速记，研究全程录音。

2.5 研究计分方法

计分方法采用朱火红等（2009）的判断标准，只要被试的表述中出现了主谓结构，主语是施动者，谓语是及物动词，宾语为受动者，即句子为"施事+及物动词+受事"的形式，则作为主动句计分；如果被试的表述中主语位置上出现的是受动者，后面所带的及物动词前有辅助词"被"，即句子为"受事+被+施事+及物动词"形式，则作为"被"字句计分；如果被试的表述中主语是施动者，后接介词"把"并后跟受事和及物动词，即句子为"施事+把+受事+及物动词+补语"形式，则作为"把"字句计分。

其余的既非主动句，也非"被"字句或"把"字句的表述，包括断句或其他类型的完全句（如：钥匙不知道丢哪儿了），都作为其他句计分。

我们根据计分方法将被试的反应分为四类：完全与主试句法结构一致的句式（主动句—主动句；"被"字句—"被"字句；"把"字句—"把"字句）；使用与主试所用另一种启动句的句式（如：主动句—"被"字句/"把"字句）；不使用研究所考察的任何一种句法结构（如：小男孩儿想钥匙不知道在哪儿、房间打扫得很干净等）。最后，统计每种类型出现的次数。

留学生的计分标准适当放宽，句子只要大致符合各类句法结构即可，不要求句子完全正确。对于"被"字句或"把"字句中动词无论是否是"光杆动词"、动词补语是否合适（如：孩子被爸爸打、男孩把鸟放出），均不影响句子计分。

3 研究结果与分析

3.1 汉语母语者三种启动条件下的反应比例

母语者共产出 300 个语法正确的句子。我们列出被试在三种不同启动条件下，四类反应句型相对于总反应数目的百分比（见表20）。

表20 不同启动条件下母语者的目标句产出比例（%）

启动条件	被试反应句型			
	主动句	"被"字句	"把"字句	其他
主动句	67	25	4	4
"被"字句	53	26	15	6
"把"字句	33	7	60	0

被试产出的全部300个句子中，主动句比例占51%，"被"字句占19.3%，"把"字句占26.3%，其他句占3.3%，这表明汉语母语者在表述包含及物动作的句子时，整体上都倾向于产出主动句。

我们对三种不同启动条件下被试反应句型的差异进行 X^2 检验，X^2 = 139.60，$p<0.001$，表明成年汉语母语者在主动句、"被"字句及"把"字句三种不同启动条件下，三种句法结构反应间的差异显著，即启动条件对产出的句法结构有显著影响。

我们可以看到"把"字句明显的启动效应，在"把"字启动条件下，"把"字句的产生比率高达60%，远远高于其他两种句式的产生率（33%，7%）。主动句也产生了较为明显的启动效应，在主动句启动条件下，主动句的产生率（67%）也明显高于其他两种句式（25%，4%）。但"被"字句并没有发现明显的启动效应。在"被"字启动条件下，其"被"字句产生量为（26%），远低于产生的主动句（53%）。

这表明，对于母语者来说，汉语中不同的句法结构可能存在不同的表征方式。

3.2 高级汉语水平留学生三种启动条件下的反应比例

留学生共产出300个语法正确的句子。我们同样列出被试在三种不同启动条件下，四类反应句型相对于总反应数目的百分比（见表21）。

留学生产生的全部300个句子中，主动句占69%，"被"字句占19%，"把"字句占11%，其他句占1%，表明留学生整体上倾向于产出主动句。

我们对不同启动条件下留学生反应句型的差异进行 X^2 检验：X^2 = 109.37，$p<0.001$，表明高级汉语水平的留学生在主动句、"被"字句及"把"字句三

种不同启动条件下,三种句法结构反应间的差异显著,也说明启动条件对留学生被试句法结构的产出有显著影响。

表 21 不同启动条件下留学生目标句产出比例(%)

启动条件	被试反应句型			
	主动句	"被"字句	"把"字句	其他
主动句	84	15	1	0
"被"字句	65	29	4	2
"把"字句	59	13	28	0

从数据中我们可以看到,主动句产生了较为明显的启动效应,在主动句启动条件下,主动句的产生率(84%)也明显高于其他两种句式(15%,1%)。另外,在其他两种启动条件下,留学生也更倾向于产生主动句,产生主动句的比例(65%,59%)都远高于其他两种句式。

"把"字句和"被"字句虽然没有产生主动句那样明显的启动效应,但是启动条件的确对于留学生的反应起到一定作用。对三种启动条件下所产生的"被"字句和"把"字句进行分析可知,在"被"字句启动条件下,留学生更倾向于产生"被"动句($X^2=8.00$, $p<0.05$),而在"把"字句启动条件下,更倾向于产生"把"字句($X^2=39.82$, $p<0.001$)。

3.3 母语者与留学生句法启动效应比较

数据结果显示,母语者和留学生中均存在汉语句法启动效应。那么这两类群体之间的汉语句法启动效应是否存在差异?我们对二者在三种启动条件下产生的目标句式进行统计,如表 22 所示。

主动句启动条件下,两类被试的反应差异显著:$X^2=6.13$, $p<0.05$。留学生的主动句启动效应量明显高于母语者。"被"字句启动条件下,两类被试的反应差异显著,$X^2=7.67$, $p<0.05$。进一步分析得知,其中的差异主要由产生的"把"字句造成($X^2=6.37$, $p<0.05$),而非"被"字句上产生的差异($X^2=0.16$, $p>0.05$)。也就是说,两类被试在产生的"被"字句数量上并无差异。"把"字句启动条件下,两类被试的反应差异显著,$X^2=20.78$,

$p<0.001$。进一步分析得知,母语者在"把"字启动条件下,产生的主动句明显少于留学生($X^2=7.35$,$p<0.01$),而产生的"把"字句明显多于留学生($X^2=11.64$,$p<0.01$)。

表22 汉语母语者与留学生目标句法结构产出比例(%)

启动条件	被试类型	被试反应句型		
		主动句	"被"字句	"把"字句
主动句	母语者	67	25	4
	留学生	84	15	1
"被"字句	母语者	53	26	15
	留学生	65	29	4
"把"字句	母语者	33	7	60
	留学生	59	13	28

4 汉语句法启动效应讨论与结论

4.1 汉语母语者的句法表征

母语者的结果表明,成年汉语母语者存在汉语句法启动效应,并且"把"字句启动效应非常显著。这一点与朱火红等(2009)的研究结果较类似。她们也发现"把"字句具有明显的句法启动效应。"把"字的重复出现和使用似乎在一定程度上促进了整个句法启动的效果。尽管句法启动是发生在句法结构这种抽象水平上,与启动句和目标句之间的词汇一致性无关,但这并不意味着任何词汇方面的因素都不会影响句法启动效应的大小。汉语中的"把"句法功能非常突出,"把"字在启动句和目标句中的重复出现很可能使得"把"字的词条节点与组合节点得到了预先激活,进而激活了相应的句法表征,从而促进了句法启动效应的产生。这说明,至少在汉语母语者心理词典中,"把"字句是存在相对独立的句法表征的。

4.2 高级汉语水平留学生的句法表征

我们对高级汉语水平留学生的句法启动效应进行了考察,发现留学生主动句的启动效应均非常明显，留学生在接受了三种不同的启动刺激后，都更倾向于产生主动句。这表明，留学生可能对汉语主动句存在抽象意义上的表征。这与现有的关于二语内句法启动效应研究所获得的结果相一致，即二语学习者存在二语内的抽象句法表征（Flett，2003；Schoonbaet，2007；姚勇，2006；严春荣，2009）。但是，对于"被"字句和"把"字句两种启动条件而言，留学生虽然表现出了一定的启动效应，但是其效应量远不及主动句。这可能是由于这两种句法结构本身的难度导致留学生回避使用造成的。Eckman（1977）认为语言结构有无标记词对二语学习会产生影响，一般来说无标记的句法结构比有标记的句法结构更容易习得。汉语中的主动句属于无标记的，是汉语句子的基本形式，形式短小，使用频率高，对留学生来说比较容易；而"被"字句和"把"字句是属于有标记的，形式相对复杂，对留学生来说也相对较难。尤其是"把"字句，作为汉语中独有的句法结构，在其他任何语言中都找不到相对应的句法结构，其标记更多，对二语学习者来说也更难。施家炜（1998）研究发现，对于留学生来说，"被"字句和"把"字句的主客观等级均为Ⅱ级，表明"被"字句和"把"字句的习得有一定难度。现有研究表明，由于"被"字句和"把"字句的习得和使用难度较大，留学生存在明显的回避使用心理（刘颂浩，2003；黄月圆，2004），这种回避心理很可能在一定程度上削弱了启动效应的影响，导致相应的启动量较小。

4.3 母语者和高级汉语水平留学生的句法表征比较

我们对汉语母语者和高级汉语水平留学生的句法启动效应进行了比较。结果发现：对将汉语作为外语学习的留学生而言，主动句启动效应要大于汉语母语者的启动效应。目前研究者普遍认为，对于语言水平较低的群体，儿童及较少使用该语言的人（如二语学习者），由于相应的语言表征正在形成之中，表征较弱，因此启动效应会更加明显；反之，语言水平高的说话者（如成人或母语者）由于相应的语言表征已经比较稳定，反而不易受到启动效应的影响。此外，他们在语言表达中有更多可自由使用的语言知识，因而能更积极主动地选择相应的句法结构传达语义（Pickering，1999，2008）。尽管研究中考察的留学生都是高级汉语水平的学习者，但他们的汉语水平同汉语母语者相比还是较低，对汉语相应的句法结构的表征也较弱，因而更易受到句法启动效应的影响，表现为更倾向于产出与启动句句法结构一致的句子，如主动句。

留学生与汉语母语者在"被"字句启动方面没有表现出明显差异，启动量均很小。我们认为这可能和"被"字句特殊的语义内容有关。汉语中"被"字句一般主要用来表示含有"遭受"义的情境，其句式作用基本上是表示"不幸或不愉快的事情"（王力，1943），因此"被"字句的表意和使用范围比较有限。我们在对留学生进行"被"字句的教学时，往往也会反复强调"被"字句的遭受义，因此这种认知不仅存在于汉语母语者中，也同样被留学生所接受。我们发现对于研究材料中很多含及物动词动作的句子，尽管用主动句、"被"字句和"把"字句表述在语法上都没有问题，但是由于"被"字句的语义局限，学生会选择其他句法结构（主动句）进行表达，即使在有"被"字句启动的情况下，说话者也很难受到启动效应的影响。同样原因，我们发现，研究中在遇到"遭受"义非常明显的图片时，即使启动句并不是"被"字句，说话者也更倾向于使用"被"字句进行描述。因此，在"被"字句启动条件下，没有发现两组学生的差异，同时启动量较小。

比较结果还发现尽管留学生中存在"把"字句启动效应，但与汉语母语者相比，这种启动效应非常微弱。理论上来说，留学生由于受到汉语水平的限制，"把"字句表征较弱，应该更容易受到启动效应的影响，但研究结果却截然相反。我们认为，留学生"把"字句启动效应之所以不高，主要是"把"字句本身的特点和难点导致留学生回避使用造成的。刘颂浩（2003）提到，高级汉语水平的留学生，尽管已经具备"把"字句的相关知识，但是因为觉得用"把"字句时，动词后面的词"很多很麻烦，要想很长时间"，所以平常不愿意使用"把"字句，除非是一些比较固定的用法（如：把车门打开），才愿意直接使用。对汉语母语者而言，表达"把"字句时可用的语言材料很丰富，在准确添加"把"字句里动词所需的补语或其他补充成分时不存在语言知识的障碍，所以一旦受到启动效应的影响则会表现得非常明显。而对留学生而言，尽管研究图片中已经给出了核心动词，消除了选择动词的困难，但是如果要正确产出"把"字句，还需要考虑动词后的补语或其他成分，为了从有限的语言材料中选择添加在动词后的成分，留学生很可能需要思考较长时间，而且也很难保证产出的正确性,因此大部分留学生都倾向于回避使用"把"字句,而用其他更简单的句法结构来进行表达。这可能是导致"把"字句句法结构的启动效应较小的主要原因。

从本研究中可知:成年汉语母语者和高级汉语水平的留学生均存在汉语句法启动效应,但二者的句法启动效应存在一定的差异。与汉语母语者相比,留学生由于汉语水平较低,句法结构形成的表征相对较弱,其主动句的句法启动效应更加明显;但其"把"字句启动效应却明显弱于汉语母语者,这很可能是留学生强烈的"把"字句回避心理削弱了"把"字句启动效应的影响。两组被动句的启动效应类似,没有显著差异。

第五节 英语母语者汉语口语产生中的跨语言句法启动

1 跨语言的句法启动效应研究

句法启动作为句法表征与加工的一种重要研究手段,得到了研究者的广泛认可与大量应用。句法启动(syntactic priming)是指在语言的理解和产生活动中,人们总是倾向于重复曾经使用过的或者相似的句型。比如在谈话中,一方使用了被动结构,另一方也倾向于使用相同的结构。

大量研究发现不同语言、不同句型以及不同群体中均存在句法启动效应(Hartsuiker & Kolk, 1998; Ferreira, 2003; Scheepers, 2003; Brooks & Tomasello, 1999),并且这种现象不只存在于单语(L1 – L1 或 L2 – L2)中,在跨语言的句子理解和产生中(L1 – L2 或 L2 – L1)也同样存在句法启动效应(Meijer & Fox Tree, 2003; Hartsuiker, Pickering & Veltkamp, 2004; Dsemet & Declercq, 2006)。但目前的研究多集中于英语、西班牙语、荷兰语、德语等印欧语系的语言之间,对于印欧语系与汉语之间是否存在句法启动效应,目前尚不清楚。

此外，研究者对于句法启动的来源——句法结构效应还是句法结构和词汇效应———一直莫衷一是。一些研究发现，启动句和目标句中的动词一致可以显著地增加启动效应量（Pickering & Branigan，1999；Corley & Scheepers，2002；Melinger & Dobel，2005）。这说明，句法启动是句法结构和词汇效应；但是也有研究并没有得到动词一致性的增强效应（Bernolet et al.，2007），说明句法启动只是句法结构效应。因此，动词一致性在句法启动中的作用需要更多的研究证据。

目前国内研究多集中于汉—英（L1－L2）的跨语言句法启动上。大部分研究都发现了汉—英方向上（L1－L2）的跨语言句法启动效应（雷蕾、王同顺，2009；张积家，2012）。二语水平对 L1－L2 的跨语言句法启动存在显著影响。二语水平越高，启动量越小（徐浩，2014）；跨语言句法启动效应只存在于外语学习的初级阶段（李荣宝，2006），但也有一些研究者持不同的观点。

相比之下，汉语 L2 的句法启动效应研究非常有限。曹贤文、牟蕾（2013）通过三个研究探讨了留学生"把"字句和"被"字句的句法启动效应；查芸芸、吴思娜（2014）比较了母语者和二语者"把"字句和"被"字句的句法启动效应。研究均发现了句法启动效应，但是这些研究探讨的是 L2－L2 的单语句法启动，汉语 L2 跨语言句法启动效应研究则十分少见。张金桥（2012）发现印尼语—汉语（L1－L2）方向上的跨语言句法启动效应，同时汉语水平对印尼留学生的跨语言句法启动效应存在影响。

综上所述，汉语 L2 的跨语言句法启动效应仍然缺少足够的研究证据。另外，动词一致性以及二语水平对跨语言句法启动效应的影响，仍是一个悬而未决的问题。本研究拟对上述问题进行探讨，从而为跨语言句法启动现象提供来自汉语口语的证据。

2 不同水平留学生跨语言句法启动

2.1 研究目的

考察英语为母语者的汉语跨语言启动效应是否存在以及不同水平留学生的

跨语言启动效应的大小。

2.2 研究对象

本研究有 42 名被试，均为北京高校的外国留学生，英语母语者。初级水平 21 人，中级水平 21 人。初级水平留学生在华汉语学习时间为半年至一年，中级水平留学生在华汉语学习时间为一年以上。被试均在学期初参加了院系组织的分班考试，并根据考试成绩被编入初级班和中级班。男生 23 人，女生 19 人。平均年龄为 23 岁。

2.3 研究材料

本研究的主要目的是考察跨语言句法启动效应，并且是 L1 – L2 方向的启动效应，也就是说，我们需要采用英语句子作为启动句，汉语句子作为目标句，因此，作为启动句的英语句子和作为目标句的汉语句子应具有相同的结构，启动效应才有可能发生。考虑到英语和汉语中语序相同的句型以及留学生已经掌握的汉语句型，本研究选择主谓句（如：I asked a question.）和双宾句（如：Mom presented me a gift.）。启动句中的主谓句和双宾句各有 5 个句子，共 10 个句子。目标句和启动句数量相同，两者共有 20 个句子。为了考察句法结构的启动效应，启动句和目标句中的所有动词均选择了双宾动词。这样做的原因是双宾动词既可以产生主谓句（如：I asked a question.），又可以产生双宾句（如：I asked him a question.），因此能更好地反映启动句的影响。但是留学生学过的双宾动词数量有限，为此，我们选出了学生认识的 20 个动词作为研究的目标句动词。因为部分研究发现，启动句和目标句中的动词一致会影响启动效应量（Bernolet et al.，2007），因此，研究一的启动句和目标句中的动词不同。

每一个启动句和目标句都配有相应的图片。在图片的下方有该目标句需要用到的动词，用汉语标注，材料举例见图 15。另外 20 个句子作为填充材料，使用的是英语和汉语不同的句型（如：The boy plays football in the playground.）。该部分内容仅为防止被试猜测到研究目的，并因此形成某种认知策略而设计，不进行数据分析。主试和被试各持一套图片，图片内容相同，但主试的图片中不仅有图画，在图片的下面还有要说的启动句和目标句，而被试的图片上只有图画和用汉语标注的需要使用的动词。

boy They bought many things	偷	throw The boy throw me a ball.	奖励
主谓启动句	主谓目标句	双宾启动句	双宾目标句

图 15 主谓、双宾启动动词不一致

2.4 研究程序

研究采用同盟者脚本技术（Confederate-scripting technique）。同盟者脚本技术是句法启动的经典范式——图片描述范式中的一种。Branigan，Pickering & Celand（2000）首次使用同盟者脚本技术进行句法启动研究。具体方法为两位被试共同参加研究，其中一位是真被试，另一位是同盟者（研究者）；研究中二人轮流描述图片，另一位则要根据描述找出相应的图片；同盟者按照事先写好的脚本，总是先进行描述。同盟者脚本技术在真实的对话情境中进行操作，研究情景比较自然，被研究者认为能够较为真实地反映双语者句法表征和加工的特点（贾月芳、陈宝国，2009），因此本研究采用同盟者脚本技术进行研究。

研究开始前，同盟者（研究者）先将所有图片中出现的物体都向被试进行介绍，确保它们的汉语名称和英语名称被试都知道。研究阶段，主试和被试分坐桌子的两端，两人轮流向对方描述自己手中的图片。首先由同盟者（研究者）描述图片，同盟者读出图片上的启动句，被试先听描述，然后根据自己手中的图片，说出主试的描述是否正确。判断完以后，由被试来描述下一幅图片，然后由同盟者判断是否正确。这样轮流进行，持续大约 10 分钟，研究过程进行录音。研究材料的呈现按照 ABBA 顺序式进行，即先呈现主谓句（启动句 A），接着呈现双宾句（启动句 B），然后仍然是双宾句（启动句 B），最后是主谓句（启动句 A）。这种研究顺序可以有效地平衡研究材料，控制被试形成某种反应策略和倾向。

2.5　计分规则

在统计研究结果时，我们将被试的反应句分为三类：主谓句、双宾句和其他句。小的语法错误，例如时态、声调的错误忽略不计。

2.6　研究结果

42 名被试一共产出了 420 个语法基本正确、可辨认分析的句子。不同启动条件下，不同反应句型个数及百分比见表 23。

表 23　不同启动条件下被试产生的目标句个数及百分比

汉语水平	启动条件	被试反应句型		
		主谓句	双宾句	其他
初级水平	主谓句	81（77%）	15（14%）	9（9%）
	双宾句	33（32%）	58（55%）	14（13%）
中级水平	主谓句	71（68%）	19（18%）	15（14%）
	双宾句	32（31%）	55（52%）	18（17%）

对主谓句和双宾句启动条件下被试的反应句型分别进行单因素方差分析。结果发现，主谓句启动条件下，学生产生的不同句式比例差异显著（$F_{(2,82)}$ = 144.097，$p<0.001$），配对 t 检验结果显示，主谓句的比例明显高于双宾句和其他句型（t = 12.395，$p<0.001$；t = 17.554，$p<0.001$）。说明主谓句启动条件下被试产了更多的主谓句。

双宾句启动条件下，学生产生的各种句式比例差异显著（$F_{(2,82)}$ = 65.859，$p<0.001$），配对 t 检验显示，双宾句的比例高于主谓句和其他句型（t = 6.296，$p<0.001$；t = 12.595，$p<0.001$）。说明双宾句启动条件下被试产生了更多的双宾句。这反映出留学生产生的目标句句型和跨语言启动句的类型有关，在主谓句启动条件下，被试倾向产生主谓句，而在双宾句启动条件下，被试则会产生更多的双宾句。这表明，外国学生在汉语口语产生中存在跨语言句法启动效应。

不同汉语水平的学生产出的句式比例也存在一定的差异。在主谓句启动条件下，初级学生产生的主谓句多于中级学生（t = 2.104，$p < 0.05$），在双宾句启动条件下，初级学生产生的双宾句和中级学生没有明显的差别（t = 1.01，$p > 0.05$）。这说明，学生的汉语水平越高，启动效应量越小，但是不同的句型情况会有分别。

3 跨语言句法启动中的动词一致性

3.1 研究目的

考察汉语 L2 的动词一致是否会影响跨语言句法启动效应。

3.2 研究对象

同本节 2.2 部分。

3.3 研究材料

研究材料包括 20 个启动句和 20 个目标句。启动句和目标句分为主谓句和双宾句两种结构，每种结构有 10 个启动句和 10 个目标句，5 个启动句和 5 个目标句的动词不一致，材料同本节 2.3 部分。有 5 个启动句和 5 个目标句的动词一致，材料举例见图 16。因此，共有四种研究条件（主谓句启动句—动词一致、主谓句启动句—动词不一致，双宾句启动句—动词一致、双宾句启动句—动词不一致），每种条件有 10 个句子，共 40 个句子。

teach
My mother teaches math
主谓启动句

教
主谓目标句

lead
She lead me a book
双宾启动句

借
双宾目标句

图 16 主谓、双宾启动动词一致

3.4 研究程序

材料的呈现顺序同前。其中动词一致和不一致的图片按照随机顺序原则呈现。

3.5 研究结果

42 名被试共产出 840 个语法基本正确、清晰可辨认的句子。被试在不同启动条件下的不同反应句型见表 24。

表 24　不同启动条件下被试产生的目标句个数及百分比

启动条件		被试反应句型		
		主谓句	双宾句	其他
主谓句	动词一致	164（78%）	17（8%）	29（14%）
	动词不一致	152（72%）	34（16%）	24（11%）
双宾句	动词一致	52（25%）	129（61%）	29（14%）
	动词不一致	65（31%）	113（53%）	32（16%）

我们首先对主谓句和双宾句动词一致条件下的反应进行了方差分析。主谓句中不同的反应句型差异显著（$F_{(2,82)} = 336.02$，$p < 0.001$），在主谓句启动条件下，被试产生的主谓句明显多于双宾句（$t = 23.41$，$p < 0.001$）和其他句（$t = 19.44$，$p < 0.001$）；同样，在双宾句启动条件下，被试产生的双宾句要明显多于主谓句和其他句（$F_{(2,82)} = 75.03$，$p < 0.001$；$t = 8.85$，$p < 0.001$；$t = 10.09$，$p < 0.001$）。这表明了在动词一致的条件下，主谓句和双宾句都产生了启动效应。

接下来，我们分析动词一致和不一致条件下，启动效应量是否存在差别。结果发现，在动词一致条件下，主谓句和双宾句两种反应句型，均比动词不一致条件下更多。被试在主谓句动词一致条件下产出的主谓句（78%）比动词不一致条件（72%）高了 6%，二者之间的差异呈边缘显著状态（$t = -1.86$，$p = 0.07 < 0.1$）。双宾句动词一致条件下产生的双宾句（61%）比动词不一致条件（53%）产出比例高了 8%，显著高于动词不一致条件（$t = -2.59$，$p < 0.05$），见图 17。也就是说，启动句和目标句的动词一致性会导致更高的启动

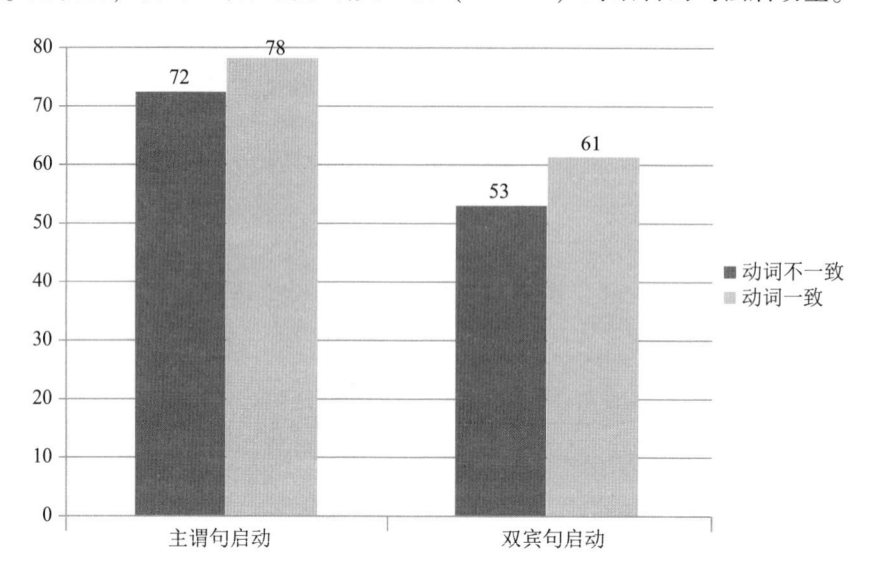

量。这说明，动词一致性会影响英—汉（L1 - L2）跨语言的句法启动量。

图17　动词一致与不一致条件下启动效应

4　英汉跨语言句法启动结论及对国际中文教育的启示

4.1　英汉跨语言句法启动研究结论

第一，母语为英语的被试在主谓句和双宾句不同句式的启动条件下，产生的句型存在显著差异，也就是说启动条件对产出的句型存在影响。当主谓句为启动句时，被试产出主谓句的数量更多；而当双宾句为启动句时，被试产出双宾句数量更多。启动句型在口语的句式产生中具有重要的提示作用。这意味着，对于英语为母语，汉语为二语的外国学生来说，这两种语言中的句型存在抽象意义上的表征，并且这种表征在两种语言中是共享的。因此，当用一种语言的某种句型作为启动句时，才会引发另一种语言的相同句型的产出。

国外关于跨语言句法启动效应的研究已经表明，跨语言的句法启动效应普遍存在于英语、德语、西班牙语、荷兰语等语法范畴高度显性的语言之中，本研究将跨语言句法启动效应扩展到了汉语这一与印欧语言差异巨大的语言中。

就算是在具有巨大形态差异的语言之间，句型的表征也可以是共享的，这为跨语言句法表征的共享理论提供了新证据，并进一步说明了跨语言句法表征共享具有一定的普遍性。

第二，本研究发现，被试的汉语水平对于跨语言的句法启动效应存在显著影响。被试的二语水平越高，产生的启动量越小，这和以往的研究结果是一致的（李荣宝，2006；徐浩，2014）。研究者认为，当学生二语水平较高时，二语表征就更加强势（李荣宝，2006），此时母语句法表征对二语句法表征的启动力就相对较弱，启动量也会相应降低；而当二语水平较低时，母语句法表征就会处于绝对优势，启动量也就随之升高。但本研究同时发现，不同的汉语句型表现情况不同。双宾句的启动量在初级和中级学生中并没有明显差异。也就是说，初级阶段的学生并没有比中级阶段的学生产出更多的双宾句。这说明，学生对不同句型的句法表征也不完全一致，以往的研究单纯从某一种句型或某几种句型推断不同语言水平对句法表征的影响，可能不够全面，需要更多来自不同句型的启动研究的证据，才能获得更加完整的认识。

第三，动词一致性对跨语言的句法启动效应存在显著影响。启动句和目标句之间的动词一致时，启动效应显著增强，与以往研究结果一致（Schoonbaert et al.，2007）。但是本研究中出现的增强效应要小于印欧语言（例如英语和荷兰语）之间的增强效应。荷兰语—英语之间出现的增强效应为9%，而本研究为5%和8%。究其原因，我们认为印欧语言使用的都是拉丁字母，并且很多词汇在词形和词根上都存在一定的相似性，可以帮助记忆。不同于印欧语言的拉丁字母，汉字是一种非常特殊的书写符号系统，两者在字形上完全没有相似性和联想性，因此启动量会相应减小。

4.2　英汉跨语言句法表征机制

在解释跨语言句法启动机制的模型中，Schoonbaert et al.（2007）的双语句法表征模型是目前影响最大的。它不仅能较好地解释跨语言句法启动现象，同时也能解释动词一致时的增强效应。在该模型中，句法表征包含了概念层、词条层和形式层，见图18。其中句法启动效应发生在词条层。词条层中包括词条节点、句法属性节点和组合信息节点。词条节点，表征词汇基本信息，比如词性信息；句法属性节点，表征与词相关的句法信息，包括它们的时态（现在时和过去时）、体（完成体和非完成体）和数（单数和复数）；组合信息节点，表示词的各种组合信息，例如 DO 组合信息节点，表示两个名词短语组合成的双宾结构；而 PO 节点则是名词短语和介词短语组成的介宾结构。组合信息节点表明了词汇能够使用的句型。

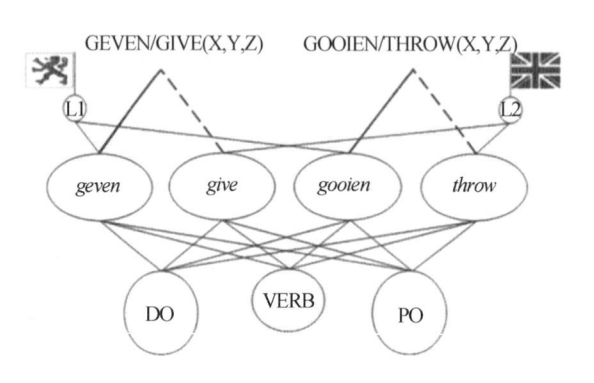

图18　双语句法表征模型

这个模型能较好地解释英汉跨语言的句法启动效应。当被试听到英语启动句"The boy gives the girl a lollipop."时，会对"give"的句法信息进行加工，"give"的词条节点（词类是动词）、句法属性节点（时态、数等）和组合信息节点（DO节点和PO节点）这些也被激活了，激活的这些节点虽然会逐渐衰退，但是不会立刻消失，当被试看到目标图片，并被要求进行描述时，之前激活的那些节点就会在随后的汉语句子产生中占据优势，也就会倾向于使用已经被激活的句子结构，这时，跨语言句法启动效应也就产生了。

这个模型同样也能够解释为什么动词一致时，跨语言句法启动效应更强。当英语母语者听到一个启动句"The boy gives the girl a lollipop"时，母语的启动句的动词（give）就会激活相应的词条节点（动词）、句法属性节点（时态、数等）和组合信息节点（DO节点和PO节点），同时因为二语共享句法表征的各个节点被激活，汉语中的动词都会在不同程度上被激活。但是，只有在目标句和启动句动词一致的条件下，二语动词（"给"）的节点才会反向激活并增强启动句中"give"节点联结强度，使启动效应量进一步增加。因此，除了组合节点预先激活以外，词条节点和组合节点之间的联结也预先激活，使得启动效应更强。

4.3 教学启示及研究展望

英汉跨语言的句法启动效应的出现，说明留学生英语和汉语两种语言的句法表征是共享的，因此，在教学中教师可以利用这一点。第一，在进行母语和汉语相似句型的教学时，可以适当使用学生母语的句型启动汉语相应的句型。这可以让学生在大脑中将这两种句法的表征更好地联系在一起，更容易产出教学的句型。第二，对于比较难的句型，可以先使用学生熟悉的、和母语相对应的词进行教学。研究发现，动词一致能够增强句法启动效应，在首次教授比较难的句型时，使用相同的动词能够帮助学生更容易产出相应的句型。第三，我们发现初级水平的留学生比中级水平的留学生启动效应更强，因为他们的母语句法表征处于优势地位，更容易受到母语的影响，因此在对初级水平的留学生进行教学时，不能过多地使用他们的母语进行教学，而应该加强汉语的出现频率，从而不断增强他们的二语句法表征。

总的来说，目前对于跨语言句法表征的研究还比较少，尤其是对于除了印欧语系以外语言的句法表征研究。未来研究首先可以探讨不同母语背景的留学生的跨语言句法启动现象，例如日语、韩语和汉语的跨语言句法启动效应。这些语言与英语有较大距离，日—汉或者韩—汉的跨语言句法启动现象与英—汉跨语言句法启动效应的相同和不同之处，都是需要进行研究的问题。其次，因为目前对于不同二语水平的双语者两种语言的句法表征加工问题，研究者还存在较大争议，且研究成果较少，因此未来研究可以加入更多不同二语水平的留学生和更多不同的句型，从而建构出更加合理的双语句法表征模型，同时也可以为不同水平的留学生提供更有效的教学指导。

第三章

中文作为第二语言学习者的篇章阅读理解

- 阅读理解的认知研究历程与发展
- 文本因素对二语阅读理解的影响
- 学习者因素对不同国别学生汉语阅读理解的影响
- 词汇知识、语素意识、词汇推理与二语阅读理解
- 语言学与策略知识在不同水平学习者汉语阅读理解中的作用

第一节　阅读理解的认知研究历程与发展

阅读是人类特有的一种心理活动。通过对字词的感知和识别，理解材料的主题思想，领会其深层含义。从认知心理学的角度讲，阅读理解是一种获取意义的认知加工过程。阅读是手段，理解是认知主体（阅读者）和认知客体（阅读材料）相互作用的桥梁，而意义获得则是阅读理解的目的。

阅读理解能力一直是语言教育界关注的主要内容。中国的迅猛发展使得"汉语热"方兴未艾。而对于大批外国学生而言，汉语阅读一直是最让他们望而生畏的部分。这其中除了汉语语言本身的难度因素以外，部分原因也是由于教育者未能提供及时、有效的指导。对于不少从事汉语阅读教学的教师而言，阅读课也是一门吃力不讨好的课，如何上好阅读课，阅读课与精读课的区别在哪里，如何为学生提供有效的指导，以快速提高学生的汉语阅读能力，是困扰很多教师的问题。而有效指导的首要条件是对阅读理解及阅读学习规律的认识和掌握。中国国内对阅读理解的研究还不充分。笔者从认知科学的视角探讨阅读理解的研究历程和未来发展，对国际上有关阅读理解的认知研究历程进行梳理，为阅读理解的进一步研究提供参考。

1　早期文本理解的实验心理学研究

1932 年，Bartlett 的研究是公认的正式研究文本理解和记忆的开端（Lachman et al.，1979）。他发现，读者在阅读过程中会联系自己已有的背景知识，从而使对课文信息的记忆发生歪曲，这表明阅读和记忆是一个积极的建构过程，并不是被动的信息接收的过程。随后的一些篇章阅读加工的研究就是在这个理论框架下进行的。Bartlett 还进一步区分了文本表层表征（surface representation）和读者心理表征（mental representation）的概念。这种区分也得到了一些研究的支持（Bransford & Franks, 1971; Sachs, 1967）。他强调读者在阅读时会根据文本的组织结构（文本表层表征）和自己的知识背景（读者心理表征）建立文本的连贯性。和这种观点一致，一些其他的研究也发现，文章的记忆依赖于阅读内容和读者背景知识的相关程度（Bransford et al.，1972; Dooling & Lachman, 1971）。另外，教育心理学方面的研究也表明，恰当的"先行组织者"会帮助学生建立连贯性并有利于课文内容的记忆（Ausubel, 1960）。

这些在 1973 年前进行的研究，尽管在历史发展中具有重要的作用，但和其后的研究却是脱节的。这种脱节可能具有某些原因。其一，早期关注"先行组织者"的研究多半是课堂教学的实证研究，因此，建构阅读理解的认知理论并不是这些研究首要的目标。其二，尽管对阅读过程的本质感兴趣，但是沿着 Bartlett 的理论轨迹，研究者仍然缺乏明确的理论模型。其三，研究者尚无法恰当地在文章或记忆系统中表征内容信息。最后，当人们想考察阅读理解成绩时，都变成了记忆的测量。尽管当时有些研究意识到了这个问题，把 off-line 的记忆任务换成 on-line 的理解任务（Carroll, 1972），但是这种研究的普遍应用是在 20 世纪 70 年代的早期。

2　文本理解研究的起步

文本理解真正作为实验心理学的研究课题是在 20 世纪 70 年代，80 年代发展为研究的爆发期。下面，我们主要介绍 70 年代这一领域的四大发展。

第一个重要的发展是在 1973—1976 年，认知科学家提出了较为含糊的关于编码、表征、提取和语用方面的理论。这些理论包括 HAM（Anderson & Bower，1973）、ACT（Anderson，1976）、ELINOR（Norman & Rumelhart，1975）、扩散激活理论（Collins & Loftus，1975；Collins & Quillian，1969）和 Kintsch（1974）的理论等。其中，只有 Kintsch 的研究直接阐述了阅读理解的主题，但每种理论都和文本阅读有一定关联。这些模型共同关心的问题是记忆系统中复杂信息的表征。也就是说，这些通过与外界交互作用而形成的复杂知识是如何在记忆系统中进行表征的。每一种理论都用"网状结构"来表现概念和命题之间的关系。在复杂知识表征方面的探索是对后续研究重要的理论贡献。

第二个重要发展是 Haviland & Clark（1974）发表了一篇具有重大理论贡献的研究。正是这个研究开始了阅读理解 on-line 的研究方法。这是一种通过电脑实现的监控方法，它可以使研究者了解到读者在阅读时一些信息的实时加工情况，从而摆脱以往研究中无法区分理解过程和记忆过程的尴尬。他们一开始就对读者如何整合文章信息感兴趣。他们认为，文章作者是用句法结构来区分新信息和已有信息，而读者对这种区别比较敏感。因此，读者会应用一些策略使新信息和文章不断地产生联系。这种新旧信息的结合具有实时性，是一种动态的发展过程。这个模型提供了阅读理解加工过程研究的基础。

第三个重要的发展是 20 世纪 70 年代计算机控制的眼动程序在阅读理解研究上的应用（McConkie & Rayner，1975；Rayner，1975）。这项技术使得研究者对于文本加工产生更深厚的兴趣。运用此项技术，研究者可以细致分析读者在阅读时的视觉特性，比如眼睛注视的文本范围、眼睛注视点等，并根据人阅读时眼睛活动的特点，探测阅读的过程。然而，早期的眼动研究更多关注于阅读的初级加工，比如基本的视觉加工和词汇编码活动等。当前，越来越多的眼动研究也用于探测阅读理解的内部过程（O'Brien et al.，1988）。

最后一个发展是 Kintsch & Van Dijk（1978）关于文本加工的理论。这个理论结合了知识表征和 on-line 阅读理解加工的想法，并且运用了认知心理学中关于记忆容量的理论。它在关注阅读的同时，也对阅读加工的机制和过程产生了一些具体的、可验证的假设。虽然这个理论对于阅读加工的实质有着明确的说法，但是他的研究依然是沿着以前的老路，即无法排除记忆能力的影响。这也留给其后的研究者大量的空间采用 on-line 的方法来验证这个理论。

3　阅读理解的在线研究

1980 年，Just 和 Carpenter 报告了他们的文本加工理论（Just & Carpenter, 1980）。它和 Kintsch & Van Dijk 的理论框架相似，但是更关注在线（on-line）阅读过程，并使用眼动技术来研究阅读。Just & Carpenter 的工作较好地体现了认知科学对阅读理解研究的贡献。下面，我们介绍一下认知科学家研究阅读理解过程主要使用的两种程序。

第一种程序为无干扰的文本阅读。主要测量加工文本中的目标项目所需要的时间。一种简单、直接的方式就是，让读者根据自己的步调阅读。用计算机每次呈现一个句子，并记录读者每个句子的阅读时间。句子阅读时间的差异就反映了阅读理解的难度。这种使用计算机控制的眼动程序，可以精细测量细小的阅读行为，包括阅读单个词语时眼睛的注视点、注视时间、眼动方向等。这种程序在探究阅读加工的时间进程方面非常有用。但是一般来说，这种程序不能揭示读者在某一时刻正在加工的信息状况。例如，某个句子加工缓慢，可能意味着判断当前句子和先前内容不一致，也可能是由于词义加工出现了困难，但是无法揭示读者正在加工记忆中的何种信息。为此，研究者采用第二种程序，也就是"探测技术"。

在"探测"任务中，阅读过程时常被打断。在阅读过程中，屏幕上会突然出现一个词。这个词被称为"探测词"。读者必须出声读出或者进行词汇判断，或者判断该词是否在前面出现过。这个程序的理论是基于记忆和注意的"启动效应"研究。启动效应理论认为，如果探测词被读者当前正在加工的信息激活，那么对于探测词的加工时间就相对更短。如果探测词并没有被读者正在加工的信息激活，它的加工时间就相对长。因此，探测程序提供了可以探测到阅读信息加工的方式。

崭新的方法引发了大量的认知研究。研究的关注点集中在阅读的推理过程。大多数研究会探索读者在阅读中会进行何种推理，或者读者在什么条件下进行推理。最终，研究者发现了三个基本的结论：首先，读者会实时监控阅读过程，也就是监控文章的内部一致性。如果读者阅读的这句话和前面的内容相矛盾，他们就会放慢阅读速度，并寻找新的逻辑推理，试图解决这个矛盾。如果他们遇到无法用当前文本信息解释的句子时，他们就会在记忆中搜寻先前阅读的信息，然后建构新的推理。

其次，当文本的连续性发生中断或者内容出现矛盾时，读者更有可能进行推理。比如，如果文中提到"在一场谋杀案中，被害人被刺死"，这就不需要读者对凶手使用的凶器进行推理，但是如果文中只提到"一把带血的刀"，读者就需要推测凶手的武器可能是刀（O'Brien et al.，1988）。

最后，读者在高限制语境中，更容易产生推理。比如，如果文中描述了一种动物，这种动物具有的很多特征都类似蛇，那么即便文中不需要读者进行推理，读者也会产生蛇的推理（O'Brien & Albrecht，1991；Van den Broek，1990）。

4 未来值得关注的问题

认知科学到目前为止已经取得了令人瞩目的成就，未来它将带给人们更大的惊喜。但是，仍有一些研究领域或问题值得研究者关注。

(1) 说明文的表征和加工

在认知科学的研究中，虽然已有一些期刊发表了说明文的研究成果，但是远不如记叙文研究得广泛和系统。非记叙文加工方面的研究仍然欠缺。目前，关于文本理解的认知理论都是基于记叙文推理过程的实证研究结果。因此，这些结果是否能推广到其他类型的文本，还是一个未知。很有可能其中的一部分结果可以扩展到其他类型，而另一些则不能。

(2) 扩大实时研究的范围

目前大多数即时研究都聚焦在读者阅读的材料和所形成的课文表征的关系上。所关心的问题只是在文本理解中，如何推断概念、短语或句子之间的关系。因为大多数的研究都集中于记叙文，因此，两种推理形式得到了广泛的研究，参照推理和因果推理。虽然也有一些研究探讨了空间推理和工具推理，并且时间推理和逻辑推理也有少部分人涉及，但这些研究远远不够。如果想要对上述这些推理有更清晰的认识，我们需要对说明文的心理表征进行系统的研究。比如，读者在读说明书的时候（如：说明怎样组装一种玩具），会建立何种类型的表征？读者在读科学论文时（如：光的量子理论），会建立何种类型的表征？

另外，几乎所有的 on-line 记叙文的研究都只是关心概念之间的联系，我们暂且称为"横向"联系，而对于文本"纵向"联系则甚少关注。"纵向"联系指的是课文纵向的关系。比如，在说明文中，一些句子可以概括其他的句子，而一些句子可以被其他的句子概括，还有一些句子为其他的句子提供例证。因此，有些句子称为"上位句"，比如说明文的主题句，另外一些句子是为了说明或支持一些句子的，这类句子称为"下位句"，这些不同种类的句子之间的关系就是一种"纵向"联系。因为，很多文本都是纵向的结构关系，而且回忆文本信息也是通过纵向的结构关系，因此，纵向联系的表征和加工问题就成为阅读研究的重要问题。

(3) 阅读理解的目标和策略

同很多的认知研究一样，在阅读研究中，研究者同样只关注那些相对小的"子问题"，这些研究虽然也能取得一些重要的结论，但是它也会导致忽视文本的理解。在"子问题"的研究中，研究者一般不考虑读者的阅读目标对阅读行为的影响，他们假定阅读加工过程不受目标的影响（McKoon & Ratcliff, 1992）。另一些研究者则认为，没有目标就没有阅读，阅读目标对阅读行为有着重要的作用（Graesser et al., 2011；Singer et al., 1994）。先不去讨论谁对谁错，这些年，研究者对于目标对阅读加工的影响知之甚少。因此，未来需要对这一问题进行更系统、更深入的研究。

另外，研究者并没有重视"总体阅读策略"在阅读中的重要作用。这个问题和前面的目标问题是息息相关的。因为，成熟的读者在不同的阅读目标下，会采用不同的"总体阅读策略"（McKoon & Ratcliff, 1992）。事实上，很少有人对"总体策略"的使用情况进行实验研究，大多数的研究都是一种调查，而调查无法探测读者"总体策略"加工情况。

总体来看，在过去的 20 年里，认知科学对于理解阅读理解的本质做出了巨大的贡献。认知科学家发展出了一系列先进的技术手段来实时探测阅读理解的过程。同时，他们也建构了自己的理论框架，并在这些框架下取得了丰富的研究成果。相信未来认知科学必然会为揭示阅读理解的加工过程提供更加广泛、确凿的证据。

第二节　文本因素对二语阅读理解的影响

理解是阅读的核心，也是阅读的目的。阅读理解包括了从低级到高级的、相互联系的多种认知加工过程。不仅受到背景知识、学习策略、语言能力等读者因素的制约，也受到生词密度、句法结构、课文结构、文章类型等文本因素的影响（Sahin，2013）。文本因素、读者因素及两者之间的相互作用是影响阅读理解的三个重要成分（Calfee & Drum，1986）。及至二语的阅读理解，因其包含了跨语言的加工过程，以及母语与二语之间语言距离的影响，控制因素就变得更为复杂。

1　文本因素与阅读理解

相对于读者因素的研究，文本因素的研究显得有些薄弱。然而，研究者很早就注意到生词密度对阅读理解的影响。Perfetti（1985）等人从词义的角度考察生词对阅读理解的影响；Carrell（1987）则从文本难度评估的角度，分析了生词密度和理解之间的关系。还有一些研究不仅验证了词汇是影响外语学习者阅读理解的最重要因素，还建立起了文本生词密度。但不同研究结果之间却存在较大差异。Laufer（1989）通过实验认定95%文内已知词汇覆盖率是阅读理解的门槛。Hu & Nation（2000）根据回归分析建立的文内已知词汇覆盖率与阅读理解水平关系的数学模型，认为大多数英语学习者只有阅读98%文内已知词汇覆盖率的文本才能达到阅读理解水平。Carver（1990）的研究结果是：100%文内已知词汇覆盖率的文本是相对容易的文本；98%及以下文内已知词汇覆盖率的文本是相对困难的文本；99%文内已知词汇覆盖率的文本比较符合阅读者的阅读。这些差异可能的原因之一就是研究者使用的不同体裁的阅读材料，生词密度对于不同材料的影响可能不同。但是前人并未对此进行研究。

也有研究者关注到不同体裁文章的阅读难度问题。曾有人调查四、五年级的小学生，结果发现记叙文的阅读理解好于说明文（Sahin，2013）。有人在八年级学生身上发现了类似的结果（Temizyürek，2008）。Saenz（2002）也用实验证明，读者阅读说明文比记叙文花费的时间更长、遇到的困难更多。但这都是针对拼音文字的研究，而且是基于母语阅读、从语言获得的角度进行的研究。更重要的是，这些研究并未考虑生词密度与体裁之间可能产生的交互作用。

在考察文本因素对阅读理解影响的研究中，绝大部分研究或将阅读理解的不同问题类型视为一个整体，很少有研究者同时考察理解的不同层面（Best, et al.，2008）。其实，阅读理解至少可以包含五个不同层面：词汇、命题、局部连贯、整体连贯和超结构语境（Zoghi，2010）。Ozuru（2009）发现，词汇、局部连贯和整体连贯三种不同层面阅读理解的影响因素不同。但是，作者是从读者因素的角度进行研究的，并未探测文本因素与理解之间的关系。Eason 等（2012）考察了10—14岁中小学生的读者特征、文章体裁和问题类型之间的关系。他们发现了文章体裁的主效应，应用文（Functional Text）的理解更容易，但没有发现记叙文和说明文之间的差异。另外，作者发现了问题类型的主效应以及文章体裁和问题类型之间的交互作用。这说明，学生对不同类型问题的回答和文章体裁有关。

国内学者对二语阅读理解文本因素的研究并不多见，主要集中于英语作为第二语言的学习（邓玉梅、周榕，2008；亓鲁霞、王初明，1988），而汉语作为第二语言的相关研究目前还十分少见。王佶（2006）对3份HSK（基础）试卷阅读理解试题的难度进行了分析。结果发现，材料类型、试题题干类型及试题选项长度等对试题难度有显著影响。张卫国（2006）通过对阅读材料的考察和计算发现，满意的阅读理解应该有95%左右的识读率。

综观国内外研究，文本因素对阅读理解影响的研究数量还相当有限，另外，阅读理解不同层面的研究也没有展开。为此，本研究拟从生词密度和文章体裁两个重要的文本因素入手，探索其对不同层面二语阅读理解的影响。具体探讨如下几个问题：（1）生词密度对汉语阅读理解的影响如何？（2）文章体裁对汉语阅读理解的影响如何？（3）生词密度、文章体裁对不同层面的阅读理解有何影响？

2　研究方法与程序

2.1　研究目的

考察汉语作为第二语言阅读中，生词密度与文章类型对不同层面阅读理解的影响。

2.2　研究对象

被试为北京外国语大学中文学院39名东南亚留学生，分为三个班，每班13名。已在中国学习两年汉语，汉语水平为中高级。

2.3　研究材料

实验材料为3篇经过改编的HSK六级阅读文章。其中1篇为说明文，1篇为记叙文，1篇为夹叙夹议文（简称叙议文）。文章字数为513—565字。对每篇文章中的个别词语进行修改，使其成为高、中、低三种不同生词密度的课文。低生词密度为3%，中生词密度为5%，高生词密度为7%。生词选取的标准为《汉语水平词汇与汉字等级大纲》的丁级词和超纲词，并经过任课老师评定，确认为生词。每篇文章的理解问题分为三类：词汇问题、局部问题和全局问题。词汇问题指的是猜测课文中的生词意义；局部问题是通过文中某一段的内容能够获得答案的问题；全局问题指的是需要对课文进行总体把握的问题，包括中心思想、作者的态度和观点等。每类问题设计3个，每篇课文共9个问题。不同密度的同一篇课文，具有相同的问题。

2.4　研究设计与程序

研究为3（文章体裁）×3（生词密度）×3（问题类型）三因素混合设计。其中文章体裁和问题类型是被试内变量，生词密度为被试间变量。因为同一篇文章包含了三种不同的生词密度，因此，我们采用拉丁方的方法分配研究材料。三个班的学生，具体材料分配见表25，H—高密度；M—中密度；L—低密度。数字代表3种文章体裁。对全体被试在每类问题上的错误数量进行统计分析。数据统计采用SPSS19.0分析软件。

表25 实验材料分配

1班	2班	3班
H1	H2	H3
M2	M3	M1
L3	L1	L2

3 研究结果与分析

不同体裁、不同密度与不同层面问题理解的描述统计见表26。因为我们主要关心不同文章体裁和不同生词密度之间的差别，因此，对结果进行了项目分析，见表27。

表26 不同体裁、不同密度与不同层面问题理解的错误数量

文章体裁	生词密度	词汇问题	局部问题	全局问题	总计
记叙	高	9	15	30	54
	中	12	19	11	42
	低	6	11	9	26
叙议	高	17	10	13	40
	中	18	17	23	58
	低	9	5	6	20
说明	高	23	28	20	71
	中	17	31	22	70
	低	8	11	11	30

表27 错误数量项目分析的主效应及交互作用

效应	F值	显著性
体裁	3.64	$p<0.05^*$
密度	11.7	$p<0.01^{**}$
理解层面	2.31	$p>0.05$
理解层面×密度	1.07	$p>0.05$
体裁×密度	1.09	$p>0.05$
理解层面×体裁	3.4	$p<0.05^*$
理解层面×体裁×密度	2.28	$p<0.05^*$

方差分析的结果显示两个显著的主效应，文章类型主效应和密度主效应，分别对其进行 LSD 两两比较得知，说明文的错误数量明显高于记叙文和叙议文（$p<0.05$），后两者差别不显著（$p>0.05$）。对密度主效应的两两比较得知，高密度和中密度的错误数量明显高于低密度（$p<0.05$），而高、中两者差别不显著（$p>0.05$）。

项目分析还发现两个显著的交互作用。一是理解层面与体裁的交互作用，见图19。进一步对其进行简单效应分析，结果发现：词汇问题上，三种体裁错误量没有差别（$F=2.57$，$p>0.05$）；局部问题上，说明文错误明显高于记叙和叙议文（$F=4.05$，$p<0.05$）；全局问题上，三者没有差异（$F=0.33$，$p>0.05$）。

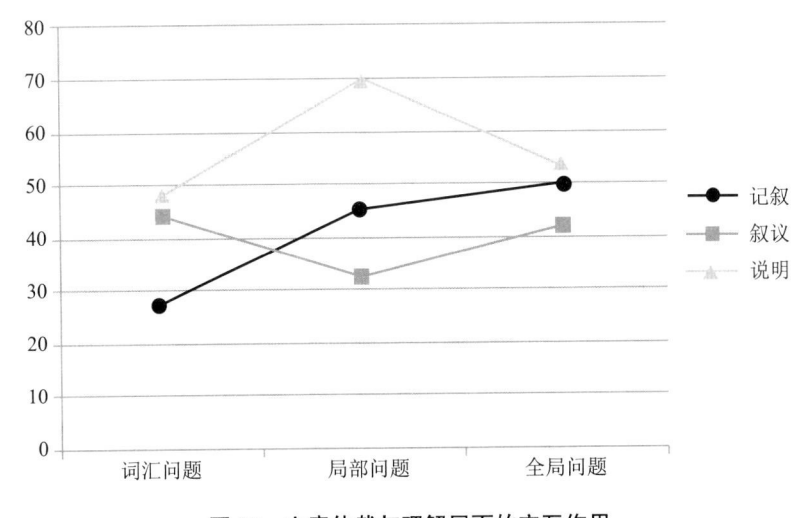

图19 文章体裁与理解层面的交互作用

另一个显著的交互作用是理解层面、体裁、密度三者的交互作用。进一步的简单效应检验发现：词汇问题高密度条件下，三种体裁差异显著（F = 5.69，$p < 0.05$）。LSD 比较发现，说明文的错误数量在高密度时显著高于记叙文（$p < 0.05$）。在中、低密度时，三种体裁差异均不显著（密度中：F = 0.63，$p > 0.05$；密度低：F = 0.25，$p > 0.05$），见图 20。

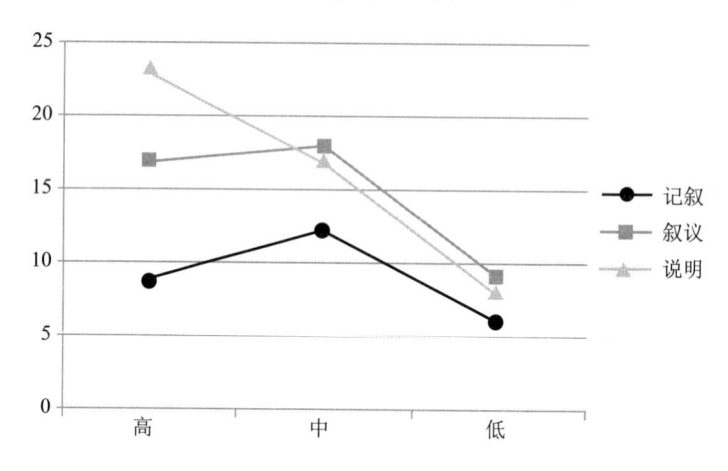

图 20　词汇问题上密度与体裁的交互作用

局部问题高、中、低密度时，三种体裁错误数量均无显著差异（密度高：F = 2.29，$p > 0.05$；密度中：F = 3.02，$p > 0.05$；密度低：F = 1.2，$p > 0.05$），见图 21。

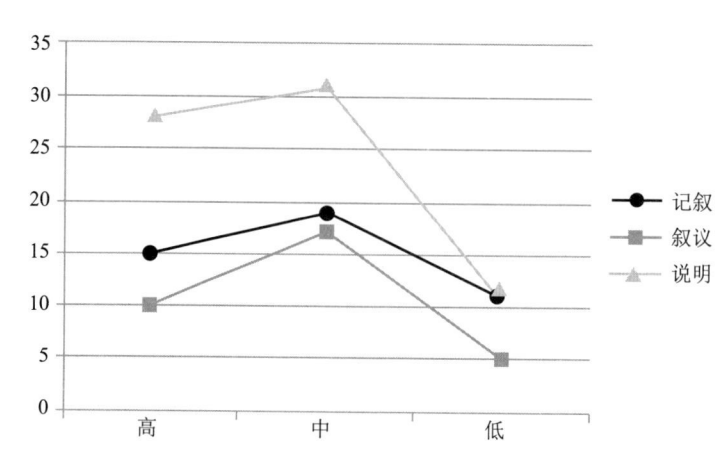

图 21　局部问题上密度与体裁的交互作用

全局问题高密度条件下，三种体裁错误数量差异显著（F = 5.34，$p < 0.05$）。LSD 比较发现，记叙文的错误数量在高密度时显著高于叙议文（$p < 0.05$）。中、低密度时，三种体裁差异均不显著（密度中：F = 2.33，$p > 0.05$；密度低：F = 0.39，$p > 0.05$），见图 22。

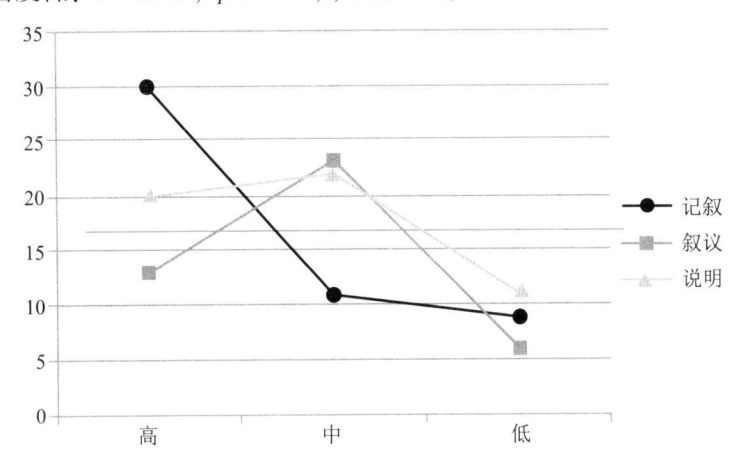

图 22　全局问题上密度与体裁的交互作用

为了考察密度的影响，我们又做了另外的分析。记叙文的词汇问题，三种密度下的成绩差异不显著（F = 0.6，$p > 0.05$），局部问题差异也不显著（F = 0.44，$p > 0.05$），全局问题差异显著（F = 5.76，$p < 0.05$）。进一步 LSD 比较可知，高密度和中、低密度差异显著（$p < 0.05$），中、低密度差异不显著（$p > 0.05$），见图 23。

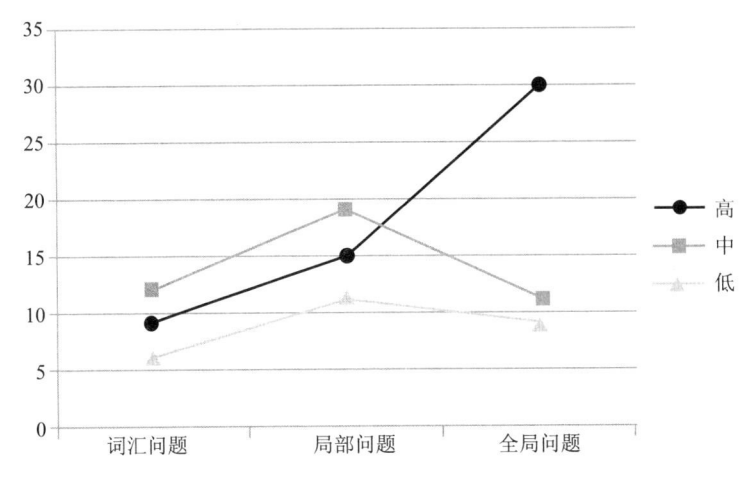

图 23　记叙文密度与理解层面的交互作用

叙议文的词汇问题，三种密度差异显著（F = 5.6，$p < 0.05$），进一步比较可知，高、中之间差异不显著（$p > 0.05$），但错误量均高于低密度（$p < 0.05$）。局部问题三种密度差异不显著（F = 2.27，$p > 0.05$）。全局问题三种密度差异显著（F = 7.55，$p < 0.05$）。进一步比较发现，只有中、低之间差异显著（$p < 0.05$），见图24。

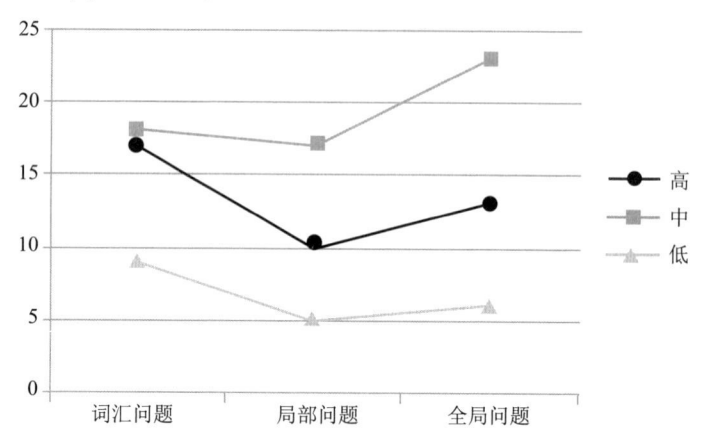

图 24　叙议文密度与理解层面的交互作用

说明文词汇问题，三种密度差异不显著（F = 3.8，$p > 0.05$），局部问题差异显著（F = 8.3，$p < 0.05$）。进一步比较，高、中密度之间差异不显著，但错误量均高于低密度（$p < 0.05$）。全局问题三种密度无显著差异（F = 2.15，$p > 0.05$），见图25。

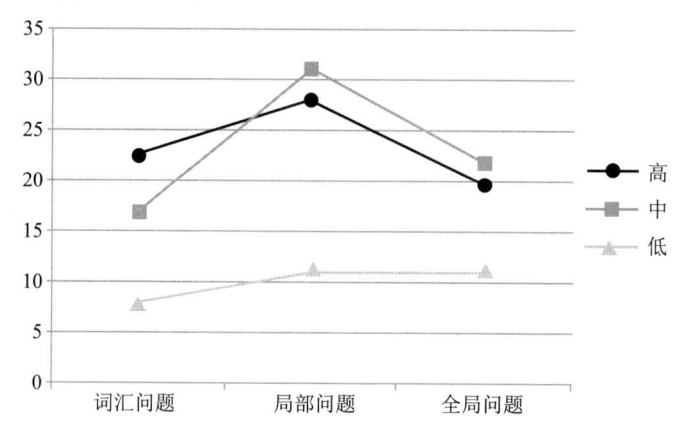

图 25　说明文密度与理解层面的交互作用

全部分析结果见表28。

表28 方差分析结果显著的主效应及交互作用

主效应						
体裁	记＝议＜说					
密度	高＝中＞低					
交互作用						
理解层面×体裁	词汇	记＝议＝说				
	局部	记、议＜说				
	全局	记＝议＝说				
理解层面×体裁×密度	词汇	高	说＞记	记叙	词汇	高＝中＝低
		中	记＝议＝说		局部	高＝中＝低
		低	记＝议＝说		全局	高＞中＝低
	局部	高	记＝议＝说	叙议	词汇	高＝中＞低
		中	记＝议＝说		局部	高＝中＝低
		低	记＝议＝说		全局	中＞低
	全局	高	记＞议	说明	词汇	高＝中＝低
		中	记＝议＝说		局部	高＝中＞低
		低	记＝议＝说		全局	高＝中＝低

4 文本因素对二语阅读影响的讨论及其对国际中文教育的启示

4.1 汉语阅读中生词密度与理解的关系

大量的研究证实，生词一直是影响阅读理解最重要的因素。虽然在阅读的高级阶段，背景知识和推理能力以及阅读策略等认知因素等对理解的作用有所提高，但是生词的影响依然存在。我们的研究发现，生词低密度时的成绩明显好于中、高密度的成绩。这说明生词对阅读理解成绩的影响依然显著。对于生词密度的具体数值，不同的研究者观点不尽相同。Laufer（1989）通过实验认定95%文内已知词汇覆盖率是阅读理解的门槛。Carver（1990）则认为99%文内已知词汇覆盖率的文本比较符合阅读者的阅读。张卫国（2006）通过对阅读材料的考察和计算发现，满意的阅读理解建立在95%左右的识读率上。而我们的研究发现，高级阶段的汉语学习者，生词密度为3%时的理解成绩要好于5%和7%。这说明，当生词密度超过3%时，理解成绩就会受到很明显的影响。3%以下也许是一个比较理想的生词密度。但是这个数值会因体裁的差异而发生变化。

4.2 汉语阅读中体裁与理解的关系

在文本因素的研究中，研究者通常关注的是生词密度、句子长度等文本信息。最近，也有研究者的视角转向了体裁、连贯性等其他信息（Graesser, 2011）。研究者发现，儿童对于某一种体裁的理解能力无法代表其总体的阅读能力（Eason et al., 2012）。也就是说，不同文体之间的阅读成绩存在一定的差异。研究证实，说明文的教学和理解比记叙文更加困难（Best, 2008; Haberlandt & Graesser, 1985）。但这些结果大多来自拼音文字、母语的研究，且是基于儿童发展的研究。另外，前人研究中较少考察叙议文的理解情况。当我们综合这些因素进行考察时，结果再一次验证了说明文的阅读难度最大。叙议文的阅读难度接近记叙文。这可能与不同体裁文章的写作特点有关。Snow（2002）提出文本特征会影响阅读理解。记叙文和说明文在文章内容、结构和词语上都不同。记叙文最典型的元素有人物、事件，能通过背景知识进行推理。语言更接近口语，因此比说明文更能产生推理。相反，说明文因为是要向读者传达某一主题的信息，因此，背景知识更缺乏，文本是用概念之间的逻辑关系根据主题组织起来的，绝大部分内容是抽象的术语。此外，为了确保意义表达得准确和完整，课文的句法结构也是比较复杂的。说明文在不同语言文字中的理解困难可能是由说明文的文本特点造成的。

4.3 生词密度、文章体裁对不同层面的阅读理解的影响

以往的研究虽然发现，说明文是阅读难度最大的文章类型，但是并没有详细探讨生词密度对阅读难度的影响，尤其是对不同层面阅读理解的影响。总体来说，密度对不同层面阅读理解的影响程度不同。密度对词汇和全局问题的影

响比对局部问题更大。而不同的体裁，密度的影响方式也有所差别。

对于记叙文，密度影响最大的是全局问题。高密度时，错误量显著增加，而在中、低密度时，错误量差异不显著。对于词汇问题和局部问题，密度的影响并不明显。这是因为，全局问题一般是超文本信息，如作者的态度、意图、文章的总体格调等。它依赖于读者对文章中每一句及每一段内容的准确把握。而记叙文中，读者对词汇问题和局部问题的猜测有时不准确，在词汇和局部问题上产生的偏差，在理解全局问题上可能表现出来。但是这种影响只是在生词密度超过一定的限度时才表现出来。在有事件、有情节的记叙文的阅读中，读者一般可以根据上下文的语境和日常生活的常识来进行推测，生词密度对记叙文的影响相对而言，没有其他两种文体那么大。

对于叙议文，密度影响最大的是词汇问题和全局问题。低密度和中、高密度差异显著，这说明词汇和全局问题极易受生词密度的影响。局部问题三种密度差异不显著。叙议文兼有记叙文和议论文的特性，有一定的情节，但更重要的是要表达一种观点。因此即便很好地理解了故事，也未必能准确领会作者的观点、态度。如果生词密度增加，理解的困难则会明显显现出来。这一点可以从低、中密度全局问题的显著差异中看到。另外，生词密度的影响也体现在词汇问题上。这是因为叙议文中的词汇跟记叙文中的不同。它因为有议论的成分，因此依靠语境和生活常识进行推测的难度更大，发生的错误也就更多。在研究中体现为中、高密度的错误率明显高于低密度的条件。

从说明文的情况来看，密度对词汇、局部问题和全局问题的影响都比较大。局部问题上的低密度和中、高密度差异显著。在全局和词汇问题上，虽然三种密度的差别还没有达到统计学意义上的显著水平，但是从数据中可以明显地看出中、高密度下的错误率高于低密度条件，表现出生词密度发生变化时困难突然增加的倾向。这说明生词密度对说明文各层面的理解都有较大影响。如前所述，说明文的目的是向读者介绍信息，因此词语也不如记叙文那样更贴近口语，又缺少相应的语境和背景知识，这就使得读者更多地依赖对每个词语意义的理解。生词密度的影响也就因此突显出来。

另外，我们还发现体裁与理解层面的交互作用。词汇问题上，三种体裁的错误量没有差别。但是如果考虑密度因素，这个结果就变得复杂了。在词汇问题上，高密度时三种体裁差异显著，但并没有发现中、低密度时三种体裁的差异。这说明，当生词密度在中、低水平，也就是不超过5%时，三种体裁并没有表现出难度的差异。当密度超过5%时，说明文词汇问题的难度要高于记叙文和叙议文。

局部问题上，我们发现说明文错误量明显高于记叙和叙议文，但是三种密度的每种水平上，并没有看到不同体裁的差异。究其原因，我们发现，其实在高、中两个密度上说明文的错误量（28和31）都高于记叙文（15和19）和叙议文（10和17），但是没有到达显著的程度，这种趋势的累积，就造成总的错误数量达到差异显著的程度。这说明，虽然没有达到显著程度，但是在高、中密度下，说明文的难度仍然高于记叙文和叙议文。也就是说，当生词密度超过5%时，说明文局部问题的回答要比记叙文和叙议文难度大。

在全局问题上，三种体裁整体上没有表现出差异。但是在高密度条件下，记叙文的错误率明显高于叙议文。这是因为相对于记叙文，叙议文中的议论部分，能帮助学生掌握文章的主旨，获取文章的全局信息，而记叙文则缺少这部分内容，在分析时更多地依赖对故事情景和内容的推测，因此当生词密度增加、他们的推测产生困难时，对于全局问题的理解就出现障碍。它的困难程度显著高于叙议文，但是和说明文没有明显差别。

4.4 教学启示

在对外汉语教学或者教材编写中，教育者需要考虑生词密度、文章体裁对阅读理解的影响。为了达到理想的阅读效果，生词密度需要加以控制。研究发现，3%以下也许是一个比较理想的生词密度。但是这个数值会因体裁的差异而发生变化。在阅读中，说明文的阅读难度最大，生词密度超过3%时，词汇问题、局部问题和全局问题的理解都会受到较大影响，因此，说明文的生词密度控制在3%以内为宜。

记叙文因为有时间、情节等信息以及其使用词汇的特点，其阅读理解在生词密度达到7%时才受到明显影响。因此，教育者可以适当增加文章的生词密度，这样可以锻炼学生通过语境信息推测词义的能力，达到伴随学习的效果。但需要注意的是，有时这种方式会产生望文生义的后果（张和生，2006），所以教育者需要及时给学生提供正确答案。

叙议文兼有记叙文和议论文的特点，学生从语境中推测词义的难度增加，生词密度的影响比较明显。另外，从研究中可以看出，全局问题受密度的影响最大。其原因除了生词密度因素以外，还可能是学生母语和汉语表达方式上存在差异。研究者发现，语言的表达方式和文化背景有关（Koda，2005）。比如：来了就行了，还带什么礼物？这样的句子在汉语中用于接到别人礼物的交际场合，表示客气和感谢（田卫平，1997）。学生如果不了解表达方式的特点，理解全局问题肯定会出现困难。

另外，我们还发现生词密度在5%以下时，词汇问题和局部问题的各种体裁的难度没有差别，但当超过5%时，说明文的难度更大。在全局问题上，说明文没有表现出更大的困难。因此，教育者在教学和教材编写时，应全面考虑生词密度、文章体裁和理解层面之间的关系，使汉语教学和教材编写都更科学与合理。

第三节　学习者因素对不同国别学生汉语阅读理解的影响

1　学习者因素与二语阅读理解

理解是阅读的目的，又是阅读的核心，它是一个极其复杂的认知加工过程，既受课文结构、文章类型等文本因素的影响，也受到背景知识、学习策略、语言能力等学习者因素的制约（Sahin，2013），其中词汇、句法知识和元认知策略被认为是与阅读理解关系最密切的学习者因素。

由于成功的阅读理解依赖读者对文章中每个词语意义的理解，因此，词汇知识很长时间以来一直被认为是和阅读理解关系最密切的学习者因素（Koda，2005）。Laufer（1992）发现ESL（英语作为第二语言）的学习者的词汇量和阅读理解呈正相关。Schoonen（1998）考察了荷兰学生ESL的阅读理解状况，结果发现，相对于其他四种元认知知识，英语词汇知识最能预测阅读理解成绩。Khaldieh（2001）发现词汇是预测阅读理解的最重要的变量，同时也发现熟练水平的作用。Kim（1995）发现，词汇困难是造成阅读理解困难的最重要原因。

句法知识是建立句子连贯性的必要因素，因此，对于阅读理解是重要的（Givon, 1995）。但是与词汇研究相比，句法知识的研究结果似乎存在很大差异。虽然句法知识在很多研究中被证明与阅读理解有关（Berman, 1984; Yano, 1994; Alderson, 2000），但也有研究者认为句法分析不是阅读理解过程必需的（Ulijn, 1990）。

另外，对于句法与词汇的相对作用，研究的结果也不尽相同。Zhang（2012）使用结构方程模型，对中国 ELF 学习者的词汇知识、句法知识和阅读理解之间的关系进行考察，发现词汇比句法的预测作用更强，在控制句法知识后，词汇知识对阅读理解的贡献仍然显著，而反之则不是。Brisbois（1995）对英语母语者法语阅读理解的研究发现，词汇对于二语理解的贡献率为 27%，句法仅为 3%。Van Gelderen（2004）也报告了非常相似的结果。但是 Shiotsu（2007）用结构方程模型考察了词汇和句法知识与阅读理解的关系，在三个独立的研究中，均发现句法知识对日本 ESL 阅读理解的贡献超过词汇。Shiotsu（2010）用多重回归方法考察了词汇、句法和生词阅读潜伏期对日本大学生 ESL 阅读理解的影响，也得到了相似的结果，且在低水平和高水平的读者中都是如此。

元认知，可以简单地概括为"认知的认知"，是学习者对思维和学习过程的理解和掌控（Koda, 2005），被认为是"阅读理解能力的预测者"（Baker, 2008）。大量英语研究的证据表明，阅读策略中的元认知意识在提高阅读能力方面具有重要的作用（Baker, 2008）。Mokhtari（2002）的研究发现，理解的意识和监控过程是熟练阅读的重要方面。Madhumathi & Ghosh（2012）考察了印度的 ESL 的元认知策略，并发现策略的使用和阅读理解成绩之间存在相关。Alhqbani（2012）发现阿拉伯语作为第二语言的学习者，策略的使用和二语阅读能力显著相关，而且作者发现，非洲背景的学生比亚洲背景的学生更多地使用策略。

虽然大量研究考察词汇、句法、元认知策略与阅读理解的关系，但对于不同成分在理解中的相对作用，学界尚无定论（Van Gelderen，2004）。Schoonen（1998）认为，相对于元认知知识，英语词汇知识最能预测阅读理解成绩。而McNeil（2012）的研究表明，对于低水平的读者，二语知识的作用大于策略知识；而对于高水平的读者，策略知识的作用则大于二语知识。Van Gelderen（2004）发现，母语阅读中，元认知具有明显作用，而二语阅读中元认知和词汇的作用都显著。

国内汉语作为第二语言阅读理解的研究目前还十分少见。可贵的是，马燕华（2005）采用练习分析和问卷调查等方法对高年级留学生汉语阅读理解的难易语句进行了有益的探索，总结了意义是否虚灵、是否涉及中国民俗、中国文化背景知识等影响汉语语句阅读理解的因素，并提出选择练习词语时应该关注的原则。黄敬、王佶旻（2013）采用结构方程模型的方法探索了高级水平汉语学习者的语言理解能力构成，并区分了听力理解和阅读理解的构成要素。

综上所述不难发现，阅读理解中词汇、句法和元认知等成分的相对作用依然模糊，尤其在像中文这样的表意文字二语阅读中的作用更是不得而知。另外，几乎所有的研究都没有同时考察不同母语背景学生的学习异同，而这种对比分析恰恰可以反映二语阅读理解中的一般规律。鉴于此，本研究主要考察以下三个问题：（1）词汇、句法和元认知策略是否影响汉语阅读理解？（2）各成分在阅读理解中的相对作用如何？（3）不同国家学生的反应模式是否相同？

2 研究方法与程序

2.1 研究对象

北京外国语大学马来西亚班学生41人，日本班学生30人。汉语学习时间为2年半至3年。其中男生29人；女生42人。

2.2 研究材料

2.2.1 词汇知识

中国目前没有统一的用于二语学习者的词汇量测试，因此，本研究参照张和生（2006）以及吴思娜（2016）词汇量测试方法，以《汉语水平词汇与汉字等级大纲》（后简称《大纲》）为模板，编制了词汇量测试表。具体方法为：从《大纲》的甲、乙、丙、丁级四级词汇中按照1%比例进行抽取。抽取之后甲级词10个、乙级词为20个、丙级词为22个、丁级词为36个，共88个。被试对自己是否认识这个词进行判断。为防止谎报，材料中加入了12个假词作为填充材料，如"博题"。假词判断正确率低于85%的试卷将被视为无效。将被试词表中的生词量乘以100，得到其词汇量数据。

2.2.2 句法知识

材料包括错序、遗漏和误加三种句法错误的句子各15个，共45个句子。每种类型中各包含3小类，每小类有5个句子（见表29）。另有15个正确的句子作为填充材料。全部句子为60个，句子长度10—15个字，平均12.15个字。所有句子中包括的字词均来自对外汉语初级教材，并标注了拼音，以尽可能减少材料本身对结果造成的干扰。句子内容均与学生的日常生活相关，学生比较熟悉。60个句子的呈现顺序进行随机化处理。被试任务是对句子的正确与否进行判断，统计其正确率。

表29 句法知识测试材料举例

错误	具体类型	例句
错序	状语位置	我吃饭在学校。
	定语位置	她是一个我的朋友。
	补语位置	去年他回来中国了。
遗漏	谓语遗漏	李老师教我的班，也他的班。
	状语遗漏	他的汉字漂亮。
	助词遗漏	这里有好吃东西。
误加	"是"误加	周末商店里的人是很多。
	"有"误加	我要学习中文，也有要学习英文和德文。
	"很"误加	她的房间很干干净净。
正确		我打算明天上午去逛街。

2.2.3 元认知策略

元认知策略问卷采用 MARSI（Meta-cognitive Awareness of Reading Strategy Inventory, Mokhtari, 2002）。该量表用于测量语言学习策略中元认知意识，具有良好的内部一致性信度（0.89）。共有 30 道题。分为三大类，即总体策略（13 项）、问题解决策略（8 项）及支持策略（9 项）。每个题目有 5 个选项，从 1 到 5 为"从来不"到"总是如此"，被试根据自己的实际情况选择合适的数值。

2.2.4 阅读理解测验

HSK5 级模拟试题的阅读理解部分作为理解测验，共 45 题，包含从句子到篇章的不同阅读类型。计算被试的正确率。

2.3 研究程序

全部测验分两次施测。先进行阅读理解测验，时间为 HSK5 级阅读考试规定时间 45 分钟。间隔一周测词汇、句法知识和阅读策略，三个测验同时施测，不同班级测验的先后顺序进行平衡，时间为 50 分钟。结果，所有同学都在 40 分钟之内完成了全部测验。

确定无效问卷标准为：（1）词汇、句法测试中填充材料正确率低于 85% 者；（2）两次测验中有一次缺席者。（3）姓名信息不详者；（4）中途临时有事退场者。发放问卷 71 份，回收有效问卷 61 份，有效率 86%。数据分析采用 SPSS19.0 统计软件。

3 研究结果与分析

3.1 被试的总体情况及不同国家的差异分析

表 30 中列出了被试在全部测验中的平均数。阅读理解和句法知识测验的平均正确率为 0.65 和 0.68，既没有出现天花板效应，也没有地板效应，说明该测验的难度对被试是合适的，也适于做其他分析。词汇测试的结果表明，在

《大纲》的 8822 个词汇中,被试的词汇量为 5115。在三种阅读策略的使用上,问题解决策略的使用频率远高于其他两种策略（t = 7.53,$p < 0.001$；t = 8.27,$p < 0.001$）。

表30　各测验的描述统计及差异检验

测试项目	全体	马来学生	日本学生	t 值及显著性
阅读理解（正确率）	0.65	0.69	0.61	1.93
词汇（个数）	5115	5209	5003	0.53
句法知识（正确率）	0.68	0.72	0.63	2.55*
GS（总体策略）	3.21	3.52	2.83	4.19***
PS（问题解决策略）	3.81	3.80	3.81	−0.04
SS（支持策略）	3.18	3.37	2.95	2.45*

注：*$p < 0.05$；**$p < 0.01$；***$p < 0.001$

独立样本 t 检验的分析结果显示：马来西亚和日本学生的阅读理解、词汇成绩没有差异。马来西亚学生比日本学生的句法知识更好,总体策略和支持策略的使用方面,马来西亚学生也多于日本学生,问题解决策略的使用上两国学生没有差异。那么,这些差异是否会影响学生的阅读理解成绩呢？为了探讨这个问题,我们又进行了如下的分析。

3.2　总体阅读理解成绩的相关及回归分析

首先,我们对词汇、句法知识、元认知策略和阅读理解的关系进行了相关分析,见表31。

表31　各成分与阅读理解的相关分析

相关	阅读理解	词汇	句法知识	总体策略	问题解决策略
词汇	0.66**				
句法知识	0.54**	0.35*			
总体策略	0.29*	0.26*	0.16		
问题解决策略	0.04	0.20	−0.03	0.64**	
支持策略	0.16	0.25*	0.00	0.75**	0.72**

注：*$p < 0.05$；**$p < 0.01$；***$p < 0.001$

从相关矩阵可以看到，与阅读理解相关显著的变量有词汇、句法知识和总体策略，但同时，词汇与句法知识、总体策略和支持策略之间也存在显著相关。另外，三种元认知策略之间具有较高相关程度。这些变量之间存在的复杂的相关关系使得每个变量与阅读理解的关系变得模糊。为了进一步探讨各变量与阅读理解的关系，我们进行了回归分析，见表32。

表32 词汇、句法、元认知策略对阅读理解的回归分析

	变量	R^2	B值（标准化）	t值及显著性
全体	词汇	0.55	0.52	5.53***
	句法		0.37	3.95***
日本	词汇	0.57	0.58	4.20***
	句法		0.30	2.20*
马来西亚	词汇	0.38	0.48	3.20**
	句法		0.31	2.11*

注：* $p<0.05$；** $p<0.01$；*** $p<0.001$

首先，为了消除各测验之间不同量值给回归模型带来的影响，我们对数据进行标准化处理，用标准化后的Z分数进行回归分析。然后，采用逐级回归（stepwise regression）方法进行分析，即从大到小依次挑选出贡献显著的变量，而贡献不显著的变量则不会进入方程。回归分析结果表明，对阅读理解贡献显著的变量只有词汇和句法知识。从B值的大小可以看出，词汇对阅读理解的贡献要超过句法知识。为了考察不同国家学生的表现模式，我们分别对马来西亚和日本学生进行了分析。

3.3 不同国家学生阅读理解成绩的相关及回归分析

马来西亚和日本学生的相关矩阵见表33。从相关矩阵来看，日本和马来西亚学生的表现趋势既有相同之处，又存在一定的差异。相同之处为两组学生的词汇、句法知识与阅读理解都有显著相关，另外，三种策略之间的相关也达到显著水平。不同之处为日本学生的支持策略与阅读理解也显著相关，而马来西亚学生则没有。两组与词汇相关的变量也有差别。马来西亚学生与词汇相关显著的变量有句法知识和总体策略；而日本学生则是支持策略。为了进一步了

解词汇、句法知识、元认知策略和阅读理解的关系,我们进行了多重回归分析,见表33。结果发现,两国学生表现了相同的反应模式,对阅读理解影响显著的变量都是词汇和句法知识,且词汇的作用超过句法知识。

表33 不同国别学生各成分与阅读理解的相关分析

相关	阅读理解	词汇	句法知识	总体策略	问题解决策略	支持策略
阅读理解		0.71**	0.57**	0.22	-0.18	-0.14
词汇	0.56**		0.42*	0.42*	0.11	0.09
句法知识	0.35*	0.17		0.01	-0.15	-0.27
总体策略	0.22	0.06	0.02		0.67**	0.64**
问题解决策略	0.32	0.33	0.10	0.77**		0.65**
支持策略	0.43*	0.45**	0.05	0.77**	0.83**	

注:"右上角"为马来西亚学生相关矩阵;"左下角"为日本学生相关矩阵。* $p<0.05$;** $p<0.01$;*** $p<0.001$

4 学习者因素对不同国别学生汉语阅读理解的影响及教学建议

4.1 词汇、句法、元认知策略与汉语阅读理解

在研究中我们发现,词汇与句法对汉语阅读理解的贡献是显著的,而元认知策略的贡献则不显著。由此可以推测,在某一学习阶段,词汇和句法知识等语言知识对阅读理解的作用超过了元认知策略。这和二语阅读的"阈限假说"(The Threshold Hypothesis)预测是相吻合的(Alderson,1984)。二语阅读的"阈限假说"认为,二语学习者需要超过语言学习的一个限度之后,才可以将阅读策略应用于二语的阅读理解,而在这之前,二语的语言知识对二语阅读是至关重要的因素。该假说得到了大量英语和其他拼音文字研究的证实,本研究则从表意文字的角度提供了新的证据。我们发现词汇、句法等语言知识对阅读理解的作用超过元认知策略,并且这种模式同时作用于不同母语背景的学生中。这是一个值得注意的问题,因为本研究中的日本学生和马来西亚学生的母语背景不同。两国语言无论是语言系统还是书写系统都有很大差别。另外,独

立样本 t 检验的结果告诉我们,两组学生不论在句法知识,还是总体策略和支持策略的使用上都有明显差别。但是,我们可以看到,尽管两国学生存在上述的不同,两国学生所表现的模式相同。由此可以推断,在某一学习阶段,词汇和句法知识对二语阅读理解的作用是普遍的,它可以跨越不同的母语背景对二语的阅读理解产生影响,但是这样的结论仍需更多国别化和大样本研究的支持。

4.2 词汇和句法的相对作用

如前所述,词汇与句法知识对理解的相对贡献问题一直是学界争执不下的问题。我们通过研究发现,虽然词汇和句法对阅读理解都有显著贡献,但词汇的作用超过句法,而且马来西亚学生和日本学生都是如此。其实这也不难理解。因为成功的阅读理解很大程度上依赖于每个词语意义的提取(Koda,2005)。此外,因为汉语缺少形、音对应规则,如果没有掌握词义的话,也无法像拼音文字那样通过形、音对应规则,借助读音信息通达的口头词汇来帮助获取词义。因此,汉语词汇对阅读理解的贡献或许要胜于拼音文字。另外,要想达到理想的理解程度,读者需要在理解词义的基础上进行句法加工。有研究发现读者在阅读时自始至终都在进行句法分析(刘振前,2002)。但是通过研究我们发现,它的作用仍然无法与词汇相比。虽是如此,词汇和句法相对作用的问题仍是一个较为复杂的问题,需要不同水平学生的研究,因为,有人推测 Shiotsu(2007,2010)的结果可能是由于被试的水平较低导致(Zhang,2012)。

4.3 教学建议

4.3.1 努力扩大学生词汇量

词汇对阅读理解的贡献是显著的。研究者认为,中级以上汉语水平的外国学生普遍存在着汉语词汇量不足的问题(张和生,2006)。因此,如何迅速扩大词汇量的问题就成为外语教学研究的热点。一般来说,最主要的方法有两种:课堂教学和伴随学习。在词汇教学方面,英国学者在课堂上开展了一系列旨在帮助高级英语学习者接触新词并获取词义的活动,共分六个步骤:(1)选取中心词,收集语义相关词,制作词表。(2)词汇分类。让学生按照词语的一般语义特征进行分类。(3) 词语匹配。指导学生围绕中心词画出语义结构图。(4) 语境化。识别目标词的使用语境，并寻找与目标词相关的搭配。(5) 使用新词。鼓励学生写出语境信息丰富的、体现目标词语义内容的句子，使不认识这个词的人通过语境可以推测词义。(6) 学生自己研究，并向全班展示。这种词汇教学方式具有较高的教学效率和可操作性，但源自英语作为第二语言的教学，在对外汉语教学中应该如何进一步调整与完善，尚需要研究者和教育者的共同努力。

词汇教学对于词汇获得来说虽然是直接而有效的，但是并不能解决学习的效率问题。要想在有限的时间里迅速扩大词汇量，另一个重要方法是伴随学习。伴随学习指的是在以理解文章意义为主要目的的阅读活动中伴随性地习得词语（钱旭菁，2003），是在并未有意记忆某一信息的情况下无意学习的过程。其有效性已经被很多研究证实（Bensoussan，1984；钱旭菁，2003）。伴随学习并不是随意学习，教师指导之下的伴随学习和多次的重现是保证学习效果的前提（Cobb，2009）。教师结合所教内容，有针对性地挑选适合学生水平、易于学生阅读的语言材料，伴随学习才能收到良好的效果。那重现多少次合适呢？研究者发现，第一次学习只能记住5%—15%的词语（Nagy & Stahl，2006）。重现2次和重现4次的学习效果差别不大，重现6次的效果明显好于2次。无论重现几次，效果都强于一次也没有重现的条件（Rott，1999）。所以，从学习的效率来看，重现2次是比较合适的。另外，要特别注意的是，虽然伴随学习是一种有效的学习方式，但有时也容易引起词义的曲解。张和生（2006）也发现，中级以上汉语水平的欧美学生能有意识地去猜测词义，却又往往掉入望文生义的陷阱。因此，伴随学习也需要教师格外的指导和帮助。

4.3.2 切莫忽视中高级阶段句法分析训练

研究者认为，除了词语理解问题，难句、长句的理解是中级阶段学生阅读的又一困难（吴门吉，2004）。从事后的调查中我们也发现，学生对于结构复杂的句子存在句法加工困难。如"电视使我们花去了很多可以用来看书学习的时间"，很多同学理解为我们花很多时间看电视学习。为此，有必要对中高级学生进行句法分析的训练。句法结构知识的讲解与训练可以使学生熟悉汉语的各类句式的表达结构，从而掌握通过句法分析获取意义的技能。吴门吉（2004）指出句法分析训练应包括否定句、连动句、兼语句和被动句理解等。根据本研究结果，复杂的、结构层次多的单句、复句也是练习项之一。

另外，由于汉语句子特殊的书写习惯，分词训练也是不容忽视的项目。实验心理语言学指出，在汉语阅读过程中，读者要同时进行三个程序：分词、句法分析、语义理解（包括语义、语境等）（桂诗春，2000，转引自陈凡凡，2008）。我们在研究中发现，学生在句法分析中出现的问题，部分是由于分词错误造成的。像"很多人靠待在家里安安稳稳地看电视度过时间"这个句子，学生在分词时把"靠待"作为一个词解读，因此不能获取词语意义。还有像"在中国，结婚不是个人的事儿"，有的学生切分为：在中国，结婚/不是/个/人的/事儿，造成意义理解困难。研究表明，汉语合词连写对句子理解的干扰性很大，是理解错误的主要原因（陈凡凡，2008）。因此，句法训练需要教师给予一定程度的重视。

第四节　词汇知识、语素意识、词汇推理与二语阅读理解

1　词汇知识、语素意识、词汇推理与二语阅读理解的研究现状

理解既是阅读的目的，又是阅读的核心。近百年来，研究者一直在探索对阅读理解发生作用的核心因素。

词汇知识包括词汇广度和词汇深度。词汇广度指学习者能够了解多少词的常用含义，通常用词汇量来表示（Laufer & Paribakht，1998），笔者考察的是学生的词汇广度；词汇深度反映的是词汇知识的质量，即对词汇的了解程度（Nation，1990）。由于成功的阅读理解依赖读者对文章中每个词语意义的理

解，因此，词汇知识很长时间以来一直被认为是和阅读理解关系最密切的因素（Kim，1995；Koda，2005）。同时，研究者也发现语素意识与词汇知识的关系密切（Kieffer & Lesaux，2008；Kieffer & Box，2013；洪炜，2011）。

语素意识是指学习者对词内在结构的意识以及操纵这种结构的能力（Carlisle，1995、2000；McBride-Chang et al.，2003）。语素意识最基本的方面是将词分解成语素，并通过对语素的重新组合来构建整词的意义（Carlisle，2000）。根据Li et al.（2002）的定义，汉语的语素意识由三部分组成：第一部分是形旁或声旁意识，即对汉字结构的意识；第二部分是指对词的内部结构的意识；第三部分是指区分同音语素和同形语素的能力。来自儿童发展的证据表明，语素意识与词汇学习和阅读理解的关系都密切（Deacon & Kirby，2004；Nagy et al.，2006；Qian，1999）。但对于语素意识对阅读理解的作用实质，研究者却各执一词。有研究者认为语素意识对阅读理解的作用是间接的，因为控制了词汇量之后，语素意识对理解没有明显贡献，因此是通过词汇知识的间接作用（Qian，1999）。但也有研究者认为语素意识对阅读理解的作用是直接的，因为他们发现在词汇知识之外，语素意识对阅读理解的贡献仍然显著（Wang et al.，2006；Kieffer & Lesaux，2008）。因此，语素意识与阅读理解的关系仍需要更多的研究证据。

词汇推理，也称伴随学习，是学习者基于所有可能的语言线索以及世界知识、语境意识和相关语言学知识对单词意义进行推理的过程（Haastrup，1991）。不少儿童发展的研究发现词汇推理和词汇学习关系紧密（Cain & Oakhill，1999；Cain et al.，2004；Hatami & Tavakoli，2012），但并没有考察对阅读理解的直接贡献。

综上所述，可以发现，大部分阅读理解的研究都是针对母语儿童的。然而，母语阅读有别于二语阅读，儿童阅读有别于成人阅读。目前很少有人关注成人二语阅读过程（Zhang & Koda，2012），英语阅读的研究尚且如此，对于成人汉语作为二语的阅读理解研究则是少之又少。成人汉语阅读理解中不同认知因素的作用形式和大小如何，有必要对此进行深入细致的研究。

此外，从理论上讲，由于语素意识、词汇知识、词汇推理的特殊关系，三者对阅读理解很可能存在一些间接效应。因为前人研究多使用相关或回归的方法，语素意识或者词汇推理的间接效应便无法有效地检测出来。Zhang & Koda (2012) 利用 SEM 方法，考察了词汇知识、语素意识和词汇推理对阅读理解的作用。研究发现了语素意识和词汇推理对理解的间接效应，但并未发现任何一种因素对理解的直接效应，这使得其结果的可靠性遭到质疑。

因此，本研究拟采用结构方程模型方法，探讨词汇知识、语素意识以及词汇推理对阅读理解的直接与间接作用。主要探讨如下两个问题：（1）词汇知识、语素意识和词汇推理对二语阅读理解的直接作用如何？（2）语素意识、词汇推理对二语阅读理解的间接作用如何？

2 研究方法与程序

2.1 研究对象

泰国某大学汉语专业三、四年级学生共 151 人参加了本研究。其中三年级 112 人；四年级 39 人。他们汉语学习时间为两年半至三年半。根据学生所掌握的词汇量以及 HSK 四级考试成绩，学生的水平应属于中级。8 名学生没有完成全部测验，全部为三年级学生，这些学生的数据不参与统计，故实际有效被试数为 143 人。

2.2 研究材料

2.2.1 词汇知识

测验材料选自吴思娜（2016）的词汇知识测试，考察的是学生词汇知识的广度。具体方法为：从《汉语水平词汇与汉字等级大纲》的甲、乙、丙、丁级四级词汇中按1%的比例进行抽取。抽取之后甲级词10个，乙级词为20个，丙级词为22个，丁级词为36个，共88个。具体抽取原则为随机抽取。要求被试判断自己是否认识这个词。一个词计1分。为防止谎报，材料中加入了12个假词，如"博题"。假词判断正确率低于85%的试卷将被视为无效。

2.2.2 语素意识

据前人的研究（郝美玲、张伟，2006；张琦、江新，2015），语素产生任务的区分度和预测力都强于语素判断任务，因此，本研究语素测验选择语素产生任务。材料的选择方法是：首先从"甲乙级双音节词中能产性强的语素构词列表"列举的语素（陈萍，2005）中挑选出泰国学生在课本中学过的语素，然后进一步找出学生学过的包含此语素的所有词语。学生所学词语数量超过两个，且语素义不同（如黑板—老板）的语素就会作为研究材料。如果学生学过包含该语素的词语超过两个，但语素义没有区别（如电视—电话—电影—电车），这样的语素也不能作为研究材料。共有22个语素，经任课教师和学生评定，全部为所学语素。

测验方法是给学生呈现一个目标语素，让学生用这个语素写出语素义不同的两个词，比如，给学生呈现目标语素"板"，让学生写出包含语素"板"但语素义不同的两个词（例如"黑板—老板"）。共有22个语素，经任课教师和学生评定，全部为所学语素。语素义不同的两个词都正确计1分，满分22分，统计正确率。

2.2.3 词汇推理

词汇推理任务采用江新、房艳霞（2012）和房艳霞、江新（2012）的目标词和语境。材料挑选过程为：先从《现代汉语频率词典》（北京语言学院语言教学研究所，1986）中选取200个中低频的复合词，让母语为汉语的中国研究生按5级量表判断这些复合词的语义透明度，根据判断结果选取语义半透明的90个复合词。请留学生判断是否认识这些汉字。将含有学生不认识的汉字的复合词剔除，然后加入22个熟悉词作为干扰词，让学习者判断是否认识这些词，最后选出学生不认识的36个词作为目标词，这些词的语义透明度为2.7。这些词都未曾出现在学生的汉语课本中，并且经学生的汉语老师评定，这些词为生词。目标词选好以后，为每个目标词配一个简单易懂的短句子作为语境。目标词的语境从百度新闻全文中选取并进行细微的改动。实验前请学生的汉语教师判断句子语境是否易于学生理解，并对可能不认识的词语都加以注释。为了了解语境对目标词的支持度，我们请29名汉语国际教育本科三年级的同学对目标词的语境支持度进行5级评分，"1"为最弱，"5"为最强，最后的结果为3.835。最后的测试材料为36个有语境的句子，每个语境中有一个画线的目标词,学生的任务是对画线的目标词进行解释。学生可以使用母语泰语进行解释。

计分借鉴了江新、房艳霞(2012)和房艳霞、江新(2012)的方法,本研究选取了两名泰语专业本科四年级学生对泰国学生的解释进行打分。如果学生的解释和目标词的意义完全无关,就记为0;两者有一些次要的语义特征相关,就记为1;有相同的重要语义特征记2;猜测结果非常接近实际的词义记3;与目标词的意思相同记4。两位评分者评定的平均数为最后得分。两位评分者的评定一致性信度系数为0.907。

2.2.4 阅读理解

阅读理解试题的选择过程为:首先提供任课老师HSK五级和HSK四级两套试题进行选择。任课老师考虑到学生的实际水平,建议使用四级题目。为了进一步了解学生的真实水平,从同年级学生中选取两名中等水平的学生进行五级题目的试测,但是两名学生在规定的时间内均未完成测试题目,仅完成测试题目的一少半。于是,研究最终使用HSK四级题目进行测试。

阅读理解测验时间为40分钟,共40道题,可分为四种理解层次,包含从句子到篇章的不同类型。其中理解1共10题,为单句理解;理解2共10题,为复句理解;理解3共14题,为段落理解;理解4共6题,为短文理解。我们以《汉语水平词汇与汉字等级大纲》中的词汇等级为标准,统计了一套试题中的词汇分布,其中甲级词和乙级词的比例占92%,见表34。

阅读理解测验共进行两次,级别相同,但测验内容不同。前后间隔一个月,两次测验的平均正确率为阅读理解最终成绩。

表34 HSK四级阅读理解部分生词分布表

	甲级词	乙级词	丙级词	丁级词	超纲词
阅读理解1	128(75%)	32(19%)	7(4%)	2(1%)	2(1%)
阅读理解2	133(70%)	40(21%)	9(5%)	6(3%)	3(2%)
阅读理解3	226(64%)	97(27%)	11(3%)	16(5%)	4(1%)
阅读理解4	148(76%)	33(17%)	8(4%)	1(1%)	5(3%)
全部	635(70%)	202(22%)	35(4%)	25(3%)	14(2%)

2.3 研究程序

全部测验分三次进行。第一次为阅读理解1测验和词汇推理测验；第二次为语素意识和词汇知识测验以及词汇推理的无语境目标词释义测验。前两次测验间隔一周。第三次为阅读理解2测验，与前一次测验间隔1个月。数据分析采用SPSS19.0统计软件。

3 研究结果与分析

各变量的平均数、标准差以及相关系数见表35。从表35可以看出，各变量之间的相关基本上都呈显著状态。词汇知识、语素意识和词汇推理两两相关显著，并且各变量与阅读理解以及阅读理解各子维度之间的相关也显著。此外，阅读理解与各子维度之间的相关同样显著。这说明，阅读理解包含了不同的认知成分，需要多变量同时参与。但变量之间大量、复杂的相关关系使得每个变量对阅读理解的独立贡献都模糊不清。为此，有必要进行回归分析。

表35 各变量的描述统计与相关分析

相关	词汇知识	语素意识	词汇推理	理解1	理解2	理解3	理解4	理解
平均数	22.790	0.602	1.729	0.560	0.391	0.537	0.495	0.497
标准差	10.346	0.194	0.652	0.226	0.190	0.179	0.231	0.137
语素意识	0.392**	—						
词汇推理	0.534**	0.342**	—					
理解1	0.495**	0.302**	0.404**	—				
理解2	0.417**	0.216**	0.277**	0.330**	—			
理解3	0.326**	0.274**	0.363**	0.395**	0.351**	—		
理解4	0.340**	0.180*	0.321**	0.130	0.168*	0.187*	—	
理解总分	0.597**	0.366**	0.514**	0.708**	0.668**	0.691**	0.596**	—

注：词汇知识为个数，语素意识、词汇推理、理解1、理解2、理解3、理解4和理解为正确率；理解1为单句理解；理解2为复句理解；理解3为段落理解；理解4为短文理解；*$p<0.05$；**$p<0.01$；***$p<0.001$；

首先考察前人研究中关注的变量——词汇知识和语素意识对阅读理解的直接作用。以词汇知识和语素意识为自变量，阅读理解为因变量进行回归分析。

因为进入法回归分析（enter regression analysis）能清楚地显示整个模型的状态和每个变量的贡献程度，因此笔者采用进入法。结果见表36模型1。词汇知识与语素意识对阅读理解都有直接作用（t=7.382，$p<0.001$；t=2.150，$p<0.05$），词汇知识的作用（β=0.536）超过语素意识的作用（β=0.156）。

如果加入词汇推理因素，词汇知识和语素意识的作用是否会发生改变呢？接下来，以词汇知识、语素意识和词汇推理为自变量再一次进行回归分析，方法仍然采用进入法。结果见表36模型2。对阅读理解存在直接作用的变量有两个：词汇知识和词汇推理（t=5.199，$p<0.001$；t=3.266，$p<0.01$），其中词汇知识的作用（β=0.414）超过词汇推理（β=0.255），但语素意识的直接作用不显著（t=1.561，$p>0.05$）。

从两次回归分析的结果可以看出，词汇知识和词汇推理对阅读理解有直接作用，词汇知识的作用大于词汇推理，语素意识在加入词汇推理因素后作用不再显著。虽然回归分析可以解释三者对阅读理解直接作用的大小，但是由于方法上的限制，无法测量对阅读理解的间接作用。鉴于词汇知识、语素意识和词汇推理三者之间显著的相关关系，某个变量很可能通过其他变量对阅读理解产生间接作用。

结构方程模型（SEM）不仅可以考察变量的直接效应，还可以测量各变量的间接效应。因此，笔者拟采用SEM方法，具体考察词汇知识、语素意识、词汇推理各变量之间以及对阅读理解的直接和间接作用。

表36 三个自变量对阅读理解的回归分析

模型	自变量	R^2	β值（标准化）	t值及显著性
模型1	词汇知识	0.377	0.536	7.382***
	语素意识		0.156	2.150*
模型2	词汇知识	0.416	0.414	5.199***
	语素意识		0.112	1.561
	词汇推理		0.255	3.266**

注：*$p<0.05$；**$p<0.01$；***$p<0.001$

本研究关心的问题，除了上文回归分析中考察的各因素的直接作用以外，还有语素意识和词汇推理之间的相互作用及对阅读理解的间接作用。SEM分析使用 AMOS7.0 结构方程软件绘制模型。考虑到本研究中发现词汇知识对阅读理解的贡献最大，另外，很多前人的研究也得到了类似的结果（Schoonen et al., 1998; Khaldieh, 2001; Droop & Verhoeven, 2003），因此笔者只考察词汇知识对阅读理解的直接作用；基于回归模型 2 的结果，在结构方程模型中设置了语素意识对词汇推理的单向作用线，但是反之则没有。同样，基于本研究中相关分析的结果，词汇知识和词汇推理相关显著（r=0.534, $p<0.01$），词汇知识和语素意识相关显著（r=0.392, $p<0.01$），结构方程中设置了从词汇推理至词汇知识、从语素意识至词汇知识的单向作用线。只是回归分析的模型 2 中，语素意识对阅读理解的作用不显著，可以不必设置从语素意识到阅读理解的作用线，但是因为本研究目的之一是想比较语素意识直接作用和间接作用的大小，因此，在结构方程模型中也添加了语素意识对阅读理解的直接作用线。模型见图 26。这样的构想与实际数据是否吻合呢？输出结果见表 37。

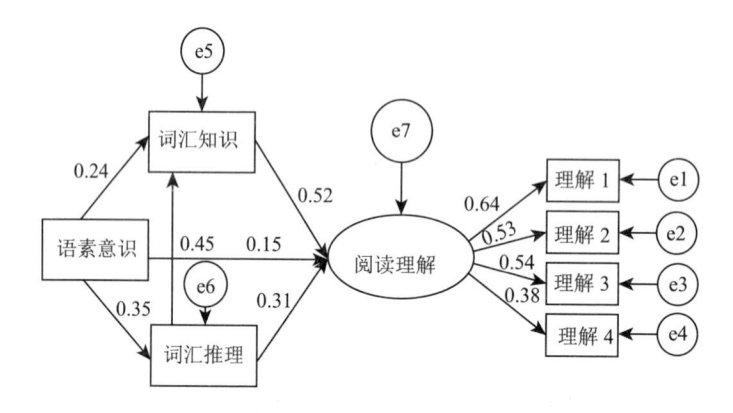

图 26　词汇知识、语素意识、词汇推理对阅读理解的作用

表 37　结构方程模型的拟合度指标

拟合指数	卡方值（自由度）	X^2/df	p	CFI	NFI	IFI	TLI	RMSEA	AIC	BCC
结果	14.537（11）	1.321	0.205	0.981	0.934	0.983	0.953	0.048	62.537	65.402

注：S. E. 为标准误；C. R.（Critical Ratio）为临界比，是载荷系数的估计值和标准误之比。*$p<0.05$；**$p<0.01$；***$p<0.001$

讨论模型的拟合程度需要依据几个重要的指标。学术界普遍认为，SEM的卡方检验是模型拟合的绝对检验，如果概值（P）低于0.05，模型将被拒绝（Hu & Bentler, 1999）。另外，卡方（X^2）与自由度（df）的比值被称为相对卡方或规范卡方，有些人允许这个值达到5作为适当的拟合，但是当相对卡方大于2或者3时，保守的使用就需要拒绝模型（Carmines & McIver, 1981）。另一些比较重要的拟合指数有：比较拟合指数（CFI）、规范拟合系数（NFI）、增量拟合系数（IFI）和塔克-刘易斯指数（TLI），这些都是越接近1越好，大于0.9时为可以接受的模型，大于0.95时属于拟合良好模型（邱皓政、林碧芳，2012；吴明隆，2017）；此外，近似误差均方根（RMSEA）越小越好，小于0.08时为可接受模型，小于0.05时为良好模型（Hu & Bentler, 1999）；Akaike信息标准（AIC）和Browne-Cudeck标准（BCC）是基于信息理论发展出来的指数，倾向于支持AIC和BCC数值较小的模型，因此当其数值较小时，模型的适应性更好（邱皓政、林碧芳，2012；吴明隆，2017）。根据上述标准，本模型的各项拟合指标均表现良好。首先，卡方值的显著性（p）大于0.05，并且卡方值与自由度比值为1.321 < 2。其次，模型的各项拟合指数CFI、NFI、IFI、TLI值均大于0.9，并且四项指标中有三项大于0.95；最后，RMSEA值小于0.05，且AIC和BCC数值均比较小。总体来说，模型适配度良好，无须进行修正。

表38显示了词汇知识、语素意识和词汇推理各变量之间以及对阅读理解的直接作用和间接作用。从表中可以看出，词汇知识和词汇推理对阅读理解直接作用显著（β = 0.521，$p < 0.01$；β = 0.308，$p < 0.01$），词汇知识的作用大于词汇推理的作用；语素意识的作用不显著（β = 0.155，$p > 0.05$），这与回归分析得到的结果是一致的。

语素意识对阅读理解存在显著的间接作用，其间接作用（0.311）大于直接作用（0.155）。语素意识的间接作用通过两条路径实现，如图26所示，一条通过词汇知识作用于阅读理解，另一条则通过词汇推理作用于阅读理解。除此之外，语素意识对词汇知识也存在间接效应，即通过词汇推理影响词汇知识，但其间接作用（0.157）小于直接作用（0.235）。此外，词汇推理对阅读理解存在间接效应，即通过词汇知识作用于阅读理解。词汇推理的间接作用

(0.237) 小于直接作用 (0.308)。

表38 各变量直接和间接作用的载荷系数

预测变量		直接作用		间接作用		总作用	
		非标准化	标准化	非标准化	标准化	非标准化	标准化
词汇推理							
	<—语素意识	1.163	0.346	—	—	1.163	0.346
词汇知识							
	<—语素意识	12.547	0.235	8.368	0.157	20.915	0.392
	<—词汇推理	7.194	0.454	—	—	7.194	0.454
阅读理解							
	<—词汇知识	0.007	0.521	—	—	0.007	0.521
	<—语素意识	0.116	0.155	0.232	0.311	0.348	0.466
	<—词汇推理	0.068	0.308	0.053	0.237	0.121	0.545

4 词汇知识、语素意识和词汇推理与二语阅读理解的讨论及教学建议

4.1 词汇知识、语素意识和词汇推理对阅读理解的直接作用

当以词汇知识和语素意识为自变量进行回归分析时,二者对阅读理解都有直接作用,但词汇知识的作用超过语素意识的作用。这和 Deacon & Kirby (2004)、Nagy et al. (2006) 的研究结果是一致的。但是当加入词汇推理因素时,情况便发生了改变。对阅读理解有直接作用的变量为词汇知识和词汇推理,其中词汇知识的作用超过词汇推理,而语素意识的直接作用不再显著。这说明,词汇知识对阅读理解的作用最大,也最稳定。由于研究者对词汇知识在阅读理解中的作用已毫无争议,因此词汇知识的巨大贡献一点也不超出人们的预期。

但是为什么当加入词汇推理因素时,语素意识对阅读理解的贡献就不再显著了呢?词汇推理为什么能掩蔽语素意识的作用呢?这可能因为词汇推理和阅读理解的关系更密切。推理被称为理解过程的核心(Schank,1976)。词汇层

面的推理对词汇知识发展及语篇意义理解都具有重要作用（王震、范琳，2012）。不仅如此，词汇推理和阅读理解过程包含了共同的认知成分——推理。词汇推理过程需要读者利用语境信息，结合世界知识、语言学知识激活头脑中认知图式，辨认生词的语义、语法和语用信息，形成某种推理和假设。这和阅读理解整合局部信息、背景知识、课文内容和结构，做出推断的过程非常类似。前人研究已经证明，词汇推理并不是阅读理解的副产品，相反，良好的词汇推理能力是良好阅读理解的原因（Cain et al., 2004）。所以当回归分析中加入词汇推理后，语素的贡献不再显著，而语素意识的作用不再显著的另一个原因是，语素意识对阅读理解的作用可能是间接的。

4.2 语素意识和词汇推理对阅读理解的间接作用

在语素意识与阅读理解关系的研究中，大多数研究者关注的是语素意识的直接作用（Deacon & Kirby, 2004；Nagy et al., 2006；常云，2011；张琦、江新，2015），很少有研究考察语素意识的间接作用，更无研究考察成人汉语作为二语的语素意识的间接作用。本研究发现，语素意识通过两条通路间接作用于阅读理解：一条通过词汇知识，另一条通过词汇推理。

语素意识可以通过词汇知识间接作用于阅读理解。前人研究已经证明语素意识对词汇知识有极大的促进作用（Kieffer & Lesaux, 2008；Kieffer & Box, 2013），而词汇知识对阅读理解又具有直接的预测作用（Koda, 2005）。因此，语素意识可以通过词汇知识间接作用于阅读理解。

语素意识还可以通过词汇推理作用于阅读理解。一些EFL/ESL的研究暗示了语素意识、词汇推理和词汇知识之间关系密切（Mochizuki & Aizawa, 2000；Paribakht & Wesche, 1999；Schmitt & Meara, 1997）。Zhang & Koda（2012）的研究发现语素意识可以通过词汇知识和词汇推理间接作用于阅读理解，但Zhang & Koda（2012）研究中的词汇推理任务是词汇层面的推理，没有句子语境，与语素意识任务相似，而本研究同样发现语素意识通过词汇推理对阅读理解的间接作用，但本研究中的词汇推理任务为句子层面的推理。虽然词汇推理任务差异较大，但是都发现了词汇推理的间接作用，表明词汇推理的作用是相对稳定的。为什么词汇推理能成为语素意识的中介呢？因为语素意识是对词内在结构的意识以及操纵这种结构的能力（Carlisle，1995），包含了对词语结构和意义信息的分析，学习者通过对组成词语的各个语素及其关系的分析，推知整词意义。而词汇推理同样需要分析句子的结构和意义，并通过语言学知识和世界知识推知生词意义。二者都需要整合结构和意义信息来推知词义，但语素意识在词汇层面发生作用，而词汇推理则在句子层面。由于词汇推理同阅读理解之间关系密切，语素意识可以通过词汇推理间接作用于阅读理解。语素意识对阅读理解的间接作用大于直接作用，这说明，语素意识对二语阅读理解，确切地说，对汉语作为二语的阅读理解的作用主要是通过词汇知识和词汇推理实现的间接作用。这和 Zhang & Koda（2012）的研究结果是一致的，但是该文并没有发现语素意识对阅读理解的直接作用。

不仅语素意识对阅读理解具有间接作用，词汇推理也通过词汇知识间接作用于阅读理解。前人关于词汇推理的研究发现，词汇知识的深度和广度对推理都具有重要影响（Nassaji，2004；Prior et al.，2014），同时，作为词汇学习的一个非常重要的途径，词汇推理（伴随学习）已经得到了广泛的认同（朱勇、崔华山，2005）。这说明，词汇知识和词汇推理相互促进，互为因果。推理能力强的人更容易获取生词意义，有效实施伴随学习，从而促进词汇知识的发展，提高阅读理解能力。但与语素意识不同，词汇推理的间接作用小于直接作用。此外，词汇推理的间接作用也小于语素意识的间接作用。这说明，词汇推理对阅读理解的贡献主要是直接作用。

4.3 教学启示

虽然国内学者对于语素教学的有效性仍然各执一词，但是很多研究都肯定了汉语语素在词汇学习中的作用（冯丽萍，2003；Chen et al.，2009；洪炜，2011）。进行语素教学，不仅可以使学生掌握词语的结构和组合规则，推知新词义，更能帮助学生扩大词汇量，从而促进阅读理解能力的发展。并且，从本研究中可以看到，语素意识通过词汇知识对阅读理解的间接作用要大于语素意识的直接作用。因此，作为词汇学习的重要手段，语素教学应该被倡导。

重视词汇推理的训练。赵玮（2016）曾比较了"语素法"和"语境法"（在句子或情境中让学生猜测词义，与本研究中词汇推理过程相似）的词汇教学效果。结果发现，语境法在补充型词语、引申型词语和语素项常用度较高的词语以及具体性较低的词语教学中均表现了明显的优势。江新、房艳霞（2012）也发现，通过语境猜测词义比通过构词法猜测的效果要好。这暗示了语境信息（词汇推理）对词汇学习的作用可能大于语素信息，但前人研究关注的都是词汇学习，均未考察对阅读理解的作用。

笔者的一个重要发现是词汇推理对阅读理解具有直接和间接作用，并且其直接作用大于语素意识的直接作用。这暗示，如果对学生进行词汇推理方面的训练，学生的阅读理解能力也会有一定的提升。为此，在本研究结束后，我们对三年级人文 1 班同学进行了词汇推理训练，同年级人文 2 班作为对照组。前测使用在研究中获得的阅读理解成绩，独立样本 t 检验说明两个班级的成绩没有明显差异（$t_{(65)} = 0.769$，$p > 0.05$）。训练共一个月时间，分为五次，每次训练 10 分钟左右。主要涉及三种语境模式：前语境，如：她性格安静，遇到什么事情都不会大呼小叫；后语境，如：每个人都有自己的身份，我是老师，你们是学生；前后语境，如：我上大学的时候，认识一个人，他很内向，但是我们谈得很投机，在一起总是有说不完的话。训练第一步：展示词语，但不提供语境，让学生猜测词义；第二步：展示语境，学生猜测词义。第三步：提供更多语境，进一步引导学生猜测。第四步：练习词语。对照班学习相同的词语，学习方式是由老师提供意义解释，然后老师再提供例句，最后为词语练习。后测为另一套 HSK4 级阅读部分，两个班级后测的差异呈边缘显著（$t_{(59)} = 1.702$，$p = 0.094$）。考虑到本训练只持续了一个月时间，这样的结果还是令人满意的。

鉴于词汇推理在词汇学习和阅读理解中的重要作用，笔者特别强调在对外汉语教学中，尤其在阅读教学中要加强词汇推理训练。相比语素教学，词汇推理训练对阅读理解的促进更直接，也更有效。词汇推理训练不仅有现实意义，同时也易于操作，词汇推理训练一般在句子加工层面，相对篇章阅读训练更简单，影响因素比篇章阅读理解更少，另外句子语境的支持度也可以随意调整。因此，词汇推理训练应该引起广大对外汉语教育工作者足够的重视。

第五节　语言学与策略知识在不同水平学习者汉语阅读理解中的作用

1　语言学知识、策略知识与二语阅读理解

二语阅读理解的研究已经开展近一个世纪了。实证的阅读研究（Empirical reading research）常常关注各种不同成分在理解中的作用，如解码、词汇、句法和阅读策略等，但对于不同成分的相对作用，学界仍然争论不一（Van Gelderen et al.，2004）。一些学者认为解码知识、词汇知识等二语语言知识对阅读理解的作用更显著（Alderson，1984：1），而另一部分学者则更强调阅读策略和元认知意识对阅读理解的作用（Goodman，1970）。

词汇知识很长时间以来一直被认为是和阅读理解关系最密切的因素（Koda，2005：48）。Khaldieh（2001）发现词汇是预测阅读理解的最重要的变量。Kim（1995）认为，词汇困难是造成阅读理解困难的一个关键因素。虽然词汇对阅读理解的作用研究者已经达成了共识，但是它和句法的相对作用，研究者仍然争执不下。有研究者提出，句法知识在阅读理解中的作用可能超过词汇知识。Shiotsu & Weir（2007）用结构方程模型考察词汇和语法知识对阅读理解的贡献程度。在三个独立的研究中都发现句法知识对日本 ESL 的阅读理解贡献超过词汇。2010 年，Shiotsu 又用多重回归方法考察了词汇、语法和词语阅读潜伏期对日本大学生 ESL 阅读理解的影响，也得到了类似的结果，且在低水平和高水平的读者中都是如此。但是，Zhang（2012）却发现词汇比语法的预测作用更强。在控制语法知识后，词汇知识对阅读理解的贡献仍然显著，反之则不是。Van Gelderen et al.（2004）也报告了非常类似的结果。目前，句法知识与词汇知识的相对重要性问题，仍然没有得到有效的解决，需要更多的研究证据。

元认知策略在提高阅读能力方面的重要作用已被大量英语研究证实（Baker，2008；Alhqbani & Riazi，2012；Madhumathi & Ghosh，2012）。然而，对于

元认知策略和语言知识在阅读理解中的相对作用,研究结果却迥然不同。Garner(1987)认为学生因词汇和解码方面的缺陷而造成的阅读理解困难,其实可能是由于策略知识的缺乏。但是 Schoonen et al.(1998)的研究表明,相对于元认知知识,英语词汇知识更能预测阅读理解成绩。Van Gelderen et al.(2003)发现,母语和二语阅读中,词汇、句法、元认知都有显著的作用,且三者作用相当。而在随后的研究中却发现,母语阅读中元认知具有显著作用,而二语阅读中元认知和词汇的作用都显著,但是对于二者相对贡献的大小,作者并没有说明(Van Gelderen et al.,2004)。纵观前人的研究不难发现,不同研究的结果差别很大,元认知策略和词汇、句法等语言知识对阅读理解的相对作用,目前仍不清晰。

国内二语阅读理解的研究多集中于英语作为第二语言方面(杨小虎、张文鹏,2002;翟康、梅爱祥,2015)。虽然研究成果丰硕,但是由于学习对象和英汉两种文字系统的巨大差别,其研究成果依然无法直接用于汉语作为第二语言的学习过程。汉语作为第二语言阅读理解的研究目前还比较少见。可贵的是,马燕华(2005)采用练习分析和问卷调查等方法对高年级留学生汉语阅读理解的难易语句进行了有益的探索;黄敬、佶旻(2013)采用结构方程模型的方法考察了高级水平汉语学习者的语言理解能力的构成要素。对于影响阅读理解的因素问题,两个研究均未涉及。

综上所述,元认知、词汇、句法等因素对二语阅读理解的相对作用还不明确,而各因素在汉语作为第二语言阅读理解中的作用更是不得而知。另外,几乎没有研究分析被试内部的差异情况,而不同研究的差异很可能与被试的二语水平有关。鉴于此,本研究主要考察以下两个问题:(1)词汇、句法和元认知策略在汉语作为第二语言的阅读理解中的作用如何?(2)词汇、句法和元认知策略对不同二语水平学生的作用是否相同?

2　研究方法与程序

2.1　研究对象

日本大东文化大学和北京外国语大学汉语专业三、四年级学生85名。汉语学习三至三年半。其中男生36人；女生46人，性别不详3人。

2.2 研究材料

考虑到中国目前没有统一的词汇量测试。本研究以《汉语水平词汇与汉字等级大纲》（以下简称《大纲》）为模板，参照张和生（2006）的方法，编制了词汇量测试表。具体方法为：从《大纲》的甲、乙、丙、丁级四级词汇中按照1%比例进行抽取。抽取之后甲级词为10个；乙级词为20个；丙级词为22个；丁级词为36个，共88个。具体抽取原则为随机抽取。被试对自己是否认识这个词进行判断。为防止谎报，材料中加入了12个假词，如"博题"。假词判断正确率低于85%的试卷将被视为无效。将被试词表中的生词量乘以100，得到其词汇量数据。

汉语句法错误的类型非常多，而每种类别下仍然可以区分出不同的小类。在我们这个研究中无法穷尽所有的错误类型。赵清永（1994）在《从语法研究的三个平面看外国留学生的误句》中提出，学生句法方面的错误主要是句子成分的错位、残缺、多余以及词类搭配组合不当等。通过对其他文献的考察我们也发现，这几类错误的确在留学生的汉语学习中经常出现。因此我们决定采用错序、遗漏和误加几种错误类型。研究材料包括错序、遗漏和误加三种句法错误的句子各15个，共45个句子。每种类型中各包含3小类，每小类有5个句子（见表39）。另有15个正确的句子作为填充材料。全部句子为60个，句子长度10—15个字，平均12.15个字。所有句子中包括的字词均来自对外汉语初级教材，并标注了拼音，以减少材料本身对结果造成的干扰。句子内容均与学生的日常生活相关，学生比较熟悉。60个句子的呈现顺序进行随机化处理。被试任务是对句子的正确与否进行判断，统计其正确率。

表39 句法知识测试材料举例

错误	例句
错序	我学习汉语在一个大学。
遗漏	他的女朋友高。
误加	这里的春天是很漂亮。
正确	我打算请朋友去我家玩。

元认知策略问卷采用 MARSI（Meta-cognitive Awareness of Reading Strategy Inventory，Mokhtari & Sheorey 2002）。该量表用于测量语言学习策略中元认知意识，具有良好的内部一致性信度（0.89）。共有 30 道题。分为三大类，即总体策略（13 项）、问题解决策略（8 项）及支持策略（9 项）。总体策略指的是跟课文的整体分析有关的策略，比如阅读的目标、背景知识的利用等；问题解决策略是当文章的理解出现困难时的调整和修补策略，如注意力分散的时候，及时调整回来；根据阅读内容调整阅读速度等；支持策略是记笔记、查字典等帮助策略。每个题目有 5 个选项，从 1 到 5 为"从来不"到"总是如此"，被试根据自己的实际情况选择合适的数值。为了消除被试理解上的困难，问卷被翻译成日语后进行调查。

阅读理解测验使用 HSK5 级模拟试题的阅读理解部分。共 45 题，包含从句子到篇章的不同阅读类型。时间为 50 分钟，计算学生的正确率。

2.3 研究程序

全部测验分两次施测。先进行阅读理解测验，间隔一周测词汇、句法知识和元认知策略，三个测验同时施测，时间为 50 分钟。

下列条件满足其中之一将被确定无效问卷：（1）词汇、句法测试中填充材料正确率低于 85% 者；（2）两次测验中有一次缺席者。（3）姓名信息不全者。发放问卷 85 份，回收有效问卷 70 份，有效率 82.3%。数据分析采用 SPSS19.0 统计软件。

3 研究结果与分析

3.1 中高级阶段学生阅读理解的影响因素分析

中高级阶段学生各项测验的平均分数见表 40。阅读理解成绩为 0.65，词汇 5169，句法知识的正确率为 0.67。从数据上看，各测验的成绩都没有出现天花板效应或者地板效应。在三种元认知策略的使用上，问题解决策略的使用频率远高于总体策略和支持策略（$t_{(68)} = 8.74$, $p < 0.001$；$t_{(68)} = 9.40$, $p <$

0.001）。而总体策略和支持策略的使用没有差异。说明，问题解决策略是最受学生欢迎的策略。

表40 中高级阶段学生各项测验的平均分数及标准差

测试项目	学生成绩（sd）
阅读理解（正确率）	0.65（0.17）
词汇量（个数）	5169（1588）
句法知识（正确率）	0.67（0.18）
GS（总体策略）	3.19（0.71）
PS（问题解决策略）	3.81（0.78）
SS（支持策略）	3.16（0.69）

为了考察词汇、句法、策略和阅读理解的关系，我们进行了相关分析，见表41。相关矩阵可以看出，与阅读理解相关显著的有词汇知识、句法知识和总体策略。同时词汇知识与句法知识的相关也显著，这就使得其各自的作用不甚明晰。另外，三种不同的元认知策略之间的相关也显著。所以，虽然总体策略与阅读理解相关显著，但三种策略与阅读理解的实际关系并不明确。

表41 词汇、句法、策略与阅读理解之间的相关矩阵

相关	阅读理解	词汇知识	句法知识	总体策略	问题解决策略
词汇	0.72**				
句法知识	0.58**	0.37**			
总体策略	0.26*	0.23	0.18		
问题解决策略	0.02	0.13	0.002	0.69**	
支持策略	0.11	0.14	0.06	0.83**	0.70**

注：*$p<0.05$；**$p<0.01$

为了进一步了解各因素与阅读理解之间的关系，我们以阅读理解作为因变量做了回归分析，逐步回归结果显示，对阅读理解贡献显著的变量有两个：词汇和句法，且词汇的贡献超过句法知识，而总体策略的作用不再显著，见表42。这说明，对中高级水平学生的阅读理解，主要的影响变量仍然是语言学因素，而元认知策略没有显著的作用。

表42　词汇、句法、元认知策略对阅读理解的回归分析

	变量	R^2	B值（标准化）	t值及显著性
中高级	词汇	0.60	0.55	6.76***
	句法		0.39	4.70***

注：* $p<0.05$；** $p<0.01$；*** $p<0.001$

一些前人研究发现各因素对不同水平学生的影响不同。虽然在中高级水平学生的阅读理解中，贡献显著的变量有词汇和句法知识，但是，这两种因素对不同水平的学生有何不同影响？为了进一步探讨词汇和句法知识的作用机制，我们对学生进行了区分。以阅读理解成绩为指标，及格以上的为高水平，不及格的为低水平。高水平组44人，低水平组26人。为了进一步确认被试的阅读水平，我们分别找到两所大学学生的阅读课老师，让其对参加测试的学生的阅读能力进行评定，最高为5分，最低为1分。高水平组平均得分为3.93（sd=0.85）；低水平组为3.15（sd=0.88）。独立样本t检验结果显示，高、低两组差异显著（$t_{(68)}=3.66$，$p<0.001$）。接下来，我们分析词汇、句法知识和各种策略因素在两类学生中作用的模式。

3.2　不同水平学生的阅读理解影响因素分析

不同水平学生各项测验的分数见表43。多变量方差分析结果显示，两组被试在阅读理解、词汇、句法知识上差异显著，在三种策略上没有差异。为了探索不同群体各测验与阅读理解的关系，接下来进行了相关分析，见表44。

表43　不同水平学生各测验平均分及标准差

测试项目	高水平（sd）	低水平（sd）	F值
阅读理解	0.76（0.11）	0.47（0.07）	134.43***
词汇	5766（1504）	4158（1176）	21.79***
句法知识	0.73（0.13）	0.54（0.19）	24.43***
GS（总体策略）	3.31（0.72）	2.98（0.67）	3.53
PS（问题解决策略）	3.76（0.79）	3.88（0.77）	0.39
SS（支持策略）	3.20（0.71）	3.09（0.66）	0.36

注：* $p<0.05$；** $p<0.01$；*** $p<0.001$

表 44　不同群体各测验的相关分析

相关	阅读理解	词汇	句法知识	总体策略	问题解决策略	支持策略
阅读理解		0.67***	0.24	0.12	0.22	0.15
词汇	0.48**		0.04	0.09	0.20	0.08
句法知识	0.52**	0.36*		0.13	0.25	0.21
总体策略	0.23	0.26	0.01		0.82***	0.89***
问题解决策略	-0.07	-0.16	-0.20	0.55**		0.72***
支持策略	-0.08	0.21	-0.21	0.73***	0.69***	

注："右上角"数据为高水平组相关矩阵；"左下角"数据为低水平组相关矩阵。 $^*p<0.05$； $^{**}p<0.01$； $^{***}p<0.001$

从相关矩阵中可以看出，低水平学生的阅读理解和词汇、句法的相关显著，同时词汇与句法之间的相关也显著，而高水平学生的阅读理解仅和词汇相关显著，和句法相关不显著，并且词汇和句法之间相关也不显著。两个群体中，不同策略之间相关均呈现显著水平，但是和阅读理解之间相关不显著。相关矩阵表明，不同群体阅读理解的影响因素不同。为了进一步探讨不同因素在高水平和低水平学生中的相对作用，我们对不同群体进行了回归分析，见表 45。

表 45　不同群体词汇、句法、元认知策略对阅读理解的回归分析

	变量	R^2	B 值（标准化）	t 值及显著性
高水平	词汇	0.44	0.67	5.87***
低水平	句法	0.24	0.52	2.97**

注： $^*p<0.05$； $^{**}p<0.01$； $^{***}p<0.001$

对高水平学生阅读理解进行的回归分析表明，只有词汇对阅读理解的贡献显著，而在低水平学生中，只有句法知识的贡献显著，词汇对阅读理解的贡献不再显著。高、低水平学生表现了不同的模式。但是，两组中元认知策略对阅读理解的贡献都不显著。

4　语言学和策略知识在不同水平二语学习者阅读理解中的作用及教学启示

4.1　语言学与策略知识对中文阅读理解的贡献

虽然相关分析的结果表明，词汇、句法和总体策略和阅读理解都有显著相

关，但是剔除掉各变量之间的相互影响后的逐步回归结果表明，对阅读理解具有显著贡献的只有词汇和句法，而元认知策略的贡献则不显著。我们又区分了高和低不同阅读水平学生，结果两个组都没有发现策略知识的作用。这说明，在这一学习时期，词汇和句法知识等语言知识对阅读理解的贡献超过了元认知策略。这和二语阅读的"阈限假说"（The Threshold Hypothesis）预测是相吻合的。二语阅读的"阈限假说"认为（Alderson 1984），二语学习者需要超过语言学习的一个限度之后，才可以将阅读策略应用于二语的阅读理解，而在此之前，二语的语言知识对二语阅读是至关重要的因素。"阈限假说"得到了大量英语及其他拼音文字研究的证实（Brisbois 1995）。本研究中的日本学生虽处于中高级阶段，但是由于日语中存在的大量同形异义词以及意义相近用法不同的词语对学生阅读造成的母语负迁移的影响，学生二语水平可能仍然没有达到熟练的程度，因而在阅读理解中会更多受到二语语言知识的影响。我们事后的访谈也证实了这一点。学生反映虽然有时汉字都认识，但还是无法理解句子的意思。另外，文章中的生词数量比较多，也使他们觉得难于理解。虽然阈限假说提出了阈限的概念，但没有明确指出这个阈限的具体时间。遗憾的是，本研究也没能探测到该阈限，学生的元认知策略何时开始起作用我们不得而知。希望通过以后更加深入的测验和更多不同层次的被试寻找到阈限。

4.2 高低水平学习者阅读理解的影响因素

对于词汇和句法知识在阅读理解中的相对重要性，不同研究结果的差异较大。在本研究中，我们通过回归分析发现，词汇和句法对阅读理解有显著贡献，同时词汇的作用超过句法。但是进一步的分析发现，其实词汇和句法对阅读理解的影响并不那么简单。我们发现不同水平学生的情况不同，词汇是影响高水平学生阅读理解的主要因素，而句法是低水平学生阅读的主要影响因素。这可能是因为，高水平学生的句法分析过程相对自动化，不会消耗太多的认知资源，因此，阅读理解的重点在于词义理解基础上的整体连贯性的建构；而低水平的同学在阅读理解过程中，不仅需要理解词义，还需要较多资源分析句法结构，尤其当学习的目的语和母语之间的表达方式相差较远时，句法分析变得更加困难，需要消耗更多的认知加工。因此，对于低水平的学生而言，句法对阅读的影响可能超过词汇。前人研究也发现词汇知识对不同水平学生阅读理解的作用是不同的（Schoonen et al.，1998）。因此，词汇与句法知识哪个更重要，可能需要区分不同人群，分别衡量其作用。当然，这样的结论还需要进一步大样本研究和纵向研究的支持。

二语阅读理解是一个非常复杂的认知过程，研究者一直试图寻找影响阅读理解的各种因素，以期为教学提供相应的指导。从研究结果来看，即使对于中高级学生而言，词汇对阅读理解仍然具有其他任何认知或语言因素无法比拟的影响作用。这就要求教师要想方设法扩大学生的词汇量，要从课上和课下两方面着手，提高词汇学习效率，促进学生阅读能力的发展。

除了词汇问题，我们发现句法分析是中高级阶段学生阅读的又一困难。因此，有必要对中高级学生进行句法分析的训练。复杂的、结构层次多的单句、复句都是训练的重点，此外，有研究者认为，否定句、连动句、兼语句和被动句理解也应该成为中高阶段句法训练的内容（吴门吉、徐霄鹰，2004）。另外，由于汉语句子特殊的书写习惯，分词训练也是不容忽视的项目。研究表明，汉语合词连写对句子理解的干扰性很大，是理解错误的主要原因（陈凡凡，2008）。因此，句法训练也需要教师给予一定程度的重视。

第四章

中文作为第二语言学习者的隐喻理解与具身认知

- 汉语惯用语呈现方式对留学生隐喻理解的影响
- 汉语二语学习者隐喻理解策略研究
- 具身认知视角下汉语二语情感词的空间隐喻
- 身体与文化的碰撞：水平空间隐喻的视角

第一节 汉语惯用语呈现方式对留学生隐喻理解的影响

1 汉语惯用语理解的研究现状

惯用语是汉语中一种有趣的语言形式。汉语惯用语结构灵活、表达生动，具有较强的隐喻色彩，而隐喻理解过程既是留学生"语言学习的难点"，又是"达到地道表达的关键"（刘正光，2001）。因此，影响汉语惯用语隐喻理解的因素就引起了研究者的关注。

为数不多的母语研究发现，汉语惯用语的预测性、语义倾向性（佘贤君、宋歌、张必隐，2000）、分解性、透明度、熟悉性（佘贤君、吴建明，2000）都会影响母语者的隐喻理解。但二语学习，不论学习环境还是学习方式、过程都与母语学习有很大差别。近年来，有研究者开始关注留学生汉语惯用语的理解过程。吴晓明、张金桥（2006）以62名留学生为被试，采用选择判断的方法，探讨了无语境、中语境和强语境三种条件下留学生汉语惯用语理解的特点。结果表明，在无语境和中语境条件下，留学生主要从字面意义理解汉语惯用语；在强语境条件下，留学生主要从比喻意义理解汉语惯用语。李传燕

（2005）考察中高级水平韩国的汉语学习者对不同透明度的惯用语的理解，发现高透明度的惯用语比低透明度的惯用语容易理解。张仕海（2017）研究发现：留学生的隐喻理解与隐喻类型有关，由易到难的顺序为食物及用品类隐喻、动作类及其他隐喻、身体及部位隐喻，最难理解的是动、植物类隐喻；陈映戎（2012）通过问卷的方式，以植物类隐喻为例对二语学习者的语言认知加工过程及模式进行了调查。结果表明，影响植物类隐喻理解的因素有母语文化、语境、联想、推理方式以及视觉信息的不当刺激。

不难看出，以往很多研究都发现了语境在隐喻理解中的作用，但上述研究并未对语境的具体作用进行细致区分，比如语境在不同类别以及不同透明度惯用语上的作用是否相同。此外，图片呈现方式的作用并未引起足够的重视。图片是一种较为直观的教学方式，有助于学习者词汇的理解和记忆，在词汇教学中具有重要的作用，但是在惯用语理解中图片是否有促进作用，并且其作用和语境相比如何，目前仍不得而知。更主要的是，图片对不同类别惯用语和不同透明度惯用语的作用是否相同，这些都是需要进一步研究的问题。

鉴于此，本研究以马来西亚留学生为研究对象，通过实验的方法，考察惯用语的呈现方式——单个词、语境和图片对留学生不同类别、不同透明度的汉语惯用语隐喻理解的影响，以期为汉语惯用语教学提供依据。

2 研究方法与程序

2.1 研究对象

研究对象为41名北京外国语大学中文学院本科三年级的马来西亚留学生，来自同一年级的三个班。他们在京汉语学习时间为近四年，每周学习20小时与汉语言相关的课程。三个班最近一次的汉语综合课期中考试成绩没有差异（$F=0.211$，$p>0.05$），因此三个班同学的语言水平基本相同，属于中高级水平。

2.2 研究设计

本研究采用3（呈现方式：单个词、语境、图片）×2（隐喻类别：身体类、动物类）×2（惯用语透明度：高、低）的三因素混合实验设计，其中呈现方式为被试外因素，隐喻类别和惯用语透明度为被试内因素。

2.3 研究材料

由于汉语惯用语种类丰富、数量繁多，且测验涉及句子语境及图片语境的选取，因此本研究的材料选择共分七步完成。

第一步，初筛惯用语。首先对《汉语惯用语词典》（周宏溟，商务印书馆，1990）和《惯用语释例》（徐宗才、应俊玲，北京语言学院出版社，1985）中的汉语惯用语进行归类，然后统计不同类型的惯用语数量。初步筛出数量较多的惯用语类型，有身体类惯用语（如"哭鼻子"）、植物类惯用语（如"桃花运"）、动物类惯用语（如"老狐狸"）、温度类惯用语（如"放冷箭"）及颜色类惯用语（如"交白卷"），共计五类133个汉语惯用语。

第二步，评定汉语惯用语的熟悉度和透明度。在这133个惯用语中，有一些惯用语可能对汉语母语者来说都有些难以理解甚至陌生，因此，首先请母语者对惯用语的熟悉度和透明度进行评定。根据以往研究对透明度评定的人数（佘贤君、王莉、刘伟、张必隐，1998；佘贤君、宋歌、张必隐，2000；于红梅，2008），本研究让34名汉语母语者对133个惯用语的熟悉度和透明度按五度量表法进行评分。越熟悉，得分越高；越不熟悉，则得分越低。透明度是指阅读者依据字面理解惯用语含义的难易程度，如果从字面容易推测出其含义，则该惯用语透明度高，如果从字面不容易推测出其含义，则透明度低。

第三步，对每个汉语惯用语熟悉度和透明度得分进行统计和排序。"身体类"惯用语和"动物类"惯用语中的高分和低分的数量较多，因此从这两类中分别选取了一些透明度较高和较低的惯用语。再根据这些惯用语的熟悉度和留学生所掌握的汉字数量，最终确定了高透明度的"身体类"惯用语8个，如：翻白眼；低透明度的"身体类"惯用语8个，如：唱白脸；高透明度的"动物类"惯用语8个，如：摸老虎屁股；低透明度的"动物类"惯用语8个，如：铁公鸡，共计32个，其透明度评分平均值如表46所示。重复测量方差分析结果显示，惯用语类别差异不显著，$F_{(1,7)} = 4.70$，$p > 0.05$；透明度差别显著，$F_{(1,7)} = 41.72$，$p < 0.001$；交互作用不显著，$F_{(1,7)} = 0.44$，$p > 0.05$。

表46　不同类别惯用语透明度评分平均值

透明度	身体类	动物类
高透明度	4.11	4.16
低透明度	2.99	3.08

第四步，留学生对惯用语的语义熟悉度进行评定。13名不参加研究的同年级其他班学生使用五度量表法进行评定。"1"为"完全不熟悉"；"2"为"比较不熟悉"；"3"为"不太确定"；"4"为"比较熟悉"；"5"为"非常熟悉"。32个惯用语熟悉度的平均值见表47。重复测量方差分析表明，惯用语类别差异不显著，$F_{(1,7)} = 1.31$，$p > 0.05$；透明度差异不显著，$F_{(1,7)} = 1.77$，$p > 0.05$；透明度和类别的交互作用不显著；$F_{(1,7)} = 2.05$，$p > 0.05$。最终评定分数为1.97，说明学生基本不熟悉这些惯用语。

表47　不同类别惯用语熟悉度评分平均值

透明度	身体类	动物类
高透明度	2.28	1.92
低透明度	1.89	1.78

第五步，为每个惯用语配上一个简单易懂的句子作为语境。为了评估语境的支持度，请20名汉语本族语者对32个句子按照五度量表法进行了评定。得分越高，语境支持度越大。评定结果为平均得分3.75，因此语境的支持度为中等偏上。

第六步，图片的选取。图片的选取遵循了一致性的原则，即每个惯用语选用的图片都使用该惯用语所对应的字面义。

第七步，惯用语意义的三个选项设计。每个题目有三个选项，一个选项为惯用语字面义，一个选项为惯用语的隐喻义，还有一个干扰项。

最终形成的研究材料以"摸老虎屁股"为例：

(1) 单个词：摸老虎屁股。

　　a. 向厉害的人挑战　　b. 摸老虎的屁股　　c. 安慰正在生气的人

（2）语境：全公司的人谁也不敢欺负他，你可不要摸老虎屁股。
　　a. 向厉害的人挑战　　b. 摸老虎的屁股　　c. 安慰正在生气的人
（3）图片：摸老虎屁股。

　　a. 向厉害的人挑战　　b. 摸老虎的屁股　　c. 安慰正在生气的人

2.4 研究过程

三个班同学每班接受一种实验条件。测试时限为50分钟。每题选择正确得1分，计算三种条件下的正确率。

3 研究结果与分析

三种呈现方式、不同隐喻类别和透明度的惯用语正确率见表48。多因素方差分析的结果表明，呈现方式的主效应显著（$F_{(2,38)} = 14.62$，$p < 0.001$），Bonferroni多重比较结果显示，语境和图片条件的正确率差异不显著（$p > 0.05$），都高于单个词条件（$p < 0.001$；$p < 0.001$）。

表48　不同呈现方式、透明度和隐喻类别的正确率

呈现方式	身体类		动物类	
	高透明度	低透明度	高透明度	低透明度
单个词	0.58	0.58	0.55	0.62
语境	0.74	0.88	0.84	0.80
图片	0.87	0.80	0.79	0.76

隐喻类别主效应不显著，$F_{(1,38)} = 0.36$，$p > 0.05$，即身体类和动物类惯用语的平均正确率没有差异；隐喻类别和呈现方式的交互作用不显著，$F_{(2,38)} =$

2.08，$p > 0.05$，这说明，不论身体类还是动物类的惯用语，都呈现出"语境=图片>单个惯用语"的模式。

透明度主效应不显著，$F_{(1,38)} = 0.48$，$p > 0.05$，高、低透明度的惯用语正确率没有差异。透明度与呈现方式的交互作用不显著，$F_{(2,38)} = 1.13$，$p > 0.05$，即单个词、语境和图片条件下，高透明度和低透明度惯用语的正确率都没有差异。

呈现方式、隐喻类别和透明度的三因素交互作用显著 $F_{(2,38)} = 4.05$，$p < 0.05$；简单效应检验发现：身体类惯用语的透明度与呈现方式有显著交互作用，$F_{(2,38)} = 4.27$，$p < 0.05$，如图 27 所示。简单效应检验显示，当惯用语以单个词的方式呈现时，被试在高、低透明度的身体类惯用语上的成绩没有差别；当以语境的方式呈现时，被试在低透明度惯用语上的正确率高于高透明度惯用语；当以图片的方式呈现时，被试在高透明度惯用语上的正确率高于低透明度惯用语。

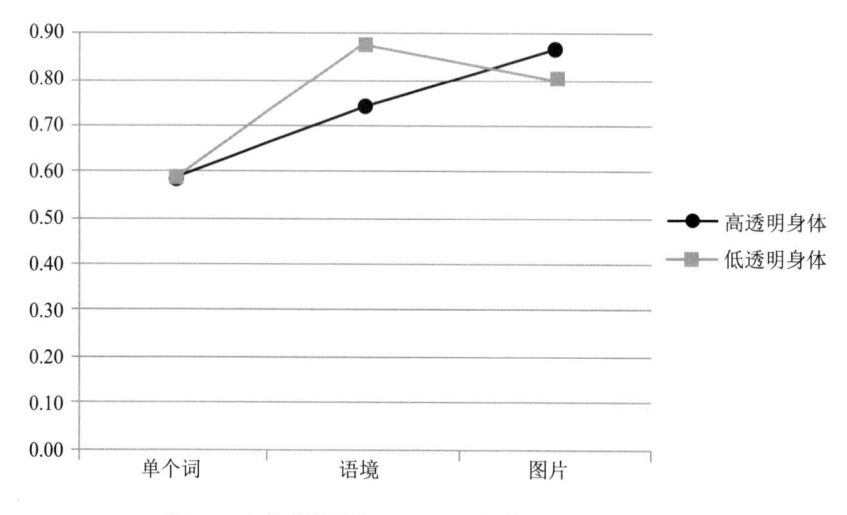

图 27　身体类惯用语不同呈现条件和透明度的成绩

当以语境的方式和以图片的方式呈现时，被试对身体类惯用语的隐喻理解程度更高，当以单个词的方式呈现时，被试的隐喻理解程度更低。

与身体类惯用语的表现模式不同，动物类惯用语的透明度与呈现方式没有交互作用，$F_{(2,38)} = 1.67$，$p > 0.05$，如图 28 所示。进一步检验发现，无论惯用语以单个词、语境还是图片的方式呈现，被试对高、低透明度动物类惯用语的成绩都没有差别。当惯用语以语境的方式呈现时，被试对动物类惯用语的隐喻理解程度最高，其次是以图片的方式呈现，当惯用语以单个词的方式呈现时，被试隐喻理解程度最低。

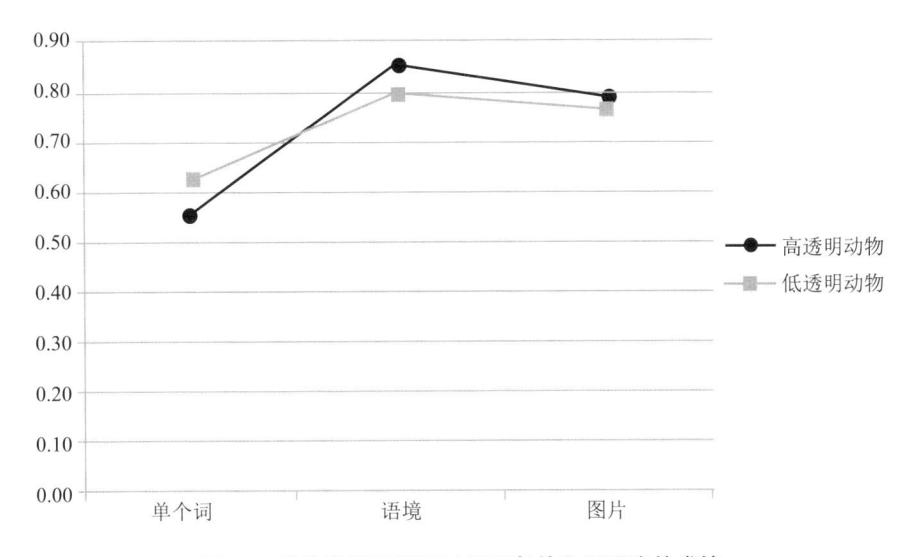

图 28　动物类惯用语不同呈现条件和透明度的成绩

综上所述，无论是身体类惯用语还是动物类惯用语，当以语境或者图片的方式呈现时，被试的隐喻理解程度均高于以单个词的方式呈现时；呈现方式和透明度对身体类和动物类惯用语的影响并不相同。语境可以有效地促进低透明度身体类惯用语的隐喻理解，而图片则促进高透明度身体类惯用语的隐喻理解。对于动物类惯用语，语境和图片在高、低不同透明度上的作用相同。

4　呈现方式对惯用语隐喻理解的影响及教学启示

4.1　呈现方式对汉语惯用语隐喻理解的影响

以往的很多研究发现，语境是影响汉语学习者惯用语隐喻理解的重要因素（吴晓明、张金桥，2006；陈映戎，2012；张仕海，2017），但上述研究都没有考察不同呈现方式对隐喻理解的作用。本研究结果表明，呈现方式对汉语惯用语隐喻理解的影响显著。语境和图片呈现的隐喻理解正确率没有差别，都明显高于单个词呈现方式，并且呈现方式对不同类别惯用语的影响也没有差别。

这里需要强调的是图片方式对惯用语隐喻理解的作用，因为语境通过激活被试世界知识的方式促进惯用语隐喻理解的观点已为不少研究证实。图片本身并不具备语境的功能，却能达到同样的效果。之所以如此，我们分析图片本身可能存在另一种功能，即促进语义联想的功能。比如"拉后腿"一词，事后的访谈可知，学生开始不太理解"后腿"的意思，认为是"走路时在后面的腿，因此'拉后腿'可能是怕那个人摔倒了"。但是看到图片以后发现原来的理解是错误的，因为图片中一个女人紧紧地抱住一个男人的腿不让他往前走，但是男人拼命地想要拔出腿，因为在男人前面不远的地方就是"终点"。于是他们知道了不是"帮助"的意思，选择了"妨碍别人"这个隐喻义。再比如像"啃硬骨头"一词，学生最初理解跟动物练习牙齿有关，但是图片让他们联想到"这些人都在很费力、很困难地做这件事"，于是选择了"挑战困难的任务"这一隐喻义。基于此，我们分析图片因其视觉信息的丰富性可以刺激被试产生一定的语义联想，而这种语义联想在一定程度上促进了惯用语的隐喻理解。另外，图片对身体类和动物类惯用语隐喻理解的作用相似，也说明了其作用比较稳定。因此，图片这种呈现方式在惯用语隐喻教学中的作用应该引起广大教育工作者的重视。

4.2 呈现方式对不同类别、不同透明度惯用语隐喻理解的影响

本研究发现，当惯用语以单个词的方式呈现时，被试对高、低透明度的身体类和动物类惯用语隐喻理解的成绩没有差别。也就是说，留学生不能像汉语母语者那样从字面义推导惯用语的隐喻义。比如，母语者很容易从"拉后腿"和"拍胸脯"的字面义联想到它们的隐喻义，而留学生在单个词的条件下对这两个惯用语的理解正确率却较低。笔者认为，这可能是由留学生对汉语惯用语背后包含的文化特征不熟悉导致的，比如上文提到的"拉后腿"的例子，他们并不理解像汉语惯用语"拉后腿""走后门"中的"后"都带有贬义色彩。另外，留学生同样不理解为什么"拍胸脯"的动作会与负责、担保的意思有关。同样的情况也发生在动物类惯用语像"千里马"和"老狐狸"的理

解上。虽然惯用语的高透明度有助于汉语母语者推知隐喻意义，但是留学生显然无法利用这一优势，因此造成高、低透明度的惯用语成绩没有差别。张仕海（2017）也指出，留学生如要增强对动植物类、身体及部位类、动作类这三类隐喻的理解能力，则亟须更多地了解中国文化。

本研究还发现，虽然语境和图片呈现方式都能促进汉语惯用语的理解，但二者作用的对象并不完全相同。当惯用语以语境的方式呈现时，被试在低透明度身体类惯用语上的正确率高于高透明度惯用语；当以图片的方式呈现时，被试在高透明度身体类惯用语上的正确率高于低透明度惯用语。这说明，语境更多地促进低透明度身体类惯用语的理解，而图片更多地促进高透明度身体类惯用语的理解。

语境更多促进低透明度身体类惯用语的理解，这可能是因为，汉语惯用语的字面意义往往比较具体，而比喻意义则比较抽象（吴晓明、张金桥，2006）。当惯用语的透明度较高时，被试比较容易忽略隐喻义，倾向于从字面义进行理解。比如，在"经理要有一双能够发现千里马的眼睛"和"有了领头羊，大家就跟着一起干了"这样的句子上，被试更多按照字面义进行选择。因为当透明度较高时，字面义比较容易理解，同时也就容易被激活，而语境支持的隐喻义的激活就会受到影响，惯用语的字面义和语境提供的隐喻义将产生一种竞争，这种竞争会使被试减少对语境信息的依赖程度，转而选择字面义。当透明度较低时，被试不容易通过字面义理解，就会更多依赖语境信息的支持。表 49 对不同透明度惯用语字面义选择次数进行了统计。数据显示，语境条件下，被试对高透明度身体类惯用语按照字面义进行猜测的次数为 5 次，而对低透明度惯用语的猜测次数仅为 2 次，说明低透明度下被试较少根据字面义进行推测。前人研究也有类似的发现，Boers & Demecheeler（2001）让 78 个母语是法语的人猜测 24 个英语惯用语的意义。他们的研究结果表明，学习者更多地依赖上下文理解低透明度的惯用语，而更多地利用惯用语的组成成分理解高透明度的惯用语。朱莉、黄思静（2015）也发现，语言学习者在理解模糊习语（即低透明度习语）时，更多采用从语境中猜测的策略。

图片的作用和语境相反，更多地促进高透明度身体类惯用语的理解。这是因为高透明度的惯用语字面义和隐喻义更相关，使人更容易通过图片联想到隐喻义。表49的数据表明，对于图片呈现的高透明度身体类惯用语的隐喻义，被试按照字面义进行猜测的次数为0次，而对低透明度身体类惯用语的猜测次数为2次，说明惯用语透明度高时被试较少根据字面义进行猜测。不过，本研究也发现，动物类惯用语无论以单个词、语境或图片方式呈现，高、低透明度上都没有成绩的差异。这可能与留学生不熟悉动物中包含的中国文化特征有关。有研究者指出，动物、植物常常会因民族认知差异、自身特性多样等而呈现出不同的隐喻义，所以对其进行准确理解有很大难度；汉语中的动物、植物隐喻非常丰富，也常带有中国人独特的认知和情感（张仕海，2017），因此，对于母语者来说透明度很高的惯用语，对留学生而言可能透明度依然很低，结果导致透明度的作用被弱化，高、低透明度上成绩并无差别。

表49 不同透明度惯用语字面义选择次数

呈现方式	高透明		低透明	
	身体类	动物类	身体类	动物类
单个词	10	14	6	3
语境	5	2	2	1
图片	0	1	2	1

4.3 教学启示

4.3.1 重视语境和图片的作用

研究发现，单个词呈现时被试的正确率只有0.58，而且最容易按照字面义猜测惯用语意。在语境和图片条件下，被试的正确率可以达到0.82和0.81，因此语境和图片可以有效地提高留学生汉语惯用语的隐喻理解。

教师在教学过程中要尽量多给学生提供语境，尤其是低透明度的惯用语，给出丰富的语境能够起到显著促进理解的作用。比如，在单个词的条件下，"唱白脸"的理解正确率只有0.53，加上语境后，理解正确率达到了0.92。此外，图片的作用也不容忽视。其总体效果与语境的效果近似。因此教师可以通过提供与隐喻对应的图片进行辅助教学，帮助学生更好地理解并记忆隐喻表达的含义，尤其是对理解高透明度的隐喻表达有显著的促进作用。比如，在单个词的条件下,"拉后腿"的理解正确率只有0.6,加上图片后,正确率达到了1。但需要注意的是,图片的选取一定要合适,避免选取一些会误导学生的图片。

4.3.2 培养学生的隐喻意识

笔者从研究数据的统计中发现,在惯用语以"单个词"的方式呈现时,留学生选择字面义的次数很多,其中两名被试分别选择字面义选项高达14次和7次,且惯用语透明度越高,留学生更容易误选其字面义选项,见表49。由此可见,留学生在惯用语的隐喻意识方面仍比较欠缺,教师在教学时应注重培养学生的隐喻意识,并联系中国文化对隐喻表达进行深入阐释。

4.3.3 选择合适的呈现方式

研究发现,语境和图片对动物类和身体类惯用语理解的作用不同。语境和图片促进了动物类惯用语的理解,并且对不同透明度惯用语的作用相同。因此,这类惯用语不论透明度高、低,都可以采用语境或图片的教学方式,这两种教学方式并没有明显差别。

语境和图片同样促进了身体类惯用语的理解,但对不同透明度惯用语的作用不同。语境更多地促进低透明度惯用语的理解,而图片更多地促进高透明度惯用语的理解。因此,对于身体类惯用语的教学,教师应采用不同的教学方式。像"红眼病""心头刺"这样透明度比较低的惯用语,简单地呈现图片,其作用是很有限的,必须利用各种不同的语境,使学生归纳出其隐喻义。但是类似"领头羊"这样透明度较高的惯用语,图片呈现就可以使学生联想出隐喻义。虽说图片教学法、情境教学法、语境教学法是汉语词汇教学的常用方法,但它们在不同条件下的使用效果可能不尽相同。

第二节 汉语二语学习者隐喻理解策略研究

1 隐喻与概念隐喻的研究

关于隐喻的定义和隐喻的本质,存在两种不同的观点。观点一是相似性假说，源于亚里士多德，认为隐喻基于实体间客观的、固有的相似性（Katz，1989）；观点二是概念隐喻理论（Conceptual Metaphor Theory），乔治·莱考夫（1980）等人将隐喻视为认知现象，认为隐喻产生的基础是经验相似性，人类生理基础和生活经验产生了隐喻中字面义和隐喻义之间的认知联系。隐喻是将一个概念域的意象图式结构投射到另一个概念域之上，并通过前者来理解后者的一种认知方式。

概念隐喻理论认为，隐喻结构中重要的组成部分是源域（source domain）和目的域（target domain）。语言意象来自源域。真实话题和句子含义对应目的域。概念隐喻描绘的是源域与目的域的联结途径。映射具有从源域到目的域的方向性，一般是不可逆的（乔治·莱考夫等，1980）。

隐喻形成的驱动和影响因素、隐喻的分类是由此产生的具体问题。认知语言学的体验观指出：隐喻来源于大脑、身体和外部环境的相互作用，也受制于这些因素（乔治·莱考夫等，1980；Grady，1997；Gibbs，2008）。隐喻可以分为基本隐喻（primary metaphor）和复杂隐喻（complex metaphor）。基本隐喻来源于具身经验（embodied experience），存在跨文化的普遍性，基本隐喻的分类方式众多。Grady（1997）列出了至少24种基本隐喻类型，其中包括"上为乐""时间是容器""情绪是温度""生气是发热""方法是道路""理解是抓住""好是明亮"等。复杂隐喻建立在基本隐喻基础上，是"分子式样的"，由"原子"组成，这些"原子"被称为基本隐喻。复杂隐喻中糅合了文化传统、价值观、信念等因素（乔治·莱考夫等，1999）。同时也存在一些隐喻，它们介于基本和复杂之间，可以广泛传播但不具备普遍性（乔治·莱考夫等，1980；Grady，1997；Kövecses，2004）。基本隐喻和复杂隐喻的划分为隐喻的认知研究提供了一个新视角。不同类别的隐喻可能导致学习者采取不同的理解策略。文化背景因素作为复杂隐喻构成中的重要方面，对隐喻理解具有重要的影响。

隐喻理解策略的探讨始于Cooper（1999）的研究。他分析了英语母语者在隐喻理解中使用的策略类型。同时，Cooper（1999）推测，二语者的隐喻理解模型可能有别于母语者的，这种推测后来被证实。Kecskes（2001），Bortfeld（2002、2003），Abel（2003）都发现二语者和母语者的隐喻加工方式不同，甚至不同水平的二语学习者之间也存在差异（徐知媛、王小潞，2014；徐知媛、赵鸣，2014）。

汉语的隐喻中承载了大量的中华传统文化信息，其建构方式与以修辞学、认知隐喻和语法隐喻为中心的西方隐喻有着显著的差别（任红霞，2017）。汉语二语学习者如何理解汉语隐喻？理解过程中将使用哪些策略？呈现出怎样的特点？基本隐喻和复杂隐喻的理解策略是否相同？对这些问题的解答有助于揭示二语学习者隐喻理解的特点，提升汉语作为二语教学的效率和效果。为此，本研究将以马来西亚和泰国汉语学习者为对象，采用有声思维法，探讨汉语二语学习者的隐喻理解策略。

2 研究方法与程序

2.1 研究对象

参与研究的学习者共有23名，为国内一所大学中文专业高年级学生，其中，马来西亚学习者13名，男生4名，女生9名；平均年龄为22.5岁，平均汉语学习时长为4.5年。泰国学习者10名，男生4名，女生6名；平均年龄为20岁，平均汉语学习时长为5年，全部学习者均通过了汉语水平五级考试。

2.2 语料选取

本研究语料选自BCC、CCL语料库和《英汉概念隐喻用法比较词典》（苏立昌，2009），同时参考了周榕、徐丽欣（2012），Yu（2012），Yu & Jia（2016），文旭、华鸿燕（2018）的研究，所选的句子语料都进行了相应的改编，包括添加合适的语境，替换高难度词语等。

隐喻分成基本隐喻和复杂隐喻两种类型。根据Grady（1997）和Simone（2014）的隐喻构架，笔者选取了7种基本隐喻和7种复杂隐喻。基本隐喻有空间、时间、天气、身体、建筑、运动、明暗7类；复杂隐喻包含了中国传统文化、信仰、价值观等因素，除此之外，还包含那些介于基本隐喻和复杂隐喻之间的广泛传播的隐喻，分为空间、运动、天气、建筑、动植物、时间、身体等7种类型。每种隐喻句有2—6个，共55个隐喻句，隐喻类别及例句见表 50。

表 50　隐喻类别及例句

类别	源域	隐喻过程	例句
基本隐喻	空间	控制是上	我来公司很多年了，一直是在这个老板底下干活。
	时间	时间是空间	冬天还很远，蚂蚁已经开始寻找食物了。
	天气	情绪是温度	股票交易市场人很多，我国股市非常火热。
	身体	需要是饥饿	我不喜欢网络文学，对这样的作品没胃口。
	建筑	方法是道路	许多条道路都能通向成功。
	运动	事件是运动	医院里的事情进行顺利，你可以放心了。
	明暗	坏是暗	他公司的产品卖不出去，未来很是暗淡。
复杂隐喻	空间		他们虽然是同学，但关系疏远，不怎么来往。
	时间		他看着窗外，做着天上掉钱的白日梦。
	天气		在朋友遇到困难时需要鼓励他，千万不要泼冷水。
	身体		她是这里的头儿，有什么事儿跟她说就行。
	建筑		不是所有人都必须走上大学这座独木桥。
	运动		说话做事不要太过分！要给自己留后路！
	动植物		他一直说他老婆是母老虎，整天对他大喊大叫。

2.3　语料评定

目标词的汉字熟悉度评定。20 名与本研究受试者同年级但不参加研究的马来西亚和泰国学习者参与评定。目标词熟悉度涉及两个维度：构词汉字的熟悉度和词语熟悉度，评定仅针对汉字熟悉度。评分方法采用李克特 5 分量表："5"表示"非常熟悉"，"1"表示"非常不熟悉"。删除汉字熟悉度得分低于 3 的词语。最终确定 50 个隐喻句，其中基本隐喻句 27 个，复杂隐喻句 23 个。

2.4　研究程序

笔者采用有声思维（think-aloud）的研究方法。有声思维，是一种在线（on-line）的加工方法，是受试者在执行任务时的共时口述。在心理学和认知语言学的研究中，有声思维是一种常用的研究方法，广泛应用于各研究领域。

为了减少受试者的疲劳感，提高有声思维报告的效度，我们将 50 个测试句分成 A、B 两套测试题。每套测试题有 25 个句子，包含了基本隐喻句和复杂隐喻句。测试句按照随机顺序呈现。每个受试者接受一套测试题。A、B 两套测试题交替使用，同一国别中一半受试者使用 A 套题，另一半受试者使用 B 套题。

在研究开始之前，研究人员首先让受试者了解研究的基本内容和程序，并对受试者进行有声思维训练。之后，采用另外一套阅读理解试题让受试者进行练习。培训和练习时间没有限制，直至受试者熟悉操作过程为止。

之后进行正式的测试，并进行录音。测试中，受试者需要说出每个隐喻句中画线的目标词的意思。为减小难度，每一个测试隐喻句后设置了两个答案选项让受试者进行选择，同时说明选择理由。最后将录音文件转写为文字稿。

隐喻理解策略的分类。首先根据 Cooper（1999）的分类标准，运用归纳法对策略进行初步分析和归纳。由两名对外汉语教师对隐喻策略进行分类，并根据受试者的实际回答进行调整。具体过程包括：首先，将每个测试句的报告内容进行初级分类；然后，修改、合并初级分类，结合隐喻理解策略相关理论，凝练策略类型并定义策略名称，进一步描述策略并分析其特点。最后，根据策略类型形成策略目录，再根据策略目录比照受试者有声思维报告，针对报告中的每一个回答核查其对应的策略，确保策略目录涵盖报告中的所有策略。基于上述步骤概括出汉语二语学习者隐喻理解的策略类型。

2.5 计算指标

受试者在对隐喻句进行理解的过程中，可能同时使用多种策略。基于此，笔者将计算所有策略的使用频次，包括受试者尝试某种策略却放弃，使用某种策略却给出错误答案等。本研究用到的计算指标有：使用率 = 使用次数/总次数；正确率 = 正确次数/使用次数。

3 研究结果与分析

3.1 隐喻理解策略类型及正确率

本研究共有 23 名受试者完成了测试，每人报告了 25 个句子，共计 575 个

| 中文作为第二语言学习者的认知研究

隐喻句。策略使用总次数为781次。根据收集到的有声思维报告数据以及对使用策略的分析和归类,共获得了9种策略类型,分别为"句子语境""语法分析""随意猜测""词义解释""字面解释""联想类比""一般常识""汉语知识""母语知识"策略。策略描述及例句分析见表51。

表51 策略描述与例句分析

策略名称	策略描述	例句分析
字面解释	解释目标词语中单个字的意思,解释整个词语的字面意思,利用近义词、反义词解释。	说话做事不要太过分!要给自己留后路,"后"就是以后的事情,"留"就是准备,所以准备另外的事情。
语法分析	对某些关键词语(关联词、否定词、特定句式中的标志词)的语法性质、词与词之间语法上的搭配进行分析,对词性进行分析。	我被炒鱿鱼了,又要重新找工作。我觉得是失去了工作,因为我觉得"被"就是我被别人做的,不是我找不到工作。
随意猜测	放弃寻找线索,根据题目内容和选项设置,随机选择答案。	学外语的学生是沟通不同文化的桥梁的意思是普通人,我觉得是。
词义解释	直接解释词语的隐喻意义,将隐喻义当作词义,从记忆中提取。	他看着窗外,做着天上掉钱的白日梦。我觉得是不会实现的梦,理由呢,以前老师讲过,老师说,白天的时候,白天时的梦不可能实现。
句子语境	根据整个句子的语境、句子里小句的语境进行推断。	我被炒鱿鱼了,又要重新找工作。句子里面已经说了重新找工作,所以答案是失去了工作。
联想类比	由整个句子或句中的某个词语展开联想,包括与此相关的概念、语义搭配、情境等,联想到类似的句子,与其中相近的用法进行类比。	许多条道路都能通向成功。道路是指方法,因为,那个,有个成语对吧,"条条大路通罗马",好像是这个路是方法。
一般常识	运用一般性的自身体验、经验知识或价值判断进行推断。	明天这家公司要发布新产品,是个大日子。"大"是,我的答案是"重要",因为"大",它,一般"大"是很重要的。
汉语知识	运用汉语中相关的文化知识、传统价值观、信念进行推断。	从最近的报告来看,经济前景是光明的。光明,应该是好的意思。光明,我有一个朋友,叫李光明,那他的名字,应该是好的。
母语知识	运用母语语言知识、文化知识、价值观、信念进行推断。	他觉得每一个富人背后都有一个做官的后台。后台,就像马来语里有一个说法,是说有一个有权力的人在帮你。

9种策略的使用次数及正确率见表52。卡方检验结果显示，不同隐喻理解策略的使用次数存在显著差异（$X^2 = 456.563$，$p < 0.001$）。使用最多的三种策略有"句子语境"（23%）、"联想类比"（22%）和"一般常识"（18%）。这三种策略的使用次数占全部策略使用次数的63%。它们都与语境知识有一定关联。这表明中高级阶段的汉语学习者已经超越单纯的词汇分析阶段，开始使用更为复杂的策略理解汉语隐喻。学习者较少使用"语法分析"（3%）、"随意猜测"（1%）和"汉语知识"（1%）三种策略。学习者使用"汉语知识"策略的频率低，可能是因为中高级阶段的汉语学习者没有掌握足够的汉语语言和文化知识进行隐喻理解，因而需要依靠其他知识帮助理解。此外，"语法分析"虽然在一定程度上有助于学习者确定隐喻词的语法功能，但是并不能帮助学习者获取隐喻的语义特征，并且为了使学习者专注于隐喻理解过程，本研究中选择的句式均为结构简单、明确的陈述句，这也可能减少学习者使用"语法分析"策略。"随意猜测"虽然被定义为一种策略，但是其所依靠的推理线索并不明显，这种策略反映了学习者在猜测过程中的任意性和无逻辑性。此种策略若大量使用，则说明学习者并没有明确、清晰和具体的猜测策略。本研究中使用率仅为1%，说明学习者对隐喻句的理解并非简单、任意地猜测。

表52　总体策略使用情况

策略类型	使用次数	使用率	正确次数	正确率
句子语境	178	23%	170	96%
联想类比	170	22%	160	94%
一般常识	138	18%	125	91%
字面解释	126	16%	118	94%
词义解释	102	13%	102	100%
母语知识	28	3%	28	100%
语法分析	24	3%	23	96%
随意猜测	10	1%	3	30%
汉语知识	5	1%	5	100%
总次数	781		734	

注：使用率＝使用次数/总次数；正确率＝正确次数/使用次数

从正确率上看，总体正确率比较高，这跟我们采用的任务有关。选择题形式降低了任务难度，让学习者更专注于推理和解释过程，这使得策略的选择和运用更加明显。从数据中可以看出，尽管任务难度降低了，学习者在运用"随意猜测"策略时的正确率仍然很低，这也说明它是一种极不可靠的策略，也许是学习者在无其他有效策略可用时的一种无奈之举。除"随意猜测"策略以外，其他策略的使用正确率均超过了90%，使用频率最高的"句子语境""联想类比""一般常识"三种策略的平均正确率为94%，三者之间无显著差异（$X^2 = 3.27$，$p > 0.05$），说明这三种策略在隐喻理解中是常用且有效的策略。

另外有两种策略也值得关注，就是"字面解释"和"词义解释"策略。这两种策略的使用频率和正确率都比较高，特别是"词义解释"策略的正确率达到了100%，说明这种策略的有效性是值得肯定的。"字面解释"策略的正确率虽然达到了94%，但是这种策略的有效性可能是有条件的。在基本隐喻和复杂隐喻的理解过程中，其有效性可能会不同。最后是"汉语知识""母语知识""语法分析"策略，虽然三种策略的正确率都很高，"汉语知识""母语知识"策略的正确率甚至达到了100%，但是因为这三种策略的使用率都在1%到3%之间，因此虽有较高的正确率，也不足以验证其有效性。

3.2 不同类型隐喻的理解策略

笔者对基本隐喻句和复杂隐喻句的策略使用情况分别进行了统计。在基本隐喻理解中，学习者共使用407次策略，正确使用396次，正确率为97%；在复杂隐喻理解中，学习者共使用374次策略，正确使用338次，正确率为90%。两种不同类型隐喻的理解正确率差异显著（$X^2 = 16.516$，$p < 0.001$），对于学习者而言，复杂隐喻的理解难度比基本隐喻更高。

基本隐喻和复杂隐喻理解的策略使用既存在共性，又存在差异。从共性方面看，"句子语境"和"联想类比"策略在两种隐喻类型的理解中，都是最受学习者欢迎的策略，是汉语二语者在隐喻理解中的优势策略；从差异性方面看，在基本隐喻句理解中，学习者更多使用"字面解释"策略，而在复杂隐喻句理解中，学习者则更倾向于使用"一般常识"策略。

这反映了基本隐喻和复杂隐喻的理解难度不同。对基本隐喻的理解，学习

第四章 中文作为第二语言学习者的隐喻理解与具身认知

者可以通过字面信息捕捉隐喻的全部或部分意义，而对复杂隐喻的理解，学习者则需要调用各种背景资源，整合记忆库中的相关信息。另外，这种差别也表明，学习者能够在一定程度上识别基本隐喻和复杂隐喻这两种不同类型的隐喻。

表53 不同隐喻类型的策略使用

策略类型	基本隐喻句				复杂隐喻句			
	使用次数	使用率	正确次数	正确率	使用次数	使用率	正确次数	正确率
联想类比	94	23%	93	99%	76	20%	67	88%
句子语境	85	21%	82	96%	93	25%	88	95%
字面解释	75	18%	73	97%	51	14%	45	88%
一般常识	65	16%	64	98%	73	19%	61	84%
词义解释	55	14%	55	100%	47	13%	47	100%
母语知识	17	4%	17	100%	11	3%	11	100%
语法分析	9	2%	9	100%	15	4%	14	93%
随意猜测	6	2%	2	33%	4	1%	1	25%
汉语知识	1	0	1	100%	4	1%	4	100%
总计	407	100%	396	97%	374	100%	338	90%

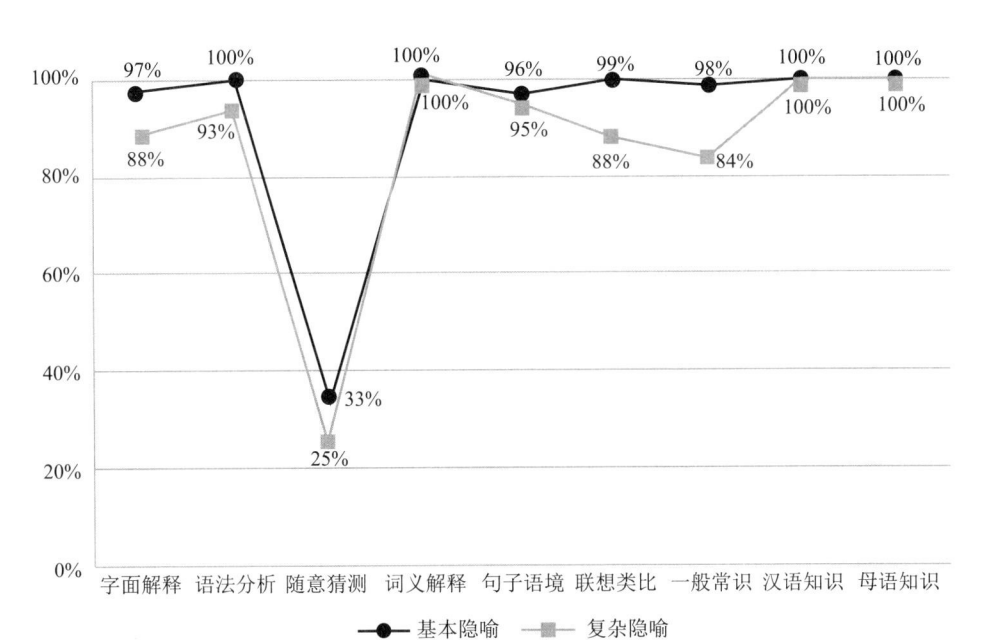

图29 不同类别隐喻策略使用正确率

从正确率的角度分析,"句子语境"策略在两种不同类型的隐喻理解中的正确率接近或超过95%,可以说,这种策略在两种类型的隐喻理解中都是使用效果良好的策略。另外三种使用频率较高的策略——"联想类比""一般常识""字面解释",在基本隐喻理解上的正确率都显著高于在复杂隐喻理解上的正确率($X^2 = 6.979$, $p < 0.01$; $X^2 = 8.946$, $p < 0.01$; $X^2 = 4.226$, $p < 0.05$)。这说明,复杂隐喻和基本隐喻的理解有不同的要求。在基本隐喻理解中十分有效的策略在复杂隐喻理解中的效果并不理想。例如,在对"过街老鼠"这一复杂隐喻的理解过程中,学习者在报告中共使用了9次"一般常识"策略,而正确使用仅1次。看到"老鼠"这个词时,学习者首先会根据自身生活经验进行推断,并没有考虑"老鼠"一词在中国文化里的寓意。例如:

①小偷是过街老鼠,人人喊打。过街老鼠,老鼠很小的,没人看见,是没人看见的人。

当学习者利用自身的生活常识进行隐喻理解时,容易夸大隐喻中的一般成分,而忽略隐喻中包含的特殊的文化内涵的作用。

在众多策略中,一个值得关注的策略是"词义解释"。在两种类型的隐喻理解中,这种策略的使用率都超过了10%,并且正确率都达到了100%,说明这是一种比较可靠的策略,使用效果也非常理想。"词义解释"策略之所以能够达到如此理想的效果,可能是因为这种策略中包含了某种程度的学习和记忆成分。学习者可能在课上或课下学过、见过、听过这个隐喻,通过直接或间接的方式接触过这个隐喻,比如老师在讲授其他词语时提及过这个隐喻。这些信息都可能进入学习者的记忆中,在提取隐喻意义时发挥作用。这种有意或无意识记的效果可能是惊人的。这提示汉语教师,在讲授课堂内容时,可以有意识地引入隐喻内容。比如前文示例中提到的,学习者对"白日梦"这个隐喻的理解,得益于老师在讲授"梦"这个词语时,特别引入了"白日梦"这一隐喻。这使学习者对这一概念有了一定印象。因此,增加学习者接触汉语隐喻的机会,是提高学习者隐喻理解能力的直接而有效的途径。

3.3 隐喻理解策略的共现分析

根据学习者回答每一问题时尝试使用策略种类的数量，分成单一策略和共现策略。共现策略就是两种或两种以上策略同时使用的情况。通过分析共现策略，即哪些策略经常一起使用，可以了解策略共现的一般规律，更准确地揭示二语学习者的隐喻理解过程。

研究显示，学习者在理解过程中，多种策略同时使用的情况较为普遍。策略共现形式比较丰富，共现的数量一般为 2—3 种，具体形式见表 54。例如，学习者在有声思维报告中提到，"道路"一词有两个意思：马路和方法。因为在句子中已经出现了"向成功"三个字，所以学习者推测应该是方法的意思。在上述例子中，学习者采用了字面意义进行解释，进而留意到句子所在语境，展开语义联想并进行话题分析。在这一过程中，先后使用了"字面解释"策略和"句子语境"策略。

此外，高频策略和低频策略结合使用的情况也较为普遍。例如：

②很多电影获奖了，但观众根本不买账。不买账，我觉得是不喜欢，因为……如果有"但"呢，就是，后面就是相反，看前面，得奖是好，"但"后面就是不好。

表 54　策略共现组合形式

策略共现	字面解释	语法分析	词义解释	句子语境	联想类比	一般常识	母语知识
组合 1	字面解释					一般常识	
组合 2	字面解释			句子语境	联想类比		
组合 3				句子语境	联想类比	一般常识	
组合 4			词义解释			一般常识	
组合 5	字面解释				联想类比		
组合 6				句子语境	联想类比		
组合 7				句子语境		一般常识	
组合 8			词义解释	句子语境			
组合 9						一般常识	母语知识
组合 10		语法分析		句子语境			
组合 11					联想类比	一般常识	

学习者以"句子语境"策略为出发点，联系对关联词语特性的分析，运用"语法分析"策略以推测目标词的隐喻意义。同时使用了高频策略和低频策略。

多种策略的共现形式一般表现为：多种策略组合中，"字面解释"策略通常在最开始使用，接着引发"句子语境""一般常识""联想类比"等策略；"句子语境"策略在多种策略组合中也常常在开始时使用，接着结合"联想类比""词义解释""一般常识""语法分析"等策略；多种策略同时使用时，"联想类比"一般处于比较靠后的位置。无论学习者从哪一种策略开始理解隐喻意义，接下来尝试使用"联想类比"策略是极有可能的。

4 汉语二语隐喻理解策略的主要结论

4.1 汉语二语学习者隐喻理解的策略

本研究发现，汉语二语学习者的隐喻理解策略呈现出多样化趋势，共使用了九种策略。使用频率最高的是"句子语境""联想类比""一般常识"策略。这表明中高级阶段汉语学习者能够使用包含背景知识、联想和推理能力的更为复杂的策略理解汉语隐喻。三种策略的平均正确率为94%，这三种策略的正确率无显著差异，意味着在隐喻理解中，它们是学习者常用且有效的策略。学习者较少使用"汉语知识""母语知识""随意猜测""语法分析"策略。"字面解释"和"词义解释"策略的使用次数和正确率都比较高，特别是"词义解释"策略的正确率达到了100%，说明这种策略的有效性是值得肯定的。

4.2 汉语二语学习者不同类型隐喻的理解策略

对于学习者而言，复杂隐喻的理解难度比基本隐喻更高。"句子语境"策略在基本隐喻和复杂隐喻的理解中，都是学习者应用最多，而且使用效果优良的策略；"字面解释"策略在基本隐喻的理解中使用更多，效果更好；"联想类比"在基本隐喻和复杂隐喻理解中都是高频策略之一，但其在基本隐喻理解中的使用效果明显优于在复杂隐喻理解中的使用效果；"一般常识"策略在复杂隐喻中更多地被使用，但使用的效果不如在基本隐喻中的使用效果；"词义解释"策略在不同类型隐喻的理解中效果都很理想。

4.3 汉语二语学习者隐喻理解策略的共现特点

研究显示，学习者在隐喻理解过程中会出现多种策略同时使用的情况。策略共现形式比较丰富，共现的数量一般为2—3种。此外，高频策略和低频策略结合使用也较为普遍。在多种策略组合中，学习者最开始使用的通常为"字面解释"策略，接着是"句子语境"、"一般常识"和"联想类比"策略等；"句子语境"策略在多种策略组合中也经常是学习者的首选策略，然后结合"词义解释"、"语法分析"、"联想类比"和"一般常识"策略等。"联想类比"策略在多种策略中往往处于靠后的位置。无论始于何种策略，"联想类比"都是接下来可能尝试使用的策略。

第三节　具身认知视角下汉语二语情感词的空间隐喻

1　具身认知与空间隐喻

隐喻不仅仅是一种修辞手法，更是表征概念的重要方式。研究者发现，在语言使用过程中，隐喻化的表达已成为词的本义，只有通过隐喻，人们才能理解这些概念，如山"脚"（身体范畴表达地理概念）、"下"流（空间范畴表达情感概念）、"重"要（知觉范畴表达价值概念）等（殷融等，2013）。

对于隐喻现象的解释，传统的语义学把隐喻看作是词义的替代或变换，即用一个表达式取代另一个意义相同的表达式（林书武，1996；殷融等，2013），但这一观点因"难以确定准确的取代式"这个显而易见的缺陷而不断遭到质疑（林书武，1996）。近年来，随着"第二代认知科学"的逐渐兴起，人们开始从具身认知（embodied cognition）的视角探索隐喻理解过程。"第二代认知科学"这一提法在乔治·莱考夫、马克·约翰逊的著作《肉身哲学：亲身心智及其向西方思想的挑战》（*Philosophy in the Flesh: The Embodied Mind and Its Challenge to Western Thought*）中首次出现，其核心特征是认知具有具身性。根据具身认知的观点，隐喻形成的基础是具身体验。人们将在日常经验中获得的感觉运动体验和意象性的定性感觉提供给抽象概念，并通过意象图式表征抽象概念。

空间隐喻作为人类最基本的意象图式，在抽象概念的形成中占据着中心地位（乔治·莱考夫、马克·约翰逊，1980；Gibbs，2006）。空间隐喻是以空间域为来源域（source domain），将空间概念投射到目标域（target domain），通过空间概念来理解非空间概念的过程。比如，人们将上下、高低等空间概念投射至上流、下流、高贵、低俗这些抽象概念上，使抽象概念的理解与空间概念产生联系。乔治·莱考夫认为，人类大多数的抽象概念都是通过空间隐喻实现的（乔治·莱考夫、马克·约翰逊，1980）。与此观点一致，大量研究发现，英语、德语、汉语等母语者在诸如情感、道德、权力、时间等抽象概念的加工中都存在空间隐喻现象（Meier & Robinson，2010；Schubert，2005；吴念阳等，2009；Lakens，2012；王锃、鲁忠义，2013；Xie et al.，2014；Xie et al.，2015）。

乔治·莱考夫认为，空间隐喻并不是任意的，它深深植根于我们空间经验和文化经验之中（乔治·莱考夫、马克·约翰逊，1980）。人类对于同一事物的相似性经验决定了语言表达的相似性，他们对于同一事物的不同体验导致了语言表达的多样性。空间隐喻的研究发现，不同民族拥有相似的上下空间意象图式。英语、德语、汉语母语情感词的加工都发现了"上好下坏"的空间隐喻现象，即空间位置"上"激活了积极情感概念，而"下"激活了消极情感概念（Meier & Robinson，2004；Schubert，2005；Lakens，2012；Xie et al.，2014；Xie et al.，2015）。这不仅说明母语抽象概念的加工具有具身性，同时也表明上下空间意象图式可能具有跨文化一致性。此外，语言的具体表达形式也从另一个角度体现了这种共性。很多语言都存在"好为上，坏为下"的隐喻表达形式，例如英语有"feel **up/down**""**high/low** spirit"的说法，汉语有

"万般皆下品，唯有读书**高**""**高**风亮节""才**高**八斗""**低**声**下**气"的说法，而马来语也有"jawatan **tinggi**"（高级）、"jawatan **rendah**"（低级）、"semangat **tinggi**"（情绪高涨）、"semangat **rendah**"（情绪低落）的表述。如果"好为上，坏为下"这种空间意象图式具有跨文化一致性，那么"上好下坏"的空间隐喻现象就不应只存在于母语情感词的加工中，在二语情感词的加工中也应存在。沈曼琼等（2014）考察了中国学生英语二语情感词的加工，结果发现了"上好下坏"的空间隐喻现象。但是，二语空间隐喻的研究仍然需要更多来自其他不同类型的语言的证据。汉语是一种在语言特性上和英语差别很大的文字系统，汉语二语情感词的空间隐喻有何特点？考察这个问题对于进一步验证具身认知理论和上下空间意象图式的跨文化一致性具有重要意义。为此，本研究拟以马来西亚留学生为对象，考察汉语二语情感词在垂直方向上表现的空间隐喻特点，并分析上下空间意象图式的跨文化一致性。

虽然，作为抽象概念来源的人类的身体经验是共同的，但不同的民族文化具有过滤器的功能，它们对具身经验进行过滤和选择，并把主观体验与不同的隐喻映射联结起来（Yu，2008）。比如，西方文化认为情绪和心有关，而马来文化则认为情绪和肝相连（Charteris-Black，2002）。研究表明，书写和阅读方向相反的群体，也具有相反的左右空间意象图式。从左向右阅读和书写的英语母语者倾向于将"左"和过去、"右"和未来联结；而从右向左阅读和书写的希伯来母语者则刚好相反（Fuhrman & Boroditsky，2007）。Boroditsky（2001）、刘丽虹和张积家（2009）发现，英语母语者对时间概念的空间隐喻表现在水平方向，而汉语母语者却表现在垂直方向。这表明，文化差异使得不同民族的空间隐喻方式具有差异性和独特性。然而，也有研究者认为左右空间意象图式与文化无关，而与人自身的身体特异性——左右利手有关，右利手的人倾向于将"右"与积极义、"左"与消极义相连；而左利手的人则刚好相反（Casasanto，2009；De la Vega，2013；宋晓蕾等，2017）。目前，两种观点均有相应的研究证据支持。汉语的研究数量非常有限，Xie et al.（2015）考察了汉语母语者情感词的加工，结果未发现水平方向的空间隐喻，不支持身体特异性假说。沈曼琼等（2014）对英语二语者情感词的研究也没有发现水平方向的空间隐喻，也没有印证身体特异性假说的观点。但从文化图式的角度，这样的结果就比较容易理解。因为不论在美国还是中国文化中,人们对与左相关的事物并无极端的偏见(殷融等,2012)。虽然汉语中存在"旁门左道"和"无出其右"的说法,而英语中"right"也代表着"正确",但是这种"右好左坏"的文化图式在现代社会已经明显弱化。因此,在情感词的加工中,左右空间意象图式没有得到激活,没有出现"左好右坏"或者"右好左坏"的空间隐喻现象。但是,当某种文化在水平空间的意义差别较大时,左右空间意象图式会不会得到激活?水平方向的空间隐喻会不会出现?比如,在马来西亚这样的伊斯兰教国家,文化中带有明显的"贬左崇右"倾向,具有鲜明的"右好左坏"的文化图式。那么,马来西亚学生在加工马来母语情感词时是否会出现水平方向的空间隐喻现象?他们在加工汉语二语情感词时又会如何表现?文化图式对母语和二语情感词的空间隐喻有何影响?这是本研究试图回答的第二个问题。

2 汉语二语情感词的空间隐喻

2.1 研究对象

北京外国语大学中文学院对外汉语系本科四年级的马来西亚留学生,共24人,全部为女性,平均年龄21岁,其母语均为马来语,汉语水平为中高级。所有被试均无阅读障碍,裸眼视力或者矫正视力正常,且全部为右利手。被试自愿参加研究,结束后获得一份小礼品。

2.2 研究材料

研究材料包括积极情感词和消极情感词各30个,均为双字词,包括动词、名词和形容词。材料的筛选过程如下:

第一步,初选词语。根据马来西亚留学生使用过的汉语课本《博雅汉语》(起步篇、加速篇和冲刺篇),并参照《新汉语水平考试大纲》和"知网"情感分析用词语集(beta版),选出100个词语,其中积极情感词50个,消极情感词50个。经过筛选的积极词和消极词都避免出现"上""下""高""低"的字眼,以防产生语义干扰。

第二步，对词语熟悉度进行评定。请 20 名不参与本研究的同年级马来西亚留学生对于词语的熟悉度进行 7 点量表评定。"7"代表"非常熟悉"，"1"代表"非常不熟悉"。在筛选过程中，如果任何一名学生对某个词语的评定为"1"，该词语就被删除。最后，挑选熟悉度得分最高的积极词和消极词各 34 个，总共 68 个词语。相关样本 t 检验显示，积极词的熟悉度（M = 6.928, SD = 0.05）与消极词的熟悉度（M = 6.925, SD = 0.06）无显著差异（t = 0.23, $p > 0.05$）。

第三步，对词语效价进行评定。效价是指情感词的属性是积极的还是消极的。虽然所选词语均为"知网"情感分析用词语集（beta 版）中的正面情感词或负面情感词，但是为了确定这些词语的效价符合母语者的真实感受，我们请 15 名汉语母语者在 7 点量表上进行评定，"7"代表"特别积极"；"4"代表"中性"；"1"代表"特别消极"。结果显示，积极词的效价为 6.19（SD = 0.40），属于比较积极的词语；消极词的效价为 2.07（SD = 0.43），属于比较消极的词语，两者之间差异显著（$t = 38.83$, $p < 0.001$）。

除此之外，我们还请 10 名不参与研究的同年级马来西亚留学生对词语的效价进行了评定。因为二语者对效价的评定可能无法像母语者那样精细，因此要求他们在 5 点量表上进行评定。"5"代表"非常积极"；"3"代表"中性"；"1"代表"非常消极"。结果与母语者的评定一致，积极词的效价为 4.45（SD = 0.23），属于比较积极的词语；而消极词的效价为 1.61（SD = 0.31），属于比较消极的词语，二者差异显著（$t = 39.47$, $p < 0.001$）。

第四步，对词语的笔画数和词频进行统计。结果显示，积极词（M = 17.37）和消极词（M = 16.53）的笔画数差异不显著（$t = 0.67$, $p > 0.05$）。词频根据《现代汉语常用词词频词典》（音序部分）进行统计，积极词（M = 0.0069230）与消极词（M = 0.0080787）的词频没有显著差异（$t = -0.559$, $p = 0.579$）。

最后，在已挑出的 68 个词语中，选择 60 个（30 个积极词，30 个消极词）作为正式研究用词；其余 8 个（4 个积极词，4 个消极词）为练习用词。

2.3 研究程序

本研究为2（词语效价：积极词和消极词）×2（一致性：隐喻一致和隐喻不一致）被试内设计，分为垂直和水平方向两个区组。

垂直方向区组的隐喻一致条件是积极词和"上"、消极词和"下"的组合；不一致条件则刚好相反，是积极词和"下"、消极词和"上"的组合；水平方向区组的隐喻一致条件是积极词和"右"、消极词和"左"的组合，不一致条件则是积极词和"左"、消极词和"右"的组合。因变量为被试的判断反应时和正确率。

研究在苹果电脑 Macbook 上使用 Windows XP 虚拟机进行操作，采用 E-prime2.0 心理软件将刺激呈现在 12 英寸电脑显示器上。电脑刷新频率为 60HZ，分辨率为 1280×800。研究前要求被试戴上降噪耳机，坐在电脑正前方。

每个词语在水平和垂直方向区组各出现一次，对区组顺序进行了被试内平衡。同时，对区组内的词语效价类型和一致性类型进行了匹配。最后，隐喻一致和隐喻不一致条件下的积极词和消极词分别有 15 个，共 60 个词。研究材料随机呈现。

本研究采用 Ouellet et al.（2010）使用的空间线索研究范式。以垂直方向区组为例，具体操作过程为：被试在开始前会被告知这是一个汉语词语类型判断研究。研究开始时，首先在屏幕的正中间出现一个"+"号，呈现时间为 500ms，"+"号消失以后，在屏幕中央会出现一个汉语情感词，呈现时间为 2500ms，要求被试记忆。接着，屏幕的正上方和正下方同时出现方框，方框的大小为 2.1cm×2.1cm。250ms 之后，一个直径为 2.1cm 的黑色圆点会随机闪现在上方或者下方的方框中，呈现时间为 50ms，这时要求被试快速地对圆点出现的位置做出判断。若是上方，则按"Y"键；下方则按"B"键。按键反应结束后，方框消失进入下一步，如果被试在 2300ms 内没有反应，方框自动消失进入下一步。之后是 1000ms 的空屏，空屏消失后，屏幕上会出现让被试判断词语类型的提示：积极的？消极的？积极词被试按"Y"键；消极词按"B"键。被试反应后，出现 1000ms 空屏，随即进入下一轮。如果被试在

4000ms 以内没有对问题做出反应，提示语句自动消失，空屏 1000ms 后进入下一轮。每个词语出现一次，共计 60 个实验试次。屏幕背景为白色。研究流程如图 30 所示。

垂直方向区组的研究部分结束后，被试会被提示进入水平方向区组的研究。研究操作程序和垂直方向区组基本相同。只是在进行空间位置判断时，圆点出现在左边被试需按"F"键，出现在右边按"J"键进行反应；在词语效价判断中，积极词被试按"J"键，消极词按"F"键进行反应。

两个区组研究开始之前都会有 8 个词语（4 个积极词，4 个消极词）进行练习。和正式研究不同的是，练习阶段会对被试两次按键反应提供反馈，提示被试"正确"或者"错误"；如果长时间没有按键，则会出现"没有及时反应"的提示语句。"正确"的反馈语句为绿色，"错误"和"没有及时反应"的反馈语句为红色。练习结束以后，如果被试熟悉了研究过程，则按"Enter"键进入正式研究；如果仍然不熟悉研究操作，则按"Esc"键，返回继续练习。

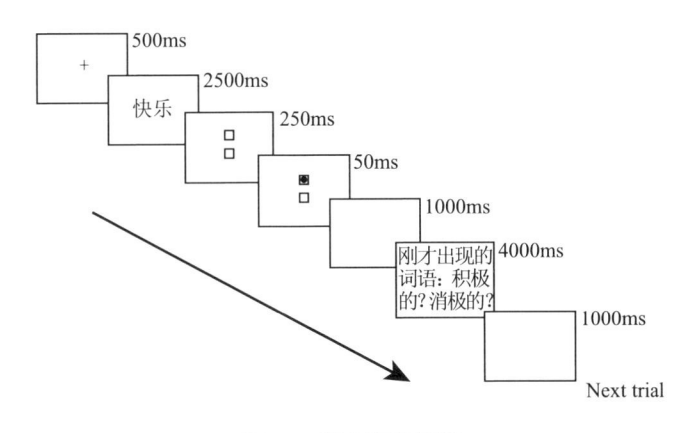

图 30 研究流程示例

2.4 研究结果

按照以往标准（和秀梅等，2015），首先删除正确率低于 90% 的数据，1 名被试的数据因此被删除。接着剔除反应时超出总体 3 个标准差的极端数据，删除数据为总数的 3.15%。统计分析只包含两次反应正确的数据，对垂直方向区组和水平方向区组分别分析。被试的反应时和正确率见表55。

表55　汉语二语情感词判断任务中的反应时（ms）和正确率（%）

研究条件	反应时和标准差 垂直方向 隐喻一致	反应时和标准差 垂直方向 隐喻不一致	反应时和标准差 水平方向 隐喻一致	反应时和标准差 水平方向 隐喻不一致	正确率和标准差 垂直方向 隐喻一致	正确率和标准差 垂直方向 隐喻不一致	正确率和标准差 水平方向 隐喻一致	正确率和标准差 水平方向 隐喻不一致
积极词	381 (53)	401 (50)	366 (52)	373 (47)	97.97 (3.73)	98.55 (2.81)	97.97 (3.73)	98.26 (5.01)
消极词	380 (47)	404 (55)	369 (45)	365 (51)	97.97 (3.73)	97.68 (3.82)	97.97 (3.73)	98.55 (2.81)

注：括号内为标准差

首先对垂直方向区组的反应时进行分析。方差分析结果显示：词语效价主效应不显著，$F_{(1,22)}=0.16$，$p>0.05$，$\eta^2=0.007$，说明积极词和消极词的反应时没有明显差异；隐喻一致性主效应显著，$F_{(1,22)}=48.13$，$p<0.001$，$\eta^2=0.69$，隐喻一致条件比不一致条件的反应时更短，也就是说，"上"促进了积极词的加工，而"下"促进了消极词的加工。该结果表明马来西亚留学生在汉语二语情感词的加工中激活了上下空间意象图式，因此出现了"上好下坏"的空间隐喻现象。词语效价和隐喻一致性的交互作用不显著，$F_{(1,22)}=0.21$，$p>0.05$，$\eta^2=0.009$。

正确率的方差分析结果表明：词语效价主效应（$F_{(1,22)}=0.52$，$p>0.05$，$\eta^2=0.02$）和隐喻一致性主效应（$F_{(1,22)}=0.03$，$p>0.05$，$\eta^2=0.001$）以及二者之间的交互作用（$F_{(1,22)}=0.30$，$p>0.05$，$\eta^2=0.01$）均不显著。

再对水平方向区组的反应时进行分析。方差分析显示，词语效价主效应（$F_{(1,22)}=0.74$，$p>0.05$，$\eta^2=0.03$）、隐喻一致性主效应（$F_{(1,22)}=0.26$，$p>0.05$，$\eta^2=0.01$）以及二者之间的交互作用（$F_{(1,22)}=2.02$，$p>0.05$，$\eta^2=0.08$）均不显著。该结果表明，马来西亚留学生加工汉语二语情感词时，没有激活水平方向的空间意象图式，因而没有出现水平方向的空间隐喻。

水平方向正确率的结果同垂直方向的一致。词语效价主效应（$F_{(1,22)}=$

0.05，$p>0.05$，$\eta^2=0.002$）、隐喻一致性主效应（$F_{(1,22)}=0.68$，$p>0.05$，$\eta^2=0.03$）及二者之间的交互作用（$F_{(1,22)}=0.02$，$p>0.05$，$\eta^2=0.001$）均不显著。

综合上述结果可见，马来西亚留学生在汉语二语情感词的加工中，出现了"上好下坏"的空间隐喻现象，但没有出现任何水平方向的空间隐喻现象，这与以往对中国母语者的研究结果一致（Xie et al.，2015）。这种模式究竟是汉语二语文化图式的作用，还是马来母语文化图式的作用？为此，我们设计了下面的研究，进一步考察马来西亚留学生母语情感词的空间隐喻特点。

3 马来母语情感词的空间隐喻

3.1 研究对象

北京外国语大学中文学院对外汉语系本科四年级马来西亚留学生26人，未参加前面研究。汉语水平和平均年龄同前面研究。所有被试均无阅读障碍，裸眼视力或者矫正视力正常，其中左利手2人，其余均为右利手。被试自愿参加研究，结束后会得到一份小礼品。

3.2 研究材料

将前面研究的汉语词汇翻译成马来语。这项工作由北京外国语大学马来语专业的1名大四学生和3名马来西亚留学生共同完成。马来语词汇熟悉度的评定由23名在京学习的马来西亚留学生完成，评定采用7点量表："7"代表"非常熟悉"，"1"代表"非常不熟悉"。结果积极词（$M=6.93$，$SD=0.07$）和消极词（$M=6.90$，$SD=0.09$）的熟悉度差异不显著（$t=0.47$，$p>0.05$）。此外，也对积极词和消极词的字母数进行了匹配，统计表明积极词（$M=9.14$）和消极词（$M=7.41$）的字母数差异不显著（$t=0.84$，$p>0.05$）。

3.3 研究过程

研究程序同前面研究，所不同的是词语的呈现时间为1500ms，并且全部词语（包括练习过程中的反馈语）均以马来语形式呈现。

3.4 研究结果

数据删除办法同前面研究。此外，由于以往研究发现左利手与右利手的反应模式不同（Casasanto, 2009; De la Vega, 2013; 宋晓蕾等, 2017），所以2名左利手被试数据也被删除。被删除的3个标准差以外的数据共占总数的5%。被试的反应时和正确率见表56。

表56 马来语情感词判断任务中的反应时（ms）和正确率（%）及各自标准差

研究条件	反应时和标准差				正确率和标准差			
	垂直方向		水平方向		垂直方向		水平方向	
	隐喻一致	隐喻不一致	隐喻一致	隐喻不一致	隐喻一致	隐喻不一致	隐喻一致	隐喻不一致
积极词	371 (29)	390 (37)	359 (34)	378 (30)	98.89 (2.54)	99.17 (2.99)	97.97 (3.73)	98.26 (5.01)
消极词	373 (32)	389 (34)	365 (42)	362 (36)	97.49 (3.84)	98.06 (3.67)	97.97 (3.73)	98.55 (2.81)

注：括号内为标准差

对垂直方向区组反应时的方差分析显示：词语效价主效应不显著，$F_{(1,23)}=0.06$，$p>0.05$，$\eta^2=0.002$，说明积极词和消极词的反应时没有差异；隐喻一致性主效应显著，$F_{(1,23)}=33.16$，$p<0.001$，$\eta^2=0.59$，隐喻一致条件比不一致条件的反应时更短，说明"上"促进了积极词的加工，而"下"促进了消极词的加工，研究结果与前面研究一致；词语效价与隐喻一致性交互作用不显著，$F_{(1,23)}=0.38$，$p>0.05$，$\eta^2=0.02$。这表明，马来母语情感词的加工激活了上下空间意象图式，存在"上好下坏"的空间隐喻现象。

对垂直方向区组正确率的分析显示，词语效价主效应（$F_{(1,23)}=3.96$，$p>0.05$，$\eta^2=0.15$）、隐喻一致性主效应（$F_{(1,23)}=0.46$，$p>0.05$，$\eta^2=0.02$）以及二者的交互作用（$F_{(1,23)}=0.04$，$p>0.05$，$\eta^2=0.002$）均不显著。

再对水平方向区组反应时进行方差分析，结果显示：词语效价主效应不显著，$F_{(1,23)} = 2.81$，$p > 0.05$，$\eta^2 = 0.11$，即积极词和消极词的反应时没有差异；隐喻一致性主效应显著，$F_{(1,23)} = 5.39$，$p < 0.05$，$\eta^2 = 0.19$，隐喻一致条件比不一致条件的反应时更短；词语效价与隐喻一致性的交互作用显著，$F_{(1,23)} = 8.19$，$p < 0.01$，$\eta^2 = 0.26$。简单效应检验发现，积极词在"右"比在"左"时反应更快，$t = -5.04$，$p < 0.001$，出现了"右好"的空间隐喻现象；消极词在"左"和"右"的反应时无差异，$t = 0.52$，$p > 0.05$，没有出现"左坏"的空间隐喻现象，这表明马来母语情感词的加工存在"部分空间隐喻"现象。

对于没有出现"左坏"空间隐喻的原因，我们分析，可能是因为本研究采用了空间线索提示范式，被试需要对出现在左边或右边的圆点进行左手（F键）或右手（J键）的按键反应。以往一些研究发现，不同反应手的速度不同。一般情况下，右利手的人右手的反应速度比左手快（De la Vega，2013；Song，2013；宋晓蕾等，2017）。在本研究中，我们也对被试左手和右手的反应时进行了分析，组内 t 检验发现，被试右手（M = 364ms，SD = 38.85）比左手（M = 372ms，SD = 32.64）的反应速度更快，$t(22) = 2.13$，$p = 0.045$。在加工积极词时，因为对应的右侧空间信息受到了激活，加上右手的反应优势，于是出现了"右好"的空间隐喻现象；而在加工消极词时，左侧空间信息得到了激活，促进了消极词的反应，但因为右手的反应优势，抵消了左侧空间的反应优势，使得消极词没有出现"左坏"的空间隐喻现象。

正确率的分析显示，词语效价主效应（$F_{(1,23)} = 3.96$，$p > 0.05$，$\eta^2 = 0.15$）、隐喻一致性主效应（$F_{(1,23)} = 0.46$，$p > 0.05$，$\eta^2 = 0.02$）以及二者的交互作用（$F_{(1,23)} = 0.04$，$p > 0.05$，$\eta^2 = 0.002$）均不显著。

4 具身认知视角下的空间隐喻讨论及主要结论

4.1 汉语二语和马来母语垂直方向的空间隐喻

两个研究的结果表明，上下空间意象图式在马来西亚留学生马来母语和汉语二语情感词加工过程中得到了激活，空间位置"上"和"下"分别与积极和消极义相关，出现了明显的"上好下坏"的空间隐喻现象。该结果不仅与对英语母语者和汉语母语者的研究一致（Meier & Robinson, 2010; Xie et al., 2015），也与对英语二语者的研究一致（沈曼琼等，2014）。这些研究证据表明，"上好下坏"的空间隐喻现象不仅存在于不同母语的抽象概念的加工中，也存在于不同二语的抽象概念的加工中，具有跨文化的一致性。

为什么在不同文化环境下，人们对于"上好下坏"的认知具有相似性呢？这种相似性，认知语言学家认为，首先源自人类共同的身体构造和本能反应。低垂的姿势通常伴随悲伤及低落的情绪，而挺立的姿势则与兴奋和积极的状态相连。当人高兴时，会昂首挺胸，笑时嘴角会上翘，而悲伤时则会嘴角下垂，耷拉脑袋。这种人类进化过程形成的适应性的身体情绪反应，成为人类共同的上下意象图式的生理基础（吕军梅、鲁忠义，2013）。

其次，"上好下坏"的意象图式亦可能与人们日常生活体验相关。莱考夫和约翰逊（1980）认为，"上"是典型的最能被直接理解的概念，在我们的身体运动及日常活动中，上下方向处于中心地位。当一个人处于健康或者清醒状态，他往往是直立的。睡觉或者严重的疾病会迫使人的身体躺下来，而死亡的时候，身体则是完全躺下的。当一个人的身高比别人矮一头的时候，他就只能仰视比他高一头的人，因此才会发展出"低人一头"和"高人一头"的用法；撒在地里的种子要冲破土壤向上生长，幼苗也要经历向上的阶段才能最终达到成熟，而衰老的叶子或成熟的果子则会从上掉下来。当人们反复经历日常生活中的"上/下"的空间概念之后，就会为"上""下"方向分别赋予"好""坏"的指向，继而在大脑中建立这些神经网络之间的关联性，一旦主观体验与空间经验被共同激活，神经联结就会通过神经突触权重的变化而建立起来，而且这些神经联结被激活得越多，突触权重就越强，最终形成永久性的神经联结，于是一种稳定的、相似的空间意象图式就形成了。

再次，"上好下坏"的意象图式可能源于文化中的宗教观念和传统习俗。很多宗教都有天堂和地狱的说法。伊斯兰教认为好人死后可以上天堂，坏人则要下地狱；佛教文化有"顶圣眼升天"和"地狱足底出"的说法，认为有些人可以升天成圣，有些人会入地狱受苦；基督教也存在天堂和地狱、天使和魔鬼之说。另外，中国人的传统是将祖先的牌位供于台上，让后人跪拜；族谱的记录方法也是先辈在上,子孙后代在下。在很多文化中,天是万物的主宰,是至高至尊的。这种崇拜衍生出了"上/下"的尊卑关系:"天"为尊,是控制方;"地"为卑,是受控方,中国古时更有称皇帝为天子的说法。这类宗教和文化习俗促成了"上好下坏"的意象图式的形成。

人类相似的身体构造、生活经验和文化环境共同构成了隐喻表达的基础,成为跨文化隐喻理解的桥梁。因此,乔治·莱考夫指出,一些基本的空间意象图式,例如上/下、里/外、中心/边缘等,可以跨越所有的文化,存在于不同民族的隐喻表达中(乔治·莱考夫、马克·约翰逊,1980)。

4.2 汉语二语和马来母语水平方向的空间隐喻

两个研究的结果亦表明,马来西亚留学生在加工马来母语情感词时出现了"部分空间隐喻",但在加工汉语二语情感词时未出现任何水平方向的空间隐喻。该现象与以往研究中汉语母语者的表现类同。这些结果的出现可能与马来文化和中国文化差异有关。正如一些研究者指出,不同的民族对于同一事物的相似性经验决定了语言表达的相似性,他们对于同一事物的不同体验导致了语言表达的多样性。因此,虽然不同民族间存在基于共同经验的相同空间意象图式,但每个民族独特的文化造就的独特经验也赋予隐喻不同的优先权,决定了隐喻表达方式的差异(Lakoff,1987;Palmer,1996;乔治·莱考夫、马克·约翰逊,1980)。在"左/右"概念上,不同民族间文化图式的差别很大。在中国文化中,人们对与左相关的事物并无极端的偏见;但马来西亚文化中却有明显的"贬左崇右"倾向。穆斯林认为左手肮脏,右手才洁净,因此,他们握手、端饭、敬茶均用右手,用左手则被视为不礼貌的表现,具有鲜明的"右好左坏"的文化图式。我们研究中的被试只在加工马来语情感词时才出现了水平方向的空间隐喻,可能正是体现了不同文化图式对于语言加工的影响:当母语文化图式被启动时,马来语情感词的加工就出现部分水平方向的空间隐喻;当二语的文化图式被启动时,汉语情感词加工的水平空间隐喻便消失了。

值得注意的是,参与本研究的马来西亚留学生都是大学四年级的本科生,他们已经在中国学习和生活了四年多的时间,对中国文化有了相对充分的了解和适应。从事后访谈中我们获知,马来西亚留学生平时非常喜欢跟中国朋友聊天、吃饭、看电影等，老师上课时也常常讲有关中国文化方面的内容。另外，学院的跨文化交流活动非常频繁，像"汉语角"活动，每周一次，常常吸引大量的马来西亚学生参加。因此，他们对中国的文化不仅不陌生，反而感觉很亲切。甚至有的马来西亚留学生表示，已经很久没有使用马来语。由此可见，这些留学生对汉语二语文化图式已经熟悉并适应，所以汉语二语文化图式会对他们的二语隐喻加工产生影响。以往的研究也证明，文化适应会影响和改变人的空间意象图式。Román et al.（2013）发现西班牙人偏爱从左至右地布置物体，摩洛哥（非洲的阿拉伯国家，官方语言阿拉伯语）人偏爱从右至左地布置物体，而已经适应了西班牙文化的阿拉伯人显示了类似于西班牙人的空间意象图式。本研究的结果表明，对于适应了二语文化图式的被试，其二语空间隐喻也会受到二语文化图式的影响。

4.3 总结与展望

以往研究和本研究的结果表明，空间隐喻受文化图式的影响。民族间共同和不同的文化图式决定了空间隐喻的异同。垂直方向的空间隐喻，作为一种重要的空间意象图式，基于人类共同的身体经验、相似的日常生活和宗教、文化传统，不仅存在于母语的隐喻加工中，也存在于二语的隐喻加工中，构成了人类共有的空间意象图式；而水平方向的空间隐喻，作为水平方向的空间意象图式，受文化环境、社会习俗、宗教信仰的因素影响较大，在不同文化中的表现不同，并且受二语和母语文化图式的影响。具体表现为二语空间隐喻易受二语文化图式的影响，而母语空间隐喻受母语文化图式影响。

当然，目前对于空间隐喻的研究十分缺乏，上述结论只是基于本研究和以往为数不多的空间隐喻的研究进行的推断，要验证其合理性，还需要更多来自母语、二语乃至三语的研究证据。另外，本研究中的马来西亚留学生已经在中国生活了较长时间，比较熟悉中国文化。来华时间不久、文化适应程度较低的留学生的空间隐喻是否会有不同特点？这个问题还有待进一步的研究。

第四节　身体与文化的碰撞：
水平空间隐喻的视角

1　概念隐喻与水平空间隐喻的研究

具身认知理论认为，人类对抽象概念的理解需要借助自身的具体经验。左、右是人类最基本的空间概念之一，但是它们却与情绪、道德、时间等抽象概念的加工有关。研究发现，人们更倾向于将积极、道德和未来时间概念同右侧空间相连，将消极、不道德和过去的时间概念同左侧空间相连，形成"右好左坏"的空间联结（Casasanto，2009；Kong，2013）。这种以空间概念为来源域（source domain），将空间概念映射到抽象的目标域（target domain）的过程就是空间隐喻。空间隐喻的存在已为大量研究证实（Boroditsky，2001；Fuhrman & Borodisky，2007；Casasanto，2009；刘丽虹、张积家，2009；Kong，2013；和秀梅等，2015；宋晓蕾等，2017）。然而，对于"右好左坏"空间隐喻产生的原因，学界仍然没有定论（Casasanto，2009），目前主要的观点有两种，语言文化假说和身体特异性假说。

语言文化假说认为，空间隐喻深深植根于我们空间和文化的经验之中（乔治·莱考夫、马克·约翰逊，1980）。人们从语言和文化中学习了空间隐喻模式，这种模式并不是由个体直接经验而来，而是社会环境和文化作用的结果（Casasanto，2009）。在众多的语言和文化中，"右"都具有积极意义，"左"具有消极意义。比如英语中"right-hand man"为得力助手，"two left feet"则意味着笨手笨脚；拉丁语中"右"（dexter）表示聪慧，"左"（sinister）则代表邪恶；德语中"右"（recht）代表正确和权力，"左"（links）有灾难和笨拙之意（Casasanto，2009）；日语中"左前"意为倒霉和衰败，"左卷き"是迟钝的意思，"右肩上がり"表示稳定上升之意；马来语中"右"（kanan）有重要、地位高之意；"左"（kiri）有不幸、被淘汰之意；"右人"（orang kanan）是重要的人，"左步"（langkah kiri）指不好的结果；另外，对人影响较大的宗教文化也有强烈的"崇右"色彩。基督教、犹太教、伊斯兰教都将"右"和圣洁、公义相连，而将"左"和卑劣、怀疑相连（Hertz，1973；Wile，1934）。正是基于这种普遍存在的"崇右"文化，个体才形成了"右好左坏"的水平空间隐喻。

同语言文化假说的观点相反，身体特异性假说认为，水平空间隐喻形成的原因是身体的特异性。不同生理结构和感官特性的人会产生不同的认知体验。就空间隐喻来说，左、右利手者由于空间体验的不同，会形成相反的水平空间隐喻（Casasanto，2009；殷融等，2012）。由于利手可以促使个体的行动更加顺利和流畅，因此会被赋予积极意义，而非利手因为使行动更加笨拙和迟缓，会被赋予消极意义（Casasanto，2009）。由此，左、右利手者将分别形成"左好右坏"和"右好左坏"的空间隐喻。Casasanto（2009）曾用5个研究证明左、右利手者存在上述显著不同的水平空间隐喻特征。此后，身体特异性假说也得到了一些研究的验证。例如，Casasanto & Jasmin（2010）发现右利手的总统竞选者（如布什和克里）表达积极内容时会更多使用右手做手势，表达消极内容时更多使用左手，而左利手的竞选者（如奥巴马和麦凯恩）则表现出相反的模式。de la Vega et al.（2012、2013）、de la Fuente et al.（2015）、Kong（2013）对不同文化群体采用不同任务的研究都发现了类似的结果。左、右利手者空间联结的差异甚至在儿童时期就已存在（Casasanto & Henetz，2012）。基于这些研究结果，身体特异性假说的支持者认为，水平空间隐喻取决于个体的身体特异性，与语言文化因素无关。

那么，水平空间隐喻形成的原因究竟是什么？是语言文化因素导致的，还是身体特异性反应导致的？语言文化因素可否调节身体的特异性反应？这是笔者主要探讨的问题。

纵观以往研究，我们发现，大部分支持身体特异性假说的研究都是在欧美文化下进行的，欧美文化中的人们对"左/右"概念的认知并无太大差异（殷融等，2012），这就造成了文化限制因素的作用不够突出，因此，个体更可能受到身体特异性的影响。要想深入了解语言文化因素的作用，需要寻找一种"左右"禁锢明显的文化。马来西亚是东南亚最大的伊斯兰国家之一，同时也是世界上 20 多个把伊斯兰教定为国教的国家之一。其执政党联盟的核心成员清一色是伊斯兰教徒（张禹东，1996）。全国 60% 以上的人口是穆斯林（Weintraub，2013），无论在历史上还是现实生活中，马来人的文化、生活方式、价值观念都深深地受到伊斯兰教的影响（郭茂硕，2020）。从各个方面看，马来西亚都是一个典型的伊斯兰教国家。伊斯兰教有严格的"禁左崇右"倾向（de la Fuente et al., 2015）。在伊斯兰文化中，人们进厕所时应先迈左脚，进清真寺时应先迈右脚；教徒被要求必须使用右手进行饮食，使用左手从事肮脏的工作（殷融等，2012；de la Fuente，2015）。这种"禁左崇右"倾向在伊斯兰文化中相当明显。在这样的文化中，我们推测，个体的空间隐喻很可能会受到文化因素的影响。因此，本研究选择马来西亚的伊斯兰文化背景来考察水平空间隐喻。同时，为了比较不同文化背景对水平空间隐喻的影响，我们还选择了同时存在"崇右卑左"和"崇左卑右"两种倾向的中华文化。在中国的传统文化中，当指官位、职位、地位、财富等时，以右为尊，比如豪族称为"豪右"；贫民称为"闾左"；升迁为"右迁"，而贬谪为"左迁"。当指吉凶、座位、方位、序次等时，以左为尊。如《老子》中提到"吉事尚左，凶事尚右"，民间也流传着"左眼跳财，右眼跳灾"的说法（谭学纯，1994；曾传禄，2005）。中国古人"崇右卑左"和"崇左卑右"，不是价值观念的转换，只是认识坐标的置换（谭学纯，1994）。左右方位所对应的尊卑并无绝对的优势，而且，随着社会的发展、观念的更新，现代人们对"左/右"概念的认知差异逐渐缩小，尊卑观念逐渐弱化。选择这两种截然不同的文化，可以让我们更好地了解文化因素对认知产生的影响。

此外，以往水平空间隐喻的研究多采用具有效价的积极词和消极词。这些词语的意义具有明显的褒贬之分，在语言文化因素的作用下，容易诱发被试形成"右好左坏"的联结。因此，这种联结可能具有词汇的特殊性。为此，本研究采用更加中性的权力词作为研究材料。权力这一抽象概念被社会心理学定义为"影响和控制他人的相对能力"（Anderson，2003）。比如："领导"一词相对"手下"或者"下级"存在，具有相对较高的权力。这类词在语言文化中没有明显的、特定的左右联结倾向，因此，可以更好地探究文化因素和身体特异性的作用。再者，以往空间隐喻的研究多是针对母语的研究，这些研究无法考察另一语言文化对同一群体的影响。为此,笔者拟比较同一群体在母语和二语两种不同的语言和文化背景中的表现,直接考察语言文化和身体特异性对水平空间隐喻的影响。

2 研究方法与程序

2.1 研究假设

如果个体的水平空间隐喻只受语言文化因素的影响,而与身体特异性无关,那么在同一语言文化背景中的左、右利手者的反应就没有差异;如果水平空间隐喻只受身体特异性的影响,那么,左、右利手者应该依据自身特性,表现出明显不同的隐喻联结,并且这种差异不仅应该体现在母语的加工中,也同样应该体现在二语的加工中;如果水平空间隐喻同时受两种因素的影响,我们将不仅看到左、右利手者反应的差异,也应该看到马来母语和汉语二语加工的差异。

2.2 研究对象

本研究被试为 60 名中国某高校本科四年级的马来西亚母语学生。男生 24 人,女生 36 人。左利手 10 人,右利手 50 人。参照以往研究,左、右利手的判定方法采用自我报告法(Coren, 1993; Casasanto, 2009),辅以任课教师的观察和确认。被试裸眼或矫正视力正常。

2.3 研究材料

由于本研究需要同时进行马来母语和汉语二语的研究,为了消除研究材料的差异带来的影响,研究材料采用相同的母语和二语权力词。鉴于学生母语和二语水平的不均等,寻找汉语词汇的限制条件更多,因此,材料的选取从汉语权力词开始。具体过程如下:

第一步,初选词汇。根据《汉语水平考试词汇大纲》,挑选出高权力词、低权力词。为防出现语义干扰,所选词汇均不含有汉字"左"和"右"。

第二步，汉语母语者权力词评定（n = 25）。采用 7 点量表评分，"1"表示权力最弱，"7"表示权力最强。剔除平均得分在 3—4 分（含 3 分和 4 分）的词语。

第三步，马来母语者权力词评定（n = 20）。先由两名本科四年级马来语专业的中国学生将词语翻译成马来语，并请两名马来西亚母语者进行确认，确保马来语词汇翻译准确，为常用词且无水平方位信息。由 20 名马来西亚母语学生对这些词的权力属性进行 7 点量表评分，"1"表示权力最弱，"7"表示权力最强。剔除平均评分在 3—4 分（含 3 分和 4 分）的词语。

第四步，二语者词语熟悉度评定（n = 19）。考虑到二语者的熟悉度评定可能无法像母语者那样精细，这里参照吴思娜等（2019）的研究，采用 5 点量表，"1"为非常不熟悉，"5"为非常熟悉，并剔除得分在 2 分及以下的词语。

第五步，最终确定高、低权力词各 28 个，它们在熟悉度（$t_{(19)} = -0.604$, $p = 0.553$）、词频（$t_{(54)} = 0.072$, $p = 0.943$）、笔画数（$t_{(54)} = 1.53$, $p = 0.795$）方面的差异均不显著。

2.4 研究设计与程序

本研究为语言类别（母语 vs. 二语）×一致性（一致 vs. 不一致）×利手（左 vs. 右）三因素的混合方差分析，其中语言类别和一致性因素为被试内因素，利手为被试间因素。根据以往研究结果，右利手者倾向于"右好左坏"的联结方向，左利手者倾向于"左好右坏"的联结方向（Casasanto, 2009; Kong, 2013）。以往文献中并未明确地规定权力词的高低与"好""坏"的隐喻联结方向。考虑到伊斯兰教的《古兰经》倡导人要谦卑、服从，谴责傲慢和自以为是，我们设想"低"（如低微、谦卑、顺从）同"好"联结，"高"（如权高、自大、骄傲）与"坏"联结，据此设计了隐喻一致和不一致条件（见表 57）。对于右利手者，一致条件为"左高右低"，不一致条件为"左低右高"；对于左利手者，一致条件为"左低右高"，不一致条件为"左高右低"。本研究中，右利手的一致条件是左利手的不一致条件，而右利手的不一致条件是左利手的一致条件。

表57　不同利手者的隐喻条件

利手＼隐喻条件	一致	不一致
右利手	左—高/右—低	左—低/右—高
左利手	左—低/右—高	左—高/右—低

研究在 Macbook 的 Windows 10.0 虚拟系统中进行。采用 E-prime 2.0 软件将刺激呈现在 13.3 英寸计算机显示器上。计算机刷新频率为 60HZ，分辨率为 1280×800。被试与计算机保持 60 cm 的视距，直至研究结束。

由于汉语和马来语的研究材料为同一批词语，为防止相互影响，研究共分两个阶段。每个被试的测试间隔为 5 周。每一阶段左、右利手各一半被试进行母语研究，另一半被试进行二语研究。研究材料随机呈现，被试测试的顺序随机安排。

本研究采用 Ouellet 等人（2010）的空间线索范式。该范式具体操作流程如下：在开始前，被试被告知这是一个对词语类型进行判断的研究。研究开始时，首先在屏幕的正中间会出现一个呈现时间为 500ms 的"＋"，消失后，在屏幕中央随机出现一个高权力词或低权力词，词汇呈现时间为 2500ms。词语消失后，立即在屏幕左侧或右侧随机呈现一个黑点，时间为 100ms，被试需要快速地对黑点的位置进行判断，左侧按"F"键，右侧按"J"键。点击键盘或 2500ms 后未做出反应，黑点消失，出现 1000ms 的空屏。空屏消失后，屏幕上会出现让被试进行判断的提示：刚才出现的词语是高权力还是低权力？高权力词按"Y"键；低权力词按"B"键。被试反应后，出现 1000ms 空屏，随即进入下一轮。如果被试在 4000ms 以内没有对问题做出反应，空屏 1000ms 后进入下一轮。研究流程如图 31 所示。

正式研究开始之前会有 8 个词语（高、低权力词各 4 个）的练习。和正式研究不同的是，练习阶段被试的按键反应会有"正确"或者"错误"的提示。如果反应不及时，会出现"没有及时反应"的回馈。练习结束以后，如果被试熟悉研究程序，按"I"键进入正式研究；否则按"M"键返回继续练习。马来母语研究条件下所有的材料用马来语呈现，而汉语二语研究条件下所有材料用汉语呈现。

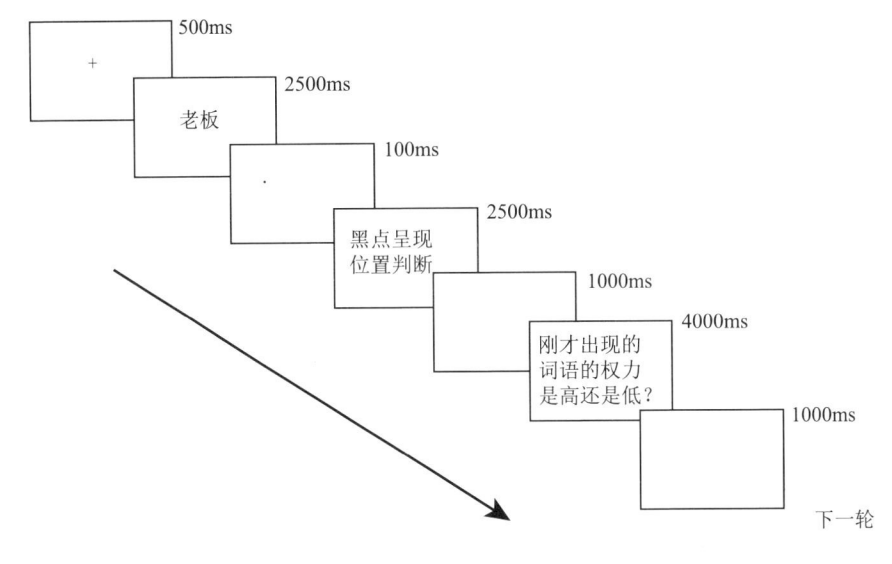

图 31　研究流程图

3　研究结果与分析

3.1　语言类别、一致性和利手的三因素方差分析

按照以往惯例，删除正确率低于75%和3个标准偏差以外的数据（Ouellet et al.，2010），同时删除未及时反应或反应错误数据，只保留判断正确的数据。两个研究删除数据占总体的7.83%和6.91%。

为了直接对比两种语言测试条件下不同利手被试在一致和不一致条件下的反应时差异，进行了语言类别（母语 vs. 二语）×一致性（一致 vs. 不一致）×利手（左 vs. 右）三因素的混合方差分析，其中语言类别和一致性因素为被试内因素，利手为被试间因素。结果发现了显著的语言类别主效应（$F_{(1,58)} = 5.564$，$p = 0.022$，$\eta_p^2 = 0.089$），被试在马来母语中的反应快于在汉语二语中的反应；一致性主效应显著（$F_{(1,58)} = 20.575$，$p < 0.001$，$\eta_p^2 = 0.262$），总体上，被试在一致条件下的反应比不一致条件更快；左、右利手的反应时没有明显差异（$F_{(1,58)} = 0.006$，$p = 0.940$，$\eta_p^2 = 0.000$）。此外，还发现一个显著的

| 中文作为第二语言学习者的认知研究

语言类别、一致性和利手的三重交互作用（$F_{(1,58)} = 10.88$，$p = 0.002$，$\eta_p^2 = 0.158$）。进一步分析可知：不同利手者在母语和二语中表现的模式不同。右利手被试在母语和二语中表现相同，一致性条件的反应时快于不一致条件（$p = 0.053$；$p < 0.001$）；左利手被试在母语中和二语中的表现不同。母语中不一致条件的反应时更短（$p = 0.054$），但二语中一致条件的反应时更短（$p < 0.001$）。交互作用见图32和图33。接下来，我们将分别讨论汉语二语和马来母语权力词的水平空间隐喻。

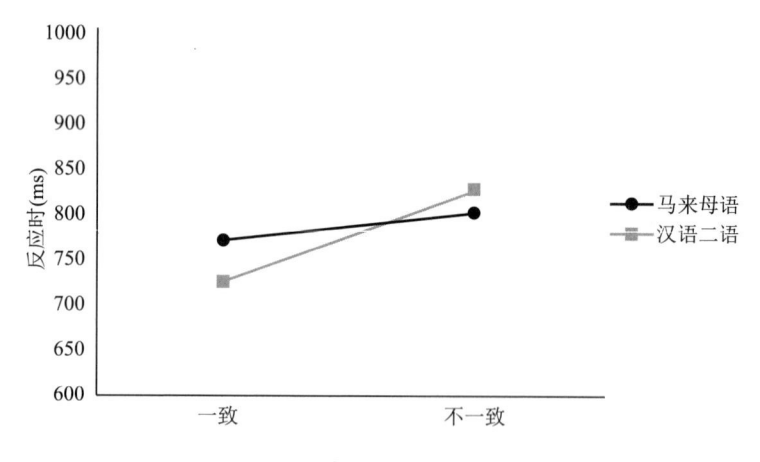

图32 右利手者启动模式

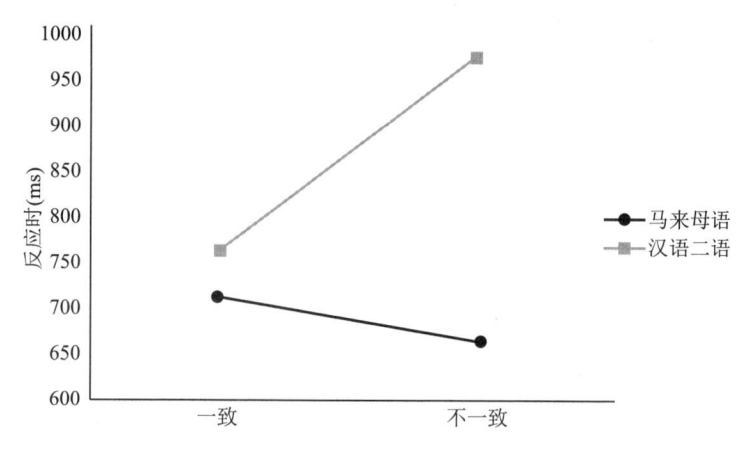

图33 左利手者启动模式

3.2 汉语二语权力词的水平空间隐喻

汉语二语权力词的反应时和标准偏差见表58。方差分析的结果显示,左利手和右利手被试的反应时没有显著差异($F_{(1,58)}=2.594$,$p=0.113$,$\eta_p^2=0.043$)。这同母语权力词的结果一致。所不同的是,汉语二语权力词的一致性效应显著($F_{(1,58)}=39.713$,$p<0.001$,$\eta_p^2=0.416$),一致条件下的反应时明显短于不一致条件,这说明,汉语二语权力词的加工存在明显的水平空间隐喻。利手和一致性的交互作用显著($F_{(1,58)}=4.657$,$p=0.035$,$\eta_p^2=0.074$)。进一步分析显示,右利手和左利手者都存在明显的一致性效应($t_{(49)}=5.342$,$p<0.001$;$t_{(9)}=3.746$,$p=0.005$),而左利手被试的一致性效应更大。但是值得注意的是,左、右利手的一致性条件是相反的,因此,右利手者实际上是"左高右低"的联结,而左利手者是"左低右高"的联结。在汉语二语的加工中,右利手者的联结方向不仅与其利手特征一致,也与其母语文化规范一致。左利手被试的联结方向与右利手被试、母语文化的要求都不相同,但与其利手特征相吻合。

3.3 马来母语权力词的水平空间隐喻

马来母语权力词的反应时和标准偏差见表58。方差分析的结果表明:左利手和右利手被试的反应时没有差异($F_{(1,58)}=3.293$,$p=0.075$,$\eta_p^2=0.054$),这说明,利手类型对被试的反应速度没有影响。一致条件和不一致条件的反应时也没有显著差异($F_{(1,58)}=0.273$,$p=0.603$,$\eta_p^2=0.005$)。但是,我们不能简单地就此得出结论:马来母语权力词的加工不存在水平空间隐

表58 母语和二语权力词的反应时(ms)和标准偏差

语言类型	隐喻条件	右利手	左利手
马来母语	一致	773(138)	712(271)
	不一致	803(137)	665(272)
汉语二语	一致	726(155)	766(195)
	不一致	829(198)	976(205)

喻，因为利手和一致性的交互作用显著（$F_{(1,58)} = 4.917$，$p = 0.031$，$\eta_p^2 = 0.078$），这表明，左、右利手的反应模式不同。进一步检验发现，右利手被试的一致条件比不一致条件的反应时更短（$t_{(49)} = 1.980$，$p = 0.053$）；这说明右利手被试倾向于将左侧和高权力、右侧和低权力联结，存在"左高右低"的水平空间隐喻，其联结方向与其利手特征和母语文化特征的要求一致。与右利手被试不同的是，左利手被试的不一致条件比一致条件的反应时更短（$t_{(49)} = -2.212$，$p = 0.054$）。值得注意的是，本研究中左利手被试的不一致条件恰恰是右利手被试的一致条件，因此，在母语加工条件下，左利手被试也倾向于将左侧和高权力、右侧和低权力联结，存在"左高右低"的水平空间隐喻。其联结方向与自身利手特征相反，但同右利手被试相同，并且与其母语文化的要求一致。

4 语言文化与身体特异性对水平空间隐喻影响的讨论及主要结论

4.1 语言文化和身体特异性对水平空间隐喻的影响

本研究通过母语和二语研究考察了语言文化因素与身体特异性对个体水平空间隐喻的影响。按照语言文化假说的预测，左、右利手者根据文化的要求，都应形成"左高右低"的空间隐喻；按照身体特异性假说的预测，左、右利手者由于利手经验不同，将形成不同的联结方式。左利手者应表现为"左低右高"的联结，右利手者为"左高右低"的联结。这里对于汉语二语权力词的加工，左、右利手者都倾向于将低权力（积极意义）赋予利手一侧，而将高权力（消极意义）赋予非利手一侧。左、右利手者产生的空间隐喻方向不同，分别是"左低右高"和"左高右低"。这符合身体特异假说的预测，而不符合语言文化假说的预测，因为没有任何文化明确赋予左侧积极意义（de la Fuente, 2015），所以左利手形成的"左低右高"的联结不能用语言文化假说来解释，只适合用身体特异性假说来解释。这个结果也和 Casasanto（2009）、de la vega（2012、2013）、Kong（2013）等人对英语母语者和英语二语者的研究一致。另一方面，在马来母语的加工条件下，左利手者的空间隐喻方向发生了逆转，表现出同右利手者相同的模式，即"左高右低"的联结。该联结方向同伊斯兰文化"禁左崇右"的要求一致。因此，马来母语的研究结果暗示，水平空间隐喻受语言文化因素的影响。

通过汉语二语和马来母语的研究我们发现，语言文化因素和身体特异性因素都会影响个体水平空间隐喻的形成，它们在不同的文化条件下发挥着不同的作用。单纯地认为一种假说正确，而另一种假说错误，可能并不全面。

4.2 语言文化对身体特异性反应的调节作用

个体表现出身体特异性反应还是文化一致性效应，可能要依据某种文化的限制作用。在文化限制较弱的环境中，个体的水平空间隐喻更可能表现为身体特异性反应。本研究中汉语二语条件下的结果以及 Casasanto（2009），de la vega（2012、2013）、Kong（2013）等人对英语母语者和英语二语者的研究，都说明了这一点。但是，当文化背景的限制作用足够强时，文化因素的作用就会变得很突出，并且还会改变基于身体的反应模式。为了解释文化对认知和行为的影响，Bedir（1992）提出了文化图式（culture schema）的概念。文化图式是某一特定文化中建立在经验之上的先验的知识结构，是人的文化背景知识。文化图式以思维方式、价值观、宗教信仰、民俗、生活方式、社会制度等形式存在于人的头脑中（Cohen & Leung，2009），用来认知各种文化现象（刘明东，2003）。文化图式和个体行为的关系是互动演化的，个体的身体状态、情感认知在特定的文化环境中与文化观念的联结逐渐增强，形成了复杂的文化图式，这种复杂的文化图式反过来又会影响和缔造人的身体状态（Cohen & Leung，2009）。文化环境对文化图式的形成起着决定性的作用（和秀梅等，2015）。伊斯兰教文化在社会生活的各个方面规约着生活在其中的个体，使个体不仅按照教义的规定行动，也按照教义的规定认知，引发个体形成特定的文化图式。这种内隐的文化图式一旦形成，便会直接参与个体的行为反应，个体在认知活动中会自动激活相应的文化图式。对于本研究中的右利手者而言，因为身体特异性反应和文化规范一致，因此他们形成的"左高右低"的空间隐喻在母语和二语加工中都没有改变。但是对于左利手者而言，在二语加工条件下，左右效价差别不明显的汉文化图式受到激活，文化的限制性弱，所以表现出与其利手经验相匹配的"左低右高"联结；而在母语加工条件下，"禁左崇右"的伊斯兰文化图式得到激活，文化的限制性强，所以他们表现出与文化一致的"右低左高"模式。

本研究的结果说明，文化因素对个体的身体反应具有重要的调节作用。以往的一些研究结果也支持了这一观点。Chen 等（2018）发现，虽然生活在中国的同一村庄，回族学生存在水平空间隐喻，而汉族学生则没有。表明即使生活经验类似，语言文化的差异依然会引起隐喻联结的变化。和秀梅等（2015）在分析汉族人和摩梭族人对亲属关系的空间隐喻时发现，由于文化和习俗的差异，两个群体形成了不同的左右空间隐喻。Scharine & McBeath（2002）的研究也发现，虽然利手是行为反应最好的预测指标，但社会习惯也影响人的行为方式。

综上所述，我们认为个体的水平空间隐喻受语言文化因素和身体特异性因素的双重影响。当文化限制作用较弱时，个体水平空间隐喻的联结更多受个体利手经验即身体特异性的影响，而当文化限制作用明显时，个体更倾向于遵循文化定义。群体的语言文化对个体身体特异性反应具有调节作用。

4.3 研究主要结论

本研究采用空间线索提示范式，考察了左、右利手者在母语和二语权力词加工中的水平空间隐喻的联结特点，并探讨语言文化因素与身体特异性因素对个体水平空间隐喻的影响。结果发现，在汉语二语加工中，左、右利手者的水平空间隐喻方向不同，表现出与各自利手经验匹配的反应，符合身体特异性假说的预测。但在具有强大的"禁左"文化的母语加工中，左利手者的联结方向改变成与右利手者一致，并且这种联结方向同禁左文化的要求一致。研究就语言文化和身体特异性因素对水平空间隐喻的作用进行了分析。本研究也存在一定的局限性：1）本研究中的被试在中国生活了四年多时间，深受中国文化的影响。同时，他们的汉语水平相对较高，相当于汉语水平考试 5 级水平（留学生须达到汉语水平考试的最高级别——6 级水平方能毕业），因此研究结论是否能推及初学汉语的马来西亚学生还未可知；

2）笔者仅探讨了文化因素和身体特异性因素对水平空间隐喻的影响，但是这两种因素对认知加工的影响还可进行更广泛和更深入的探索。这些都将是我们未来的研究方向。

第五章

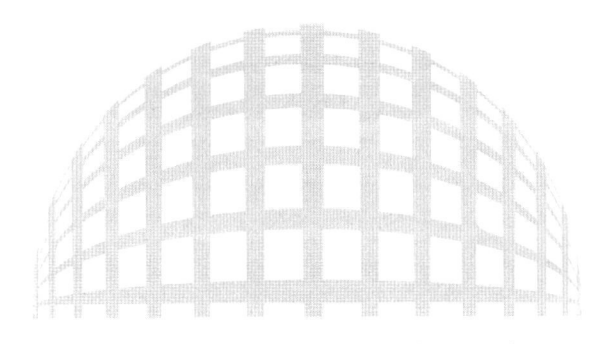

中文作为第二语言学习者的个体差异与教材需求

- 日本与马来西亚学生阅读中的元认知策略
- 认知风格与外国学生学习成绩的关系
- 中文作为第二语言学习者阅读教材需求分析
- 从《大家的日语》看国际中文教材编写
- 基于学习风格的教材二次开发

第一节　日本与马来西亚学生阅读中的元认知策略

1　阅读策略中的元认知策略

元认知，可以简单地概括为"认知的认知"，是学习者对思维和学习过程的理解和掌控（Koda，2005），被认为是"阅读理解能力的预测者"（Baker，2008）。大量英语研究的证据表明，阅读策略中的元认知意识在提高阅读能力方面具有重要的作用（Baker，2008）。Garner（1987）认为，学生在词汇和解码方面的缺陷而造成的阅读理解困难，其实可能是由于策略知识的缺乏，而Mokhtari（2002）的研究也证实，理解的意识和监控过程是熟练阅读的重要方面。更多的一些研究则关注于探索学习者使用的具体策略以及不同群体、不同语言的使用差异。

在策略的使用上，很多研究发现最受欢迎的策略为问题解决策略，然后是支持策略和总体策略。Madhumathi & Ghosh（2012）考察了印度的 ESL 的元认知策略，问题解决策略使用最多；Ghyasi（2011）调查了 194 个伊朗不同大学的英语专业的学生，发现最受欢迎的仍然是问题解决策略；Alhqbani & Riazi

(2012）发现阿拉伯语作为第二语言的学习者，使用问题解决策略比支持策略和总体策略更有效；Kudeir（2012）也证实，学生最常用的是问题解决策略。但是在支持策略和总体策略的使用上，不同研究则有不同发现。Madhumathi & Ghosh（2012）发现支持策略的使用优于总体策略，而 Ghyasi（2011）则表明总体策略的使用好于支持策略。

不同的研究还发现了明显的个体差异。Madhumathi & Ghosh（2012）发现女生比男生使用更多的策略。Kudeir（2012）也证实了性别差异，女生比男生使用更多的策略。同时，他们还发现成绩好的学生更多地使用策略。Sheorey & Mokhtari（2001）对 105 名美国大学生和英语为第二语言的大学生的调查结果显示：美国女生的策略使用要显著高于男生，Alhqbani & Riazi（2012）发现非洲背景的学生比亚洲背景的学生更多地使用总体策略。同时，三、四年级的大学生比一、二年级的大学生更多地使用策略。

很多研究发现了阅读策略和阅读能力之间的关系。Madhumathi & Ghosh（2012）发现策略的使用和阅读理解成绩之间具有正相关；Alhqbani & Riazi（2012）也表明策略的使用和二语阅读能力显著相关。Sheorey & Mokhtari（2001）在发现性别差异的同时，也发现两组学生阅读策略的使用都与阅读能力显著相关。Kletzien（1991）研究了阅读策略及其与第二语言阅读成功与否的关系。研究表明，成功与不成功阅读者的策略使用是不同的，成功阅读者通过不同的方式使用不同的阅读策略，某些阅读策略的使用和成功与不成功的二语阅读有显著的相关性。Jimenez 等人（1996）则在研究中发现，二语阅读水平不同，学习者使用的阅读策略和质量也不相同。高水平的阅读者使用的策略种类较多，而且使用得更合理、更有效。通过对元认知策略的训练，不仅可以增加策略使用次数，也能提高学生的阅读能力（曾详敏，2009）。事实上，元认知策略不仅影响阅读和理解，对其他学科的学习同样也具有促进作用。在最近的一篇研究中（夏林丽等，2022），研究者基于 PISA2018 数据分析发现，元认知策略对学生的数学学习有显著的正向影响。

国内学者对于英语作为第二语言学习策略的研究开展得比较充分，取得了丰硕的成果。但是汉语作为第二语言学习策略的研究目前还相当有限。吴华（2010）在对外汉语教学中对实验组被试进行 18 个星期的元认知策略培训，通过与控制组成绩的比较,认为元认知策略的培训明显改善了被试的阅读成绩,并提高了学生的阅读主动性。戴雪梅(2013)发现元认知策略的训练和学生的阅读成绩提高有关。他们比较了实验组和控制组的学生的考试成绩,发现经过元认知策略培训的实验组学生的成绩显著高于控制组的学生。但由于作者没有报告两组被试前测的结果,因此无法确定研究所获得的差异是由训练所致,使得该研究结论的可靠性受到一定影响。张晶、王尧美(2012)考察了来华学习的预科学生的元认知策略,结果发现元认知策略与成绩呈边缘相关模式。

综观前人的研究不难发现,汉语作为第二语言元认知策略的研究还相当有限,另外研究比较初步,也没有考察不同母语背景、不同学生水平学习者之间元认知策略上的差异。而这些对于了解学生的学习过程和规律,改善教学效果都是很有帮助的。为此,我们主要考察以下几个问题:(1)留学生汉语学习的元认知策略是怎样的?(2)不同国家学生的反应模式是否相同?(3)不同学习水平学生的元认知策略有何不同?

2 研究方法与程序

2.1 研究对象

北京外国语大学马来西亚班学生33人,大东文化大学日本学生32名,汉语学习时间为2年半至3年。其中男生21人,女生41人,性别不详3人。

2.2 研究材料

2.2.1 元认知策略

语言学习策略问卷采用MARSI(Meta-cognitive Awareness of Reading Strategy Inventory, Mokhtari, 2002)。该量表用于测量语言学习策略中元认知意识,具有良好的内部一致性信度(0.89)。共有30道题。分为三大类,即总体策略(13项)、问题解决策略(8项)及支持策略(9项)。总体策略指的是跟课文的整体分析有关的策略,如阅读之前先浏览一下内容;问题解决策略是当文章的理解出现困难时的调整和修补策略,如根据阅读内容调整阅读速度;支持策略是记笔记、查字典等帮助策略。每个题目有 5 个选项,从 1 到 5 为"从来不"到"总是如此",被试根据自己的实际情况选择合适的数值。

2.2.2 阅读理解

HSK5 级模拟试题的阅读理解部分作为理解测验,共 45 题,包含从句子到篇章的不同阅读类型。计算被试的正确率。

2.3 研究程序

全部测验分两次施测。先进行阅读理解测验,时间为 HSK5 级阅读考试规定时间 45 分钟。间隔一周测阅读策略,时间为 30 分钟。发放问卷 65 份,回收有效问卷 61 份,有效率 94%。数据分析采用 SPSS19.0 统计软件。

3 研究结果与分析

3.1 被试的总体情况及不同国家的差异分析

表 59 中列出了被试在全部测验中的平均数。阅读理解的平均正确率为 0.65,日本和马来西亚学生的成绩没有明显差异($t_{(60)} = 1.93$,$p > 0.05$)。总体策略和支持策略的使用方面,马来西亚学生多于日本学生($t = 4.19$,$p < 0.001$;$t = 2.45$,$p < 0.05$),问题解决策略的使用上两国学生没有差异($t_{(60)} = -0.04$,$p > 0.05$)。

表 59 各测验的描述统计及差异检验

测试项目	全体	日本学生	马来学生	t 值及显著性
阅读理解(正确率)	0.65	0.61	0.69	-1.93
GS(总体策略)	3.21	2.83	3.52	-4.19***
PS(问题解决策略)	3.81	3.81	3.80	0.04
SS(支持策略)	3.18	2.95	3.37	-2.45*

注:*$p < 0.05$;**$p < 0.01$;***$p < 0.001$

另外,在三种阅读策略的使用上,问题解决策略的使用频率远高于其他两种策略($t = 7.53$,$p < 0.001$;$t = 8.27$,$p < 0.001$)。日本学生三种策略的方差

分析差异显著（F = 56.04，p < 0.001），这说明，三种策略的使用上存在明显的差异。Bonferroni 校正的配对 t 检验结果显示，问题解决 > 总体 = 支持（t = 9.58，p < 0.001；t = 8.29，p < 0.001；t = 1.24，p > 0.05）。马来西亚学生三种阅读策略之间的方差分析检验差异也显著（F = 14.29，p < 0.001）。Bonferroni 校正的配对 t 检验发现，问题解决 > 总体 > 支持（t = 3.22，p = 0.003；t = 2.81，p = 0.008；t = 4.39，p < 0.001）。

3.2 不同阅读水平学生元认知策略的差异

为了进一步了解阅读理解和元认知策略的关系，我们将根据阅读理解成绩进行分组。把全体学生的阅读理解成绩按照从高到低的顺序排列，前 20 名学生为高水平组，后 20 名学生为低水平组。两组的各项成绩见表 60。

表 60　不同阅读水平学生的元认知策略差异

测试项目	高水平	低水平	t 值及显著性
阅读理解（正确率）	0.84	0.47	14.35***
GS（总体策略）	3.44	2.84	2.99**
PS（问题解决策略）	3.98	3.81	0.74
SS（支持策略）	3.42	2.99	2.02*

注：* p < 0.05；** p < 0.01；*** p < 0.001

独立样本 t 检验的结果发现，两组学生在阅读理解成绩上差别显著。具体考察不同元认知策略上的差异发现，在 GS 和 SS 上，两组学生都存在显著差异，但在 PS 上没有差异。高水平组的学生比低水平组学生更多地使用 GS 和 SS。

4　日本与马来西亚学生阅读中的元认知策略讨论与教学启示

4.1　问题解决策略成为使用最多的策略

从分析中我们可以看出，总体模式上问题解决策略的使用频率比其他两种策略更高，这说明问题解决策略是在阅读理解中最常用的策略。这种策略之所以受到重视,我们考虑可能是和阅读理解的过程有关。因为阅读理解过程是一个复杂的认知加工过程,它需要解码、字词加工、句法加工、意义提取、段落整合等多个环节的协同作用,因此常常会伴随各种问题的出现,理解需要有效排除这些障碍,也就需要读者具有一定的能力和策略,问题解决策略也就成为学生最常用的策略。这和前人的研究是一致的(Madhumathi & Ghosh, 2012; Ghyasi, 2011; Alhqbani & Riazi, 2012; Kudeir, 2012)。从我们的分析可以看出:日本和马来西亚的学生都一样,两个国家学生最常用的策略都是问题解决策略。在5个使用频率最高的策略中,问题解决策略包含了4个,其中使用最多的是"课文变难的时候,我会重读以增加理解""我试图猜测不认识生词的意思""课文难的时候,我会增加注意""我根据阅读内容调整阅读速度"。可以看出,这些策略都与阅读理解中的文本信息整合有关。

4.2 不同国家学生元认知策略使用的差异

我们区分了不同策略的使用上两国学生的差异。在问题解决策略的使用上,日本学生和马来西亚学生没有差异,都是使用频率最高的策略。在8个题目中的6个题目上,两组学生都没有差异。但是在两个题目上两国学生明显不同。在"我走神时,我会努力把自己拉回来"策略上,日本学生使用率显著低于马来西亚学生,而在"我不时地停下来思考我所阅读的内容"上,日本学生的使用率明显高于马来西亚学生。这说明日本学生在阅读时更加关注信息的整合,强调对文本信息进行归纳与综合,侧重意义的理解。而马来西亚学生则更多关注阅读时的加工状态,尽力使自己的注意保持在阅读材料上。

在总体策略上,日本学生比马来西亚学生使用频率更少。总体策略的13个项目上,6个项目没有差异,7个项目上日本学生的使用频率都低于马来西亚学生,包括"在阅读之前我先浏览一下课文,了解一下它关于什么方面""我先快速浏览一遍课文,看看它的长度和组织结构""我决定什么可以细读,什么可以忽略""我在课文中采用图、表等方式帮助理解""我采用粗体或斜体等来辨别关键信息""我严格地分析和评价课文中的信息""我努力猜测这个材料讲的是什么"都比马来西亚学生更少使用。我们认为这可能与东方的教育模式有关。学生的阅读过程是自下而上的方式,从字词的识别开始,然后到语义的分析，最后到段落的整合过程。因此，学生对于自上而下的加工策略使用较少。上面提到的7个项目都是这一种情况。而马来西亚由于原隶属英联邦国家，因此沿袭了英国的教育体制，受英国教育模式的影响，注重学习者因素，重启发，重发现，强调讨论研究。学生可能更多地运用头脑中已有的知识和策略进行学习和理解。因此，更多使用自上而下的加工模式进行阅读。

支持策略的9个项目中，差异显著的有6个项目，日本学生比马来西亚学生更少使用"记笔记帮助理解""当课文难的时候，我大声读出来帮助理解""我进行总结帮助我反思重要信息""我和别人讨论我读的内容来确定我的理解是否正确""我用自己的词来替换文中的词以更好地理解意思""我阅读时向自己提问"。可以看出，这些项目都是需要与别人讨论或者出声的项目。这和日本的民族性格不太吻合。日本人是一个相对内向、不喜欢表露个人想法的群体，前人研究也发现日本人更喜欢自己做事，而不是和别人一起讨论。因此需要讨论或者出声思考的策略，也不太受日本人欢迎。虽然两个国家的学生存在很大不同，但在两个题目上，两组是相同的。前面提到"记笔记帮助理解"日本学生的使用频率少于马来西亚学生，其实两组的使用率都很少，而且这个策略在其他的研究中也被证实是使用频率最低的策略。而"我用画线或者画圈的方法帮助记忆"则在两组中都较多使用。这是因为这个方法既简单又方便，能够快速地标记，而且在复习时又重点突出。不仅是这两个国家的学生喜欢这种方式，其他国家如伊朗学生也是如此（Ghyasi, 2011）。

4.3 高低水平学生的认知策略差异

高低水平的学生在问题解决策略使用上没有差别，在总体策略和支持策略使用上差异显著，高水平的学生的使用频率均高于低水平学生。这说明高水平组的学生在使用自上而下和自下而上的两种方式加工，可以使用更多的策略来弥补语言水平的缺陷，节省记忆资源，使更多的资源用于理解过程。说明低水平学生的这种加工能力欠缺。支持策略上有2道题差异显著，这两道题是"我记笔记来帮助理解"和"当文章变难的时候，我大声读出来帮助我理解"。记笔记可以减轻记忆负担，帮助阅读者节省认知资源，从而更好地进行理解。而大声读出来则反映了读者自下而上从字词加工开始以获取句子意思的过程。低水平的学生在阅读时自下而上的加工过程也存在一定不足。虽然我们发现高低水平学生在总体策略和支持策略使用上存在差异，但是还无法证明这种差异和阅读成绩的因果关系，仍需进一步深入的研究。

第二节 认知风格与外国学生学习成绩的关系

1 认知风格与二语学习

自从 20 世纪 60 年代后期，第二语言习得的研究方法开始从客体逐渐向主体过渡以来，研究者的研究重心即从对语言本身、教材、教法等客体的研究过渡到对学习者主体的研究。相似的语言环境中相同的语言输入对学习者产生不同的学习效果。这说明在第二语言习得中，学习者自身具有很大的差异，其中认知风格的差异是长期以来研究的重点（杨玉芳，2007）。它是一个人在感知、记忆和思维过程中经常采取的、受到偏爱的和习惯化了的态度和风格。国内外的学者对此展开了大量的研究（Chapelle，2002；Witkin，1981；戴运财，2002；刘润清，1990；秦晓晴，1997；胡卫平等，2017；李秀妍、伍珍，2021；薛耀锋、曾志通，2020）。然而不难发现，以往的研究多为汉语母语者或者英语为第二语言者的研究，而对于数目越来越庞大的中文作为第二语言学习者的研究仍然十分有限。另外，这些研究多只针对某一学科或学习的某个阶段进行，无法考察认知风格对不同学习科目的影响，同时也无法衡量对不同学习阶段的学习者的影响程度。并且，对于认知风格和学业成绩的关系，研究者的结果也是莫衷一是。

到目前为止，研究者对于认知风格有多种不同的分类，其中最具代表性也是研究最广泛的分类方式是场独立与场依存方式。"场"是指周围环境，场独立和场依存就是根据个体受环境影响的程度而划分的认知风格。Witkin 将依赖外部线索，受环境影响较大者定义为场依存型，而依赖内部线索，并较少受环境因素影响者定义为场独立型。一般认为，场依存者往往更多利用外在参照作为信息加工的依据，在社会敏感和社会技能上高，而在认知改组技能和人格自主性上低。场独立者往往倾向于更多地利用内在参照，比较喜欢孤独的、与人无关的情境，在认知改组技能和人格自主性上高，但在社会敏感和社会技能上低（Witkin，1981）。人们对认知风格的研究已经深入到思想和行为的各个领域，包括认知风格与领导能力的关系、与性格的关系、与兴趣爱好及专业分化的关系、与人际交往及创造力的关系以及与学业成绩的关系等。其中，对于认知风格与学业成绩的关系，研究者各怀己见，提出了三种不同的设想：（1）场独立者更善于学习第二语言，因为这种人能更好地注意课堂学习或交谈中的相关变量；（2）场依存者更善于学习第二语言，因为这种人有社交倾向性和更强的移情特点；（3）二者都以不同的方式促进外语学习，场依存型能促进自然语境中的外语学习，而场独立型在正规课堂学习中效果更好。围绕以上假设，研究者纷纷从不同角度开展实证研究加以验证（秦晓晴，1997）。

一些研究发现，场独立型人的综合语言能力较强，擅长结构性测试，如完形填空、综合题和语法测试等，是好的语言学习者（Hansen，1981；Bachman，1990；Chapelle，1990、1992；Alptekin，1990）。但同时也有人发现，场依存型的学习者在口语面试和听力测试中更胜一筹（Naiman，1978；Bachman，1990）。另外，在写作能力上，场独立型和场依存型人在记叙文写作能力上也存在明显差异，场独立型明显优于场依存型。但是并没有发现二者议论文上的差异（Nilforooshan，2007）。

然而，一部分学者（Brown，2000；Chapelle，2002；Ellis，1994；Reid，2002；Skehan，1989）也通过大量的实证研究发现在二语习得中，不管是场独立型人还是场依存型人都没有绝对的优势。他们以不同的方式进行学习，但对学习成绩并不产生影响。Witkin等人（1981）曾做过一个针对大学生认知风格的纵向研究，研究发现各个年级水平的大学生总体学业成绩同认知风格无关。Tucker等（1976）也发现认知风格和学生听力理解、阅读理解或者口语表达的成绩没有明显的关系。

国内的研究基本上验证了 Witkin 对认知风格与学业总体成绩关系的结论（唐殿强，2002；李寿欣，1994；戴运财，2002）。但刘润清等（1990）进一步发现，认知风格具有阶段性特点，场依存学习者在外语学习的初级和中级阶段进步较快，而场独立学习者则在高级阶段的学习中显示出优势。

综上所述，在二语学习的研究中，研究者选取不同的学生群体，采用不同的测试内容，得到的结论也不尽相同。因此，本研究拟以北京外国语大学的外国留学生为被试，以中文学习为背景，为探讨认知风格与二语学习的关系增添新的证据。具体回答以下问题：（1）认知风格的差异是否会导致学生学习成绩的差异？（2）认知风格对不同学科成绩的影响程度是否相同？（3）性别、地区、认知风格和对汉语的态度等不同变量对不同学习阶段学生学习成绩的预测作用是否相同？

2　研究方法与程序

2.1　研究对象

北京外国语大学汉语培训中心短期学习的留学生 225 人，男生 99 人，女生 126 人。其汉语水平分为 A、B、C、D、E 五个等级。A 级的词汇量为 100 个以下；B 级 100—800；C 级 800—1500；D 级 1500—3000；E 级 3000 以上。A 级学生 40 人，B 级 30 人，C 级 41 人，D 级 62 人，E 级 52 人。学生来自十余个不同国家，为了统计方便，本研究把国家分为三个地区，其中欧美地区学生 92 人；日韩地区 120 人；东南亚地区 13 人。

2.2　研究工具

2.2.1　认知风格测验

认知风格测验采用北京师范大学心理系孟庆茂等人修订的《镶嵌图形测验》。该测验是为了了解个体认知方式这一维度而设计的纸笔测验，要求被试从一系列复杂图形中找出对应的简单图形。测验满分 20 分。根据成人团体常模，男性大于 9 分，女性大于 9.5 分就倾向于场独立型。北京师范大学心理系曾对常模团体256名被试用这种方法求得：$\gamma_{hh} = 0.82$、$\gamma_{xx} = 0.9$。它表明该认知方式测验的结果是可信的。

2.2.2 语言测试

语言测试采用的是学生11月中旬进行的期中考试成绩。A级学生的考试科目为汉语综合和口语；B级为汉语综合、口语和听力；C级为汉语综合、口语和写作；D级和E级为汉语综合、口语和阅读。

2.2.3 对汉语的态度

对汉语的态度的结果是通过一份大型留学生需求分析问卷中"对汉语的态度"一项的调查获得。题目把留学生喜欢汉语的程度分为"非常喜欢"、"一般喜欢"、"不喜欢"和"不知道"四个选项。此问卷的调查与认知风格测验在同一时间进行，因此，可以反映学生当时动机状况。

2.3 数据收集与统计

认知风格测验在11月下旬进行，利用上课时间完成。在测试之前，任课教师对测试的目的、任务和要求做了简要说明，以便学生了解本研究的意图并积极配合完成测试。测试过程按照《认知方式图形测验手册》的要求进行。数据录入与分析使用SPSS10.0统计软件进行。

3 研究结果与分析

对汉语的态度的统计结果为："非常喜欢"有145人；"一般喜欢"72人、"不喜欢"5人、"不知道"3人。认知风格测验的结果为：场独立型92人；场依存型133人。

3.1 A、B级学生认知风格与学业成绩的关系

A级学生的考试科目为汉语综合和口语。汉语综合考试中，场独立型学生成绩为81.5分，场依存型成绩为86分；口语考试中，场独立型为87分，场依存型为87.4分。以认知风格作为自变量，汉语综合和口语成绩作为因变量

进行 MANOVA 多变量的方差分析，结果见表 61。不同认知风格的留学生在汉语和口语考试成绩上均没有差别。

表 61　不同级别学生多变量方差分析结果

自变量	级别	因变量	均方	F 值	显著性
认知风格	A 级	汉语	207.05	1.05	0.31
		口语	2.43	0.06	0.82
	B 级	汉语	60.32	0.26	0.62
		口语	16.13	0.63	0.44
		听力	55.89	0.50	0.48
	C 级	汉语	260.39	4.18	0.05
		口语	284.06	8.29	0.01
		写作	14.24	0.27	0.60
	D 级	汉语	683.52	3.99	0.05
		口语	0.98	0.05	0.83
		阅读	0.02	0.00	0.99
	E 级	汉语	0.36	0.00	0.95
		口语	68.02	0.74	0.39
		阅读	1.21	0.01	0.92

B 级学生的考试科目为汉语综合、口语和听力。汉语综合考试中场独立型成绩为 80.8 分，场依存型成绩为 78 分；口语考试中，场独立型为 86.4 分，场依存型为 84.8 分；听力考试中，场独立型为 77.3 分，场依存型为 80.1 分。以认知风格作为自变量，汉语综合、口语和听力成绩作为因变量进行 MANO-VA 方差分析的结果表明，同 A 级学生类似，不同认知风格的学生在汉语、口语和听力考试成绩上也没有差异。

3.2　C 级学生认知风格与学业成绩的关系

C 级学生的考试科目为汉语综合、口语和写作。汉语综合考试中场独立型成绩为 89.4 分，场依存型成绩为 84.3 分；口语考试中，场独立型为 88.8 分，场依存型为 83.5 分；写作考试中，场独立型为 84 分，场依存型为 82.8 分。

MANOVA方差分析结果显示（见表61），不同认知风格的留学生在汉语综合和口语考试中，成绩差异显著。具体分析其差异，汉语综合考试和口语考试中，场独立型学生的成绩都显著高于场依存型学生。不同类型学生的写作考试成绩没有显著差异。

3.3 D级学生认知风格与学业成绩的关系

D级学生的考试科目为汉语综合、口语和阅读。汉语综合考试中场独立型成绩为87.6分，场依存型成绩为80.8分；口语考试中，场独立型为87.5分，场依存型为87.8分；阅读考试中，场独立型为77.6分，场依存型为77.57分。MANOVA方差分析结果显示（见表61），不同认知风格的留学生在汉语考试中，成绩差异显著。场独立型学生的成绩显著好于场依存型学生。而在口语和阅读考试中，场独立和场依存型学生的成绩没有显著差异。

3.4 E级学生认知风格与学业成绩的关系

E级学生的考试科目也为汉语综合、口语和阅读。汉语综合考试中场独立型成绩为88.5分，场依存型成绩为88.7分；口语考试中，场独立型为86.9分，场依存型为89.3分；阅读考试中，场独立型为82.4分，场依存型为82.8分。MANOVA方差分析结果显示（见表61），不同认知风格的学生在汉语、口语和阅读考试成绩上均没有差异。

3.5 C、D、E级性别、地区、认知风格、态度对学习成绩及学业成绩的影响

在分析了不同认知风格学习者学习成绩的差异之后，笔者拟进一步探讨认知风格以及其他变量，如地区、性别和态度等对学习成绩的影响，遂采用了STEPWISE多元回归统计方法，只对作用显著的变量进行分析，结果见表62。本研究对A、B、C、D、E五个不同层级的学生分别进行回归分析，结果A、B级没有变量进入方程，四个变量均没有对学习成绩贡献显著。C级的汉语综合和口语课只有认知风格进入方程，说明它对学习成绩的贡献显著，而其他变量均不显著。没有变量对写作成绩的贡献显著。D级学生进入方程的变量较

多，在汉语综合、口语和阅读考试中，地区都是一个稳定的预测变量，同时也是对学习成绩贡献最大的变量，而认知风格的作用只显现在对汉语成绩的贡献中。在口语成绩中，态度成为一个贡献显著的变量。E级学生和D级学生表现出了一定的相似性，地区继续成为对学习成绩贡献显著的变量。与D级学生不同的是，E级学生的预测变量更少，认知风格和态度因素的作用已不再显著。

表62　地区、性别和态度等对学习成绩影响的多元回归

学生级别	科目	进入方程变量	R2	标准β值	t值	显著性
C级	汉语综合	认知风格	0.1	0.31	2.05	0.05
	口语	认知风格	0.18	0.42	2.88	0.01
D级	汉语综合	地区	0.14	-0.28	-2.35	0.05
		认知风格		0.26	2.13	0.05
	口语	地区	0.26	-0.55	-4.53	0.00
		态度		-0.27	-2.21	0.05
	阅读	地区	0.41	-0.48	-6.48	0.00
E级	汉语综合	地区	0.09	-0.3	-2.2	0.05
	阅读	地区	0.2	-0.45	-3.58	0.01

4　认知风格与二语学习的讨论及教学建议

4.1　认知风格和汉语学习成绩的关系

从统计分析的结果来看，认知风格和学习成绩的关系与汉语学习阶段有着一定的联系。在汉语学习的初级阶段，也就是A级和B级阶段，场独立型学生和场依存型学生的学习成绩没有任何差异，认知风格的差异并没有造成学习成绩的不同。在汉语学习的中级阶段，即C级和D级阶段，认知风格对学习成绩影响逐渐凸显出来，尤其在C级阶段，在汉语综合和口语两门课中，不同认知风格的留学生成绩差异都显著，场独立型均比场依存型的学生成绩好。这个结果和前人研究中场独立者是好的语言学习者的结果相吻合。但是，在写作考试中，并没有发现这种差异。到D级阶段，认知风格的作用依然存在，但是已经减弱，

只在汉语综合考试中,不同认知风格的留学生成绩差异显著,场独立型学生依然强于场依存型学生。在口语和阅读考试中,两种认知风格的学生均无显著差异。及至汉语学习的高级阶段,也就是 E 级阶段,认知风格的作用又变得不再显著。两种认知风格的学生在汉语、口语和阅读全部考试中,都没有表现出差异。

从上面的分析中可以看出,认知风格和学习成绩并不是简单的对应关系,场独立型学生也不是在任何阶段都具有语言学习的优势,只有在中级阶段认知风格才对学习成绩产生影响。前人关于认知风格对学习成绩产生影响的阶段,也有不同的论述。Naiman(1978)认为,场独立型在语言学习的高级阶段比初级阶段对学习成绩更有预测性;而 Carter(1988)和 Hansen(1981)则认为,认知风格在语言学习的最初阶段就会产生重要的作用。而本研究则发现,认知风格对学习成绩的影响,既不是发生在初级阶段,也不是在高级阶段,而是在汉语学习的中级阶段表现得最为明显,而后其影响逐渐减弱,最后消失。因此,前人研究中在认知风格和学习成绩的关系上所得到的不同结果,可能与研究者选取的被试的学习阶段有关。

4.2 认知风格对不同学科的影响

五个级别的考试,包含了汉语综合、口语、听力、写作和阅读五种不同类型。认知风格的差异对成绩带来的影响只存在于汉语综合和口语考试中,场独立型学生在这两项上的成绩均比场依存型学生好。而在听力、写作和阅读考试中,不同认知风格的学生都没有显著的成绩差异。前人曾发现,场依存型在听力测试方面具有一定的优势(Naiman,1978)。但是,在本研究中并没有获得证实。汉语属于完全不透明的语言,其特点是不存在明显的形音对应规则,且汉语中音节数较少,存在大量的同音词。听者通过其音未必可知其意。而通过上下文了解意义,则显得更为重要。场依存型学生具有整体加工的特点,有理由在听力测试中取得更好的成绩。究其原因,可能与听力考试的难度和学生的汉语程度有关。听力考试只存在于 B 级的考试中,B 级学生是初级汉语学习者,且听力考试被认为是最难的科目。这可能阻碍了场依存型学生表现其优势。对于场依存型学生是否在汉语学习的中高级阶段比场独立型学生的听力测试成绩好,还有待于进一步的研究。

在本研究中，写作和阅读考试，不同认知风格的学生也没有表现出成绩上的差异。虽然有研究表明，场独立型和场依存型人在记叙文写作能力上存在明显差异，场独立型明显优于场依存型，而在议论文上，两组没有显著差异（Nilforooshan, 2007）。但本研究中的写作考试，其实不是简单的作文，还包括选词填空、解释词语等多种不同题型。其类型和阅读考试相类似。因此，它并不是专门测查学生写作能力的考试，也无法比较不同认知类型的学生写作能力的差异。

综上所述，场独立型认知风格者只在汉语和口语考试中，表现出了相对更好的成绩，但在听力、阅读和写作考试中，均和场依存型没有差异。由此可以看出，场独立型认知风格的优势并没有表现在所有科目中。

4.3 性别、地区、认知风格和动机对学习成绩的影响

绝大部分探索认知风格与学习成绩关系的研究，都采用相关分析的研究方法，它只能考察认知风格和学习成绩是否有关，而在影响学习成绩的不同因素中，认知风格的相对作用如何，则无法考察。本研究采用多元回归统计方法，探讨了不同变量对学习成绩的相对作用。结果A、B级的四个变量均没有对学习成绩有显著的贡献。C级只有认知风格对汉语综合和口语成绩有显著的贡献。因此，在C级阶段，认知风格的差异是造成学习成绩差异的主要因素。到D级阶段，影响学习成绩的变量增多。在汉语综合、口语和阅读考试中，地区始终都是一个稳定的贡献变量。即使到了E级阶段，地区也是唯一的预测变量。对于这一现象，笔者认为可能与不同地区的学生使用的学习策略有关。已有研究发现，不同国家的学生在语言学习中会采用不同的学习策略（Oxford, 1995），亚洲学生所使用的学习策略和欧洲学生明显不同（Politzer, 1985; Oxford, 1995; O'Malley, 1990）。学习策略是研究者公认的影响学习成绩的主要因素（Skehan, 1989）。因此，地区变量有可能通过学习策略这一认知因素对学习成绩产生影响。

另外，态度对D级口语成绩也有显著的贡献。对目的语的态度是影响学生汉语学习效果的极为重要的因素之一。具有积极的态度，将有利于目的语学习（王建勤，2009）。尤其在汉语口语学习当中，对目的语的态度将直接影响学生利用目的语进行交际活动的多少。而口语学习的结果也必将表现在口语测验中。因此，态度对学习成绩有可能产生强烈的影响。

综上所述，认知风格和学习成绩的关系比较复杂。不能绝对地认为场独立型学生在第二语言学习，尤其是在以汉语作为第二语言的学习中具有优势。在汉语学习的不同阶段，认知风格的影响也有所差别。只有在学习的中级阶段，认知风格的差异才对学习成绩产生影响。而在初级和高级阶段，学生的学习成绩并不受认知风格差异的影响。而且，认知风格的差异只影响部分学科，主要表现在汉语综合和口语成绩上，而对于听力、写作和阅读成绩，则不受认知风格的影响。

第三节 中文作为第二语言学习者阅读教材需求分析

1 需求分析与中文作为第二语言的需求分析

1.1 需求分析概述

需求分析（needs analysis 或 needs assessment），作为一个评估研究范畴的概念，是个非常复杂的概念，涉及学习者学习的各个层面，有社会的需求分析，也有个人的需求分析；有在学习过程中的需求分析，也有学习过程以外的需求分析。需求分析的多维度、多层面也决定了其功能的多样性和使用的广泛性。它是决定特定学生群体学习内容和学习过程的工具、技术和程序，是第二语言教学的一种重要的介入因素（Input Factors），是实现良好的教学目的与计划，有效进行课堂实践的先决条件，其最终目的是为了"形成决定、改进教学"（余卫华，2002：20）。

由于语言学习者的需求是千差万别的，如上所述需求分析又是个非常复杂的概念，对需求分析的分类方法也是多种多样的。在语言教学研究中，Hutchinson & Waters（1987）的分类方法为广大研究者所认可和应用，主要原因是该方法对需求分析概念的整合是最完整、最清楚的。根据程晓堂（2002）的介绍将其整理如表63：

表 63 需求分析的分类

目标需求 (学习者在将来目标场合使用语言的客观需要)	**需要**：学习者将来语言使用的客观需要，也就是为了在目标场合有效地使用语言，学习者应该掌握的语言知识和技能
	差距：学习者将来语言使用的客观需要与现有语言水平之间的差距
	愿望：学习者自己希望学习的内容，也就是学习者自己的需求
学习需求 (学习者在学习过程中所需要的条件和需要做的事情)	**物质条件**：如学习场所、学习材料、学习时间等
	心理条件：如学习兴趣、学习动机等
	知识技能条件：如学习知识、学习策略、学习方法等
	支持条件：如教师、学校等

1.2　中文作为二语的需求分析

2000 年以来，在中国外语教学界陆续出现了对源于西方的"需求分析"理论的借鉴、研究与应用，并且取得了可喜的成果。相比之下，国际中文教学界对"需求分析"的探究开始较晚。虽然有学者曾在 20 世纪 90 年代对教学实施、专业设置、学科地位、教学原则、教材编写、大纲设计和教学研究等方面论述了开展需求分析的必要性（倪传斌，2007），但必要的理论探讨和实证研究的证据仍然缺少。中文作为二语的需求分析总体表现出以下几个特点。

一是中文作为二语的需求分析研究范围逐渐扩大。虽然跟外语教学界的从理论到应用、从社会到个人、从目标到过程多维度、多层面的研究成果相比，国际中文教学界对需求分析的应用研究范围很有限，且主要集中在学习者心理需求的研究方面，但近年来，研究范围也正在不断扩充，特别是随着网络教育的发展，有很多研究者开始关注网络教学中学生的需求（芮旭东、李冰，2021；冯传强，2020）。但是此类研究的数量仍然不足。

二是从研究的规模来看，小规模的具体调查研究多，但是大规模、全面的调查较缺乏（刘晓华，2006；齐亚丽，2007；张黎，2006；周平红等，2007；孙凤兰，2014；程照军，2015；方绪军等，2019）。这些具体的、微观的研究对教学实践具有很好的指导意义。但这些研究却对学习者个性化的需求重视不够，无法再现学习者需求的全貌。

三是在国际中文教材方面，近 20 年来国际中文教材建设突飞猛进，取得了重要成就，主要表现为教材种类多样化、专用教材精细化、教学对象分众化、教学语境当地化、教育技术信息化（郑梦娟，2021）等特点。但是教材的编写过程和教材分析的研究却很少考虑学习者的使用需求（邓恩明，1998；周小兵、赵新，1999；黄建滨、蕾娜，2019；韩秀娟，2020）。值得庆幸的是，目前已有越来越多的学者意识到需求分析对教材编写的重要性（丁安琪、陈文景，2021；王婕妤，2021；曾晨刚，2021；梁宇，2020），但是基于大规模调查的需求分析的研究仍然少见。

鉴于此，本研究将在 Hutchinson & Waters（1987）学习需求分析分类方法的基础上，结合教学实际和预期目标，对中文作为第二语言的学习者的阅读教材需求进行详细分析。

2 研究方法与程序

2.1 研究对象

对北京外国语大学中文学院培训中心的汉语学习者进行了问卷调查。共回收有效问卷266份，包含了从初级水平到高级水平的学生。学生来源包括欧美国家和日韩、东南亚等亚洲国家。详见表64。

表64 调查对象基本信息

水平（人数）			性别	
			男	女
初级 (78)	A班	44	20	24
	B班	34	18	13
中级 (107)	C班	45	20	25
	D班	62	21	41
高级 (81)	E班	54	28	26
	F班	27	9	17
总数		266	114	148

注：B班中有3人性别不详

2.2 研究工具

本研究采用问卷调查方式。问卷调查采用单项选择与多项选择相结合的方式进行。其中多项选择题目，要求学生按照不同选项的重要程度进行排序，并根据学生对各项的排位情况进行数据分析。问卷内容包括课文长度、教材生词量、教材内容、课文话题几个方面。

数据分析使用SPSS19.0统计软件进行。

3 研究结果与分析

3.1 学生对阅读教材课文长度的需求

对不同选项的频次进行卡方检验，结果显示：$X^2 = 147.47$，df = 4，$p < 0.001$。选择第二项，即"500—1000 字"的人次明显多于其他选项的人次。为了研究欧美学生和亚洲学生在选择上是否有差异，我们进行了分地区的统计分析。

表65 全体学生在阅读课课文的长度上的选择频次

500 字以下	500—1000 字	1000—1500 字	1500—2000 字	其他
36	114	77	26	5

卡方统计结果显示：$X^2 = 7.67$，df = 4，$p > 0.05$，说明不同地区的学生在选择偏好上没有显著差异。他们都认为选项"500—1000 字"是最好的选择。

表66 不同地区学生在阅读课课文的长度上的选择频次

地区	500 字以下	500—1000 字	1000—1500 字	1500—2000 字	其他
亚洲	16	72	42	17	4
欧美	19	36	34	7	1

卡方统计结果显示：$X^2 = 38.57$，df = 8，$p < 0.001$，说明不同层级的学生在选择偏好上表现了显著差异。我们同样做了不同选择的比率分析。

表 67　不同水平学生在阅读课课文的长度上的选择频次和比率

级别	500 字以下	500—1000 字	1000—1500 字	1500—2000 字	其他
初级（A、B）	23（0.31）	29（0.39）	16（0.22）	5（0.07）	1（0.01）
中级（C、D）	8（0.08）	54（0.51）	36（0.34）	5（0.05）	2（0.02）
高级（E、F）	5（0.06）	31（0.39）	25（0.32）	16（0.20）	2（0.03）

从上表可以看出，比率差异较大的项目包括选项"500 字以下""500—1000 字""1000—1500 字""1500—2000 字"。初级阶段的学生在选项"500 字以下"上的选择比例显著高于中级阶段和高级阶段的学生，而中级阶段的学生在选项"500—1000 字"上的选择比例显著高于初级阶段和高级阶段的学生，在选项"1000—1500 字"上，中级和高级阶段的学生的选择比例显著高于初级阶段；在选项"1500—2000 字"上，高级阶段学生的选择比例显著高于初级和中级阶段学生。

对不同选项的频次进行卡方检验，结果显示：$X^2 = 4.93$，$df = 4$，$p > 0.05$，说明不同性别的学生在选择偏好上也没有显著差异。

表 68　不同性别学生在阅读课课文的长度上的选择频次

性别	500 字以下	500—1000 字	1000—1500 字	1500—2000 字	其他
男	17	47	31	15	1
女	17	67	45	10	4

3.2　学生对阅读课教材生词量的需求

对于阅读课教材中的课文的生词量占整篇课文的比例，学生的选择频次见表 69。

表 69　阅读课文中生词所占比例

10% 左右	20% 左右	30% 左右	40% 左右	其他
34	99	95	28	1

对不同选项的频次进行卡方检验，结果显示：$X^2 = 147.03$，$df = 4$，$p < 0.001$，选项"20% 左右"和"30% 左右"的人次显著多于其他项的人次。为了研究欧美学生和亚洲学生在选择上是否有差异，我们进行了分地区的统计分析。

卡方统计结果显示：$X^2=22.33$，df = 4，$p<0.001$，说明不同地区的学生在选择偏好上具有显著差异。为了比较具体差异项目，接下来计算不同项目上学生的选择比率。

表70　不同地区学生在阅读课教材的生词量上的选择频次

地区	10%左右	20%左右	30%左右	40%左右
亚洲	12	52	63	25
欧美	19	45	28	3

从各项的选择比率来看，在选项"10%左右""20%左右"上欧美学生比亚洲学生选择的次数更多，而在选项"30%左右"和"40%左右"上，亚洲学生则比欧美学生选择的次数多。

表71　不同地区学生在阅读课教材的生词量上的选择比率

地区	10%左右	20%左右	30%左右	40%左右
亚洲	0.08	0.34	0.41	0.16
欧美	0.20	0.47	0.29	0.03

对不同水平学生和不同性别学生的卡方检验结果显示：$X^2=4.3$，df = 8，$p>0.05$；$X^2=4.68$，df = 4，$p>0.05$，说明不同水平和不同性别学生在选择偏好上没有表现出差异。

表72　不同水平学生在阅读课教材的生词量上的选择频次

级别	10%左右	20%左右	30%左右	40%左右	其他
初级（A、B）	12	30	25	5	0
中级（C、D）	13	38	39	13	1
高级（E、F）	9	31	31	10	0

表73　不同性别学生在阅读课教材的生词量上的选择频次

性别	10%左右	20%左右	30%左右	40%左右	其他
男	15	47	37	9	1
女	17	50	58	19	0

3.3 学生对阅读教材内容的需求

3.3.1 排列第一位的项目选择

对六项选择进行卡方分析,结果发现:$X^2 = 243.35$,df = 5,$p < 0.001$,这说明学生对六种不同选项的选择频次有区别。其中,选项"课文内容是新的、有意思的"和"有关于如何培养阅读能力的说明和练习"的实际次数 121 和 74 都显著高于理论值 43.5。选择这两项的人数多于选择其他项的人数。为了探索不同水平的学生在选择的偏好上是否存在差异,我们进行了下面的分析。

表74 全体学生在阅读教材的内容上排列第一位的选择频次

课文内容是新的、有意思的	有关于如何培养阅读能力的说明和练习	教材配有练习参考答案	有网络版的阅读教材	练习中有一部分与 HSK 形式相近的练习	阅读课教材应该是与汉语课教材配套的或有关联的
121	74	2	7	37	20

卡方分析结果显示:$X^2 = 11.67$,df = 10,$p > 0.05$,说明不同层级的学生在选择偏好上没有显著差异。所有学生都认为选项"课文内容是新的、有意思的"是最佳选择。

表75 不同水平学生在阅读教材的内容上排列第一位的选择频次

级别	课文内容是新的、有意思的	有关于如何培养阅读能力的说明和练习	教材配有练习参考答案	有网络版的阅读教材	练习中有一部分与 HSK 形式相近的练习	阅读课教材应该是与汉语课教材配套的或有关联的
初级(A、B)	30	22	0	4	10	8
中级(C、D)	51	26	2	3	15	9
高级(E、F)	40	26	0	0	12	3

卡方统计结果显示:$X^2 = 21.9$,df = 5,$p < 0.001$,说明不同地区的学生在选择偏好上表现出了显著差异。为了具体比较存在差异的项目,我们计算了每种选项所占的百分比。

表76 不同地区学生在阅读教材的内容上排列第一位的选择频次和比率

地区	课文内容是新的、有意思的	有关于如何培养阅读能力的说明和练习	教材配有练习参考答案	有网络版的阅读教材	练习中有一部分与HSK形式相近的练习	阅读课教材应该是与汉语课教材配套的或有关联的
亚洲	64（0.42）	49（0.32）	1（0.01）	2（0.01）	31（0.20）	6（0.04）
欧美	50（0.51）	24（0.24）	1（0.01）	5（0.05）	5（0.05）	13（0.13）

进一步分析得知，亚洲学生和欧美学生倾向于选项"课文内容是新的、有意思的"作为最偏爱的选项，但欧美学生比亚洲学生更钟爱此项。亚洲学生比欧美学生更加倾向于选项"练习中有一部分与HSK形式相近的练习"，而欧美学生比亚洲学生更倾向于"阅读课教材应该是与汉语课教材配套的或有关联的"。

对不同性别学生的卡方分析结果显示：$X^2 = 2.5$，$df = 5$，$p > 0.05$，说明不同性别的学生在选择偏好上没有显著差异，男、女学生都认为选项"课文内容是新的、有意思的"是最佳选择。

表77 不同性别学生在阅读教材的内容上排列第一位的选择频次

性别	课文内容是新的、有意思的	有关于如何培养阅读能力的说明和练习	教材配有练习参考答案	有网络版的阅读教材	练习中有一部分与HSK形式相近的练习	阅读课教材应该是与汉语课教材配套的或有关联的
男	54	30	0	4	16	9
女	65	43	2	3	21	10

3.3.2 排列第二位的项目选择

表78 全体学生在阅读教材的内容上排列第二位的选择频次

课文内容是新的、有意思的	有关于如何培养阅读能力的说明和练习	教材配有练习参考答案	有网络版的阅读教材	练习中有一部分与HSK形式相近的练习	阅读课教材应该是与汉语课教材配套的或有关联的
56	87	21	20	44	21

卡方分析结果显示：$X^2 = 16.05$，$df = 10$，$p > 0.05$，说明不同层级的学生在选择偏好上没有显著差异。所有层级的学生都认为选项"有关于如何培养阅读能力的说明和练习"是最佳选择。

第五章 中文作为第二语言学习者的个体差异与教材需求

表79 不同水平学生在阅读教材的内容上排列第二位的选择频次

级别	课文内容是新的、有意思的	有关于如何培养阅读能力的说明和练习	教材配有练习参考答案	有网络版的阅读教材	练习中有一部分与HSK形式相近的练习	阅读课教材应该是与汉语课教材配套的或有关联的
初级（A、B）	11	19	11	6	15	6
中级（C、D）	24	39	4	9	14	12
高级（E、F）	21	29	6	5	15	3

卡方统计结果显示：$X^2=15.23$，$df=5$，$p<0.01$，说明不同地区的学生在选择偏好上表现出了显著差异。为了具体比较存在差异的项目，我们计算了每种选项所占的百分比。

表80 不同地区学生在阅读教材的内容上排列第二位的选择频次

地区	课文内容是新的、有意思的	有关于如何培养阅读能力的说明和练习	教材配有练习参考答案	有网络版的阅读教材	练习中有一部分与HSK形式相近的练习	阅读课教材应该是与汉语课教材配套的或有关联的
亚洲	38（0.26）	55（0.37）	12（0.08）	6（0.04）	29（0.20）	7（0.05）
欧美	17（0.18）	26（0.28）	9（0.10）	12（0.13）	15（0.16）	13（0.14）

进一步分析得知，亚洲学生和欧美学生在选项"课文内容是新的、有意思的""有关于如何培养阅读能力的说明和练习""有网络版的阅读教材""阅读课教材应该是与汉语课教材配套的或有关联的"上的比率差异较大。亚洲学生比欧美学生更加倾向于选择"课文内容是新的、有意思的"和"有关于如何培养阅读能力的说明和练习"，而欧美学生比亚洲学生更倾向于"有网络版的阅读教材"和"阅读课教材应该是与汉语课教材配套的或有关联的"。

卡方分析结果显示：$X^2=3.4$，$df=5$，$p>0.05$，说明不同性别的学生在选择偏好上没有显著差异。男、女学生都认为选项"有关于如何培养阅读能力的说明和练习"是最佳选择。

表81 不同性别学生在阅读教材的内容上排列第二位的选择频次

性别	课文内容是新的、有意思的	有关于如何培养阅读能力的说明和练习	教材配有练习参考答案	有网络版的阅读教材	练习中有一部分与HSK形式相近的练习	阅读课教材应该是与汉语课教材配套的或有关联的
男	24	39	10	5	18	11
女	31	48	10	14	25	10

3.4 学生对阅读课教材课文话题的需求

3.4.1 排列第一位的项目选择

卡方分析结果显示：$X^2 = 165.67$，$df = 13$，$p < 0.001$，说明不同的选项上频次差异显著。选项"历史传说"实际值64显著高于理论值18，这项选择最受学生钟爱。

表82 全体学生在阅读课课文内容上排列第一位的选择频次

历史传说	婚姻家庭	动物与植物	饮食健康	经济贸易	语言文字	自然地理	文学名篇	科技探索	学校教育	幽默故事	时政评论	时尚休闲	风俗习惯
64	20	6	19	22	21	8	11	5	4	16	11	16	29

卡方分析结果显示：$X^2 = 29.65$，$df = 13$，$p < 0.01$，说明亚洲学生和欧美学生的选择有显著差异。为了具体分析，我们计算了不同选项的比率。

表83 不同地区学生在阅读课课文内容上排列第一位的选择频次

地区	历史传说	婚姻家庭	动物与植物	饮食健康	经济贸易	语言文字	自然地理	文学名篇	科技探索	学校教育	幽默故事	时政评论	时尚休闲	风俗习惯
亚洲	32	15	4	14	16	7	2	7	3	2	13	3	14	16
欧美	32	5	2	3	6	11	6	3	2	2	3	7	2	11

从比率的数值上可以看出，不同地区的学生在选项"历史传说""语言文字""时尚休闲"上表现了较大的差异。欧美学生比亚洲学生更喜欢"历史传说""语言文字"，而亚洲学生更喜欢"时尚休闲"。

表84 不同地区学生在阅读课课文内容上排列第一位的选择比率

地区	历史传说	婚姻家庭	动物与植物	饮食健康	经济贸易	语言文字	自然地理	文学名篇	科技探索	学校教育	幽默故事	时政评论	时尚休闲	风俗习惯
亚洲	0.22	0.10	0.03	0.09	0.11	0.05	0.01	0.05	0.02	0.01	0.09	0.02	0.09	0.11
欧美	0.34	0.05	0.02	0.03	0.06	0.12	0.06	0.03	0.02	0.02	0.03	0.07	0.02	0.12

卡方分析结果显示：$X^2 = 28.46$，$df = 26$，$p > 0.05$。说明不同阶段的学生的选择没有较大差异。

表85　不同水平学生在阅读课课文内容上排列第一位的选择频次

级别	历史传说	婚姻家庭	动物与植物	饮食健康	经济贸易	语言文字	自然地理	文学名篇	科技探索	学校教育	幽默故事	时政评论	时尚休闲	风俗习惯
初级（AB）	24	4	3	4	5	10	3	1	1	1	5	2	2	7
中级（CD）	21	9	2	10	8	9	3	5	0	3	8	4	11	10
高级（EF）	19	7	1	5	9	2	2	5	4	0	3	5	3	12

卡方分析结果显示：$X^2 = 16.07$，$df = 13$，$p > 0.05$。说明不同性别的学生在选择上没有差异。

表86　不同性别学生在阅读课课文内容上排列第一位的选择频次

性别	历史传说	婚姻家庭	动物与植物	饮食健康	经济贸易	语言文字	自然地理	文学名篇	科技探索	学校教育	幽默故事	时政评论	时尚休闲	风俗习惯
男	33	8	5	6	11	13	3	4	3	0	8	6	6	5
女	29	12	1	13	11	8	4	6	2	4	8	5	10	24

3.4.2 排列第二位的项目选择

卡方分析结果显示：$X^2 = 74.12$，$df = 13$，$p < 0.001$，说明不同的选项上频次差异显著。选项"历史传说"实际值39显著高于理论值17.8，这项选择最受学生钟爱。排在第二位的是"婚姻家庭"。

表87　全体学生在阅读课课文内容上排列第二位的选择频次

历史传说	婚姻家庭	动物与植物	饮食健康	经济贸易	语言文字	自然地理	文学名篇	科技探索	学校教育	幽默故事	时政评论	时尚休闲	风俗习惯
39	30	9	20	25	22	14	15	1	4	17	17	12	24

卡方分析结果显示：$X^2 = 25.39$，df = 13，$p < 0.05$，说明亚洲学生和欧美学生的选择有显著差异。为了具体分析，我们计算了不同选项的比率。

表88 不同地区学生在阅读课课文内容上排列第二位的选择频次

地区	历史传说	婚姻家庭	动物与植物	饮食健康	经济贸易	语言文字	自然地理	文学名篇	科技探索	学校教育	幽默故事	时政评论	时尚休闲	风俗习惯
亚洲	20	21	5	13	12	10	5	12	1	3	12	7	11	14
欧美	18	8	4	7	11	11	7	3	0	1	3	10	1	10

从比率的数值上可以看出，欧美学生的选择比率和亚洲学生的选择比率并没有太大的差异，相对而言，亚洲学生对选项"历史传说"和"婚姻家庭"以及"风俗习惯"更感兴趣，而欧美学生在选项"历史传说"、"语言文字"、"时政评论"和"风俗习惯"等项目上更有兴趣。

表89 不同地区学生在阅读课课文内容上排列第二位的选择比率

地区	历史传说	婚姻家庭	动物与植物	饮食健康	经济贸易	语言文字	自然地理	文学名篇	科技探索	学校教育	幽默故事	时政评论	时尚休闲	风俗习惯
亚洲	0.14	0.14	0.03	0.09	0.08	0.07	0.03	0.08	0.01	0.02	0.08	0.05	0.08	0.10
欧美	0.19	0.09	0.04	0.07	0.12	0.12	0.07	0.03	0.00	0.01	0.03	0.11	0.01	0.11

卡方分析结果显示：$X^2 = 28.21$，df = 26，$p > 0.05$。说明不同层级的学生的选择没有较大差异。

表90 不同水平学生在阅读课课文内容上排列第二位的选择频次

级别	历史传说	婚姻家庭	动物与植物	饮食健康	经济贸易	语言文字	自然地理	文学名篇	科技探索	学校教育	幽默故事	时政评论	时尚休闲	风俗习惯
初级（A、B）	9	9	5	2	9	9	7	2	1	0	3	5	2	8
中级（C、D）	21	13	3	13	7	8	2	6	0	3	5	8	6	8
高级（E、F）	9	8	1	5	9	5	5	7	0	1	9	4	4	8

卡方分析结果显示：$X^2 = 14.19$，$df = 13$，$p > 0.05$。说明不同性别的学生在选择上没有差异。

表91　不同性别学生在阅读课课文内容上排列第二位的选择频次

性别	历史传说	婚姻家庭	动物与植物	饮食健康	经济贸易	语言文字	自然地理	文学名篇	科技探索	学校教育	幽默故事	时政评论	时尚休闲	风俗习惯
男	14	9	3	7	15	14	6	7	1	0	9	11	3	10
女	24	21	5	13	9	7	8	8	0	4	8	6	9	14

4　外国学生阅读教材需求分析讨论及结论

4.1　学生对阅读教材课文长度和生词量的需求分析

根据我们的调查结果，学生对阅读教材课文长度普遍接受的在500—1000字，但不同水平的学习者呈现需求的差异。初级水平学生需要的课文长度在500字以下，中级水平学生则是500—1500字，而高级水平学生能接受的在1000—2000字。对生词量的分析显示，学习者需要生词量占阅读课文的20%—30%，而且欧美学生对生词比例（10%—20%）的要求显然低于亚洲学生（30%—40%）。

对阅读教材课文长度和生词量需求的调查涉及阅读材料的难易度问题。心理学的研究成果表明，太难的读物需要耗费太多的脑能量，阅读行为不可能持久，所以阅读材料的难度要与学习者的水平相当，以保证阅读加工不是太困难（何涛，2002）。另外，人的记忆能力是有限的，如果生词量过多，是违背人类的记忆规律的。当然，阅读教材太短，生词太少，太容易，也会使学习者由于缺乏挑战性、在阅读中无法引起兴奋反应，从而失去对阅读行为和阅读材料的兴趣。可见，阅读材料过难或过易，对学习者都会产生极大的负面影响，不利于阅读能力的培养。另外，根据调查结果，在阅读材料的分配方面，最好要考虑地区的因素，由于汉字的障碍对于欧美学生要大于亚洲学生，因此对阅读材料的难度需求方面欧美学生要低于亚洲学生。一直以来，很多阅读教师在这个问题上都有一些感性的认识，我们的研究结果以科学的数据证明了教师的

"经验之谈"。但是，从目前的教学实际情况来看，大部分院校的阅读课，都与其他课程一样，对不同国籍的学生进行混合编班，这种编班制度和不同国籍的学生对阅读材料难度的不同需求就产生了矛盾，但如果根据国籍分开编班，教育成本又过高，因此，这也是目前阅读课教学面临的主要问题之一。如何解决，还需要进一步思考。此外，值得注意的是，国际中文教学界对阅读课文的生词比例还没有一个量化的标准，英语界专家 John Greenwood（转引自齐亚丽，2007）经过调查研究曾指出，供阅读的课文生词量在2%是合适的，生词量超过5%的文章就应该放弃，而应寻找其他更适合学生语言水平的文章。这一比例与我们的调查结果有一定的差距。这种差距是由什么原因造成的；汉语教学与英语教学对阅读教材生词比例的规定是否应该完全一致；如何在需求分析的基础上，科学地量化阅读教材的生词比例等问题还值得我们进一步研究。

综上所述，国际中文教学应该严格控制阅读材料的难度。在选择中文阅读材料时，应该在学生需求分析的基础上，选择适合学生的语言水平的，难度是学生能够接受的阅读材料。只有这样，学生在阅读中才能获得成功的体验，从而加快阅读能力的提高。

4.2 学生对阅读教材内容的需求

根据我们对此项调查的分析，我们发现选项"课文内容是新的、有意思的"和"有关于如何培养阅读能力的说明和练习"是学生对阅读教材的需求中最偏爱的项目。这也体现了学生对阅读教材在时代性、趣味性和阅读策略的指导性方面的需求。

首先，教材的趣味性对语言学习效果起着不可估量的影响。引起兴趣是构成趣味性的最直接的要素。教材的内容能否为学习者所喜爱，是否符合学习者的需要，是否能激发学习者的学习兴趣，是学习效果的重要保证。美国当代教育心理学家布鲁纳曾说："最好的学习动机乃是学生对学习材料本身发生兴趣。"（转引自邓恩明，1998）心理学的研究也表明，兴趣是促进学习和阅读的最基本动因。当阅读成为满足人们心理和生理的需要时，人们就乐意不断重复此活动，而且此种重复活动可以进一步促进阅读。因此，教材编写者在选择阅读材料的时候，应该充分考虑学生的需求、找到学生的兴趣点，将兴趣作为选材的重要标准。同时，学生对阅读教材的时代性方面也有很高的需求，这与刘颂浩（2000）的研究结果是一致的，学生对阅读教材的意见中包括"不给我们介绍中国现在的情况"，课文内容"也不是天天生活读的"。这也一定程度上说明了学习者对阅读教材时代性的需求，希望阅读材料的内容能够与时俱进。这一结果值得教材编写者注意。

其次，学生对选项"有关于如何培养阅读能力的说明和练习"的钟爱，说明他们希望阅读教材能够为他们提供渗透式阅读策略培训：就是把阅读策略的培训渗透到教材的每个单元里。阅读学习策略是指在阅读过程中根据不同的课文类型、内容和阅读目的有选择地灵活使用一定的阅读方法。语言研究者们用实证研究证明了学习策略的可教性。策略培训有利于学习者发展其策略水平，促进二语的习得（熊云茜，2003）。教材渗透式阅读策略培训可以有两种不同的形式：一种是"隐藏式"渗透，即教材编写者并不直截了当地对某种阅读策略进行解释，而是通过举例、示范、练习，让学习者训练这一策略。另一种方式是"非隐藏式"渗透，即在教材中专门开辟一部分，进行阅读策略培训或讨论。在"非隐藏式"阅读策略渗透中，有的阅读策略与本单元的学习内容有关，有的则没有直接联系。（李丽，2005）至于哪种方式更好，恐怕还得对学习者进行进一步的需求调查和成效分析。总之，无论采取哪种方式，国际中文阅读教材编写者都应该有意识地把阅读学习策略系统地渗透到教材中。

最后，对此项的需求，不同国家的学生表现了很大的差异。总的来说，除了对选项"课文内容是新的、有意思的"这一共同的需求外，亚洲学生比欧美学生更加倾向于"练习中有一部分与 HSK 形式相近的练习"和"有关于如何培养阅读能力的说明和练习"；而欧美学生比亚洲学生更倾向于"有网络版的阅读教材"和"阅读课教材应该是与汉语课教材配套的或有关联的"。这种差异与学习者来自不同文化圈有关，更主要是与学习动机有关。本研究调查结果显示，与欧美学生相比，亚洲学生的学习动机主要倾向于在 HSK 考试中取得好成绩，因此他们会更希望在阅读教材中有一部分与 HSK 形式相近的练习，并且有如何培养阅读能力的说明和练习，以便更好地应对 HSK 考试。而欧美学生对网络版阅读教材的需求与欧美一些国家目前教学情况有关，事实上，网络化教学已经在很多发达国家广泛使用，国际中文阅读教学的网络化值得关注，也是教学信息化、国际化发展的必然趋势。欧美学生对阅读课教材与综合课教材相关的需求，恰好也反映了目前国际中文教学的一个重要的问题，即目前各技能课教材编写的"各自为政"现象与分技能设课的初衷是相悖的。"分技能教学"模式因为最早源于"讲练—复练"模式，分技能课应该是对主课（综合课）的"复练"，也就是说分技能课应该与综合课相关，对综合课的学习和训练内容进行听、说、读、写的分技能强化训练。分技能教学模式以其科学性和合理性，目前在国内国际中文教学中占主导地位。但遗憾的是，目前的大部分对国际中文教材的编写只是在形式上配套，在内容上却不相关，因此也很难达到分技能强化训练的目的。欧美学生的需求再次提醒教材编写者，如果要采用分技能教学模式，如何使教材之间从形式到内容都具有相关性。

综上所述，我们认为阅读教材直接关系到整个阅读教学的成败。国际中文阅读教材的编写应该从学习者的需求出发，在关注整体性、普遍性需求的基础上，也不能忽视需求的个体差异性。

4.3 学生对阅读教材话题的需求

课文话题也被称为课文内容、课文题材等。为了方便讨论，本研究暂且使用"话题"一词来讨论课文的主题和涉及的内容。范谊（2000）指出题材要符合学习者的共同兴趣和交际需要。在选择内容时，应当以一定规模的抽样调查为基础，而不能只按编者的个人兴趣或主观臆断决定取舍。本研究正是在需求分析的基础上，试图发现学习者在话题方面的兴趣点。李杨（1998）把《桥梁》的题材概括为"教育、婚姻、家庭、经济、法律、道德、文化、交通、保健、环境等"10个方面；周小兵、赵新（1999）认为题材包括"社会生活、人生家庭、婚姻爱情、人际交往、民族风情、文化教育、自然科学、环境保护等"方面的内容；汲传波（2005）将题材分为中国社会、文化，中外差异，个人信息，关于本国，语言和世界性话题5种。参考这些观点，并结合一些常用教材的话题分布，本研究在调查问卷中把课文话题分为以下14种类别：历史传说、婚姻家庭、动植物、饮食健康、经济贸易、语言文字、自然地

第五章 中文作为第二语言学习者的个体差异与教材需求

理、文学名篇、科技探索、学校教育、幽默故事、时政评论、时尚休闲、风俗习惯。为了更清楚、更直观地显示留学生对此项需求的调查结果，我们将结果以表92的形式呈现。

表92 不同级别、地区和性别学生对课文话题的需求

话题	水平			地区		性别	
	初级	中级	高级	亚洲	欧美	男	女
历史传说	+	+	+	+	+	+	+
婚姻家庭	+	+	+	+		+	+
语言文字					+		
时政评论					+	+	
时尚休闲				+			
风俗习惯				+	+		

通过上表，首先，我们可以清晰地看到，留学生对话题的选择呈现出多样化的趋向。这与赵晓艳（2007），赵新、李英（2004）的研究结果是一致的。这一结果是由国际中文教学的教学对象的特殊性决定的。学习者基本上都是成人，有比较成熟和稳定的兴趣取向，文化背景不同、学习动机不同等因素必然会导致学习者在话题的需求方面是多样的。据统计，留学生最钟爱的话题是历史传说。这与其他研究有些不同，前人的对话题的研究都强调了话题的普适性、时代性和生活化（齐亚丽，2007）。但我们认为历史类的话题也不容忽视，毕竟中华民族悠久的历史文化对外国留学生是具有持久吸引力的，据我们对留学生学习动机的调查分析，留学生来华的第一动机就是可以更多地了解中国文化，当然这里的文化既包括古代文化又包括现当代文化。

其次，我们从结果中看到亚洲学生更喜欢婚姻家庭、风俗习惯、时尚休闲类话题；相比之下，欧美学生则更关心语言文字、时政评论和风俗习惯等话题。由此，我们可以发现日韩及东南亚学生更喜欢生活类的话题，而欧美学生更喜欢非生活类的话题，这可能是文化差异带来的结果，这一结果对我们编写国别教材具有很好的借鉴意义。

最后，我们也发现14类话题中，文学名篇、科技探索和学校教育类话题似乎不太受欢迎。至于文学名篇类话题，学者和专家已经达成了一个共识，即

"主干课教材（精读）教材在选文上应该避免使文学作品或文学色彩较浓的课文在教材中所占的比重过大"（齐亚丽，2007）。此外，根据学生的需求，科技和教育类的课文内容应该尽量避免，除非学习者有特别的需求，因为据我们了解，留学生的专业背景大多与语言、文化、经济和政治相关。

综上所述，为了保证阅读课教材的实用性、趣味性和针对性，话题的编选要在广泛调查学生的需求的基础上，从学生的视角，对话题的选择做出判断。研究表明，在话题内容实用有趣的基础上追求多样化，对历史类话题要给予特别的关注，此外还要充分考虑学习者学习动机，对生活类、社会类、语言类、时事类话题不得忽视，要尽量少选或不选文学类、科技类和教育类的话题。

近些年，国际中文教材的发展是有目共睹的，但是也存在着一些不容忽视的问题，王建勤（2000）就曾指出教材"单纯强调教材内在因素的完美结合与规范，忽视了学习者的需求。如同生产产品却忽视了消费者的需求一样，教材编写缺少对学习者的'需求分析'"。王尧美（2007）也指出，以前出版的教材主要存在针对性不强、实用性不够、对学习需求欠考虑等问题。看来需求分析已经越来越引起学界的重视，我们也希望本研究能够为以"学习者"为中心的教学模式的确立，为教材的开发提供科学的依据。

第四节　从《大家的日语》看国际中文教材编写

1　《大家的日语》概要介绍

《大家的日语》是3A公司历经三年多时间规划、编写而成的基础日语教科书系列。跟它的前身《新日语基础教程》相比，更加生活化，也更加口语化。到达了后面的阶段，就从生活场景向工作场景转变，以期适应不同学习需求的人群。全书共分初级2册，中级2册四个层级。其中初级Ⅰ包含了主册、翻译文法、标准问题集、汉字课本、汉字练习册、句型课本、句型练习册、阅读理解课本、写作练习册、CD、图片卡、对话练习 DVD、听力理解测验和教师手册等十余本配套教材。

1.1 《主册》内容及体例

大多数学习者必备的有《主册》和《翻译文法》两本书。《主册》包括句型、例句、会话和练习四个部分。初级 I 中有 25 课，每课的体例相同。因为是初级课本，每课所涉及的内容都与日常生活相关。因为生词和语法解释在《翻译文法》书中，《主册》中不再出现生词和语法解释。第一部分是"句型"，一般由 2—4 个句子组成。一般为陈述句形式。主要针对当课的语言点设置，并密切联系日常生活，如：

（1）桌子上有照片。
（2）东京迪士尼乐园在千叶县。

"句型"部分的句子长度在整本书中呈现阶梯状变化，但变化得并不明显。例如，1—5 课平均单词数为 3 个，21—25 课为 4.5 个。

第二部分是"例句"。形式为对话，数量为 5—8 个，绝大部分课文在 6—7 个。从第一课到最后一课没有数量变化。句子长度的变化趋势和"句型"部分一致。所涉及的语言点和"句型"部分相匹配，只是变成问答的形式。另外，同句型相比，句子的数量和难度有所增加。这部分练习可以巩固语言点的学习，并使学习者意识到语言点所使用的语言环境。如：

（1）A：邮局在哪儿？
　　 B：车站的旁边儿，银行的前面。
（2）A：这儿附近有电话吗？
　　 B：对，那儿有。

由于句子的具体内容和难度与"句型"部分不同，学习者并不感到枯燥和雷同。

中文作为第二语言学习者的认知研究

第三部分为"会话"。每篇课文均为对话体，课文一般比较短，只有四轮左右。每篇课文的长度大概在十几句话，而且从第一课到最后一课没有长度变化。内容是将本课的所有涉及的语言点串起来，并形成有意义的对话，明确这些语言点在实际应用中的语境。如：

有辣椒酱吗？

A：请问，"ユニュ"百货商店在哪儿？

B："ユニュ"百货商店吗？那个白色的大楼看到了吧？就在那个大楼里。

A：哦，谢谢。

B：不用。

———————

A：啊，有辣椒酱吗？

B：对，在右边的背面，有个辣椒角，辣椒酱在下数第2层架子。

A：明白了，谢谢。

也许看到此处，人不禁会产生疑问，"句型""例句""会话"所包含的句式并不完全相同。比如，"辣椒酱在下数第2层架子"这样的句式其实在前面并未出现，那么突然出现在会话中，会不会产生学习困难？在这本教材中，不会产生，原因就在于会话后面的练习。

《大家的日语》这本教材的所有学习者都会为内容丰富、形式多样的练习所惊叹。练习涵盖了听、说、读、写各方面技能的训练。而且，所有练习的序号后面均没有文字说明和解释，但是每种练习都有1—2个"例"，学习者通过例句，就能获知练习的要求。

其中练习A属于替换练习类。本课中重要的语言点都是练习的对象，和前面句型、例句中的练习相对应。应该指出的是，这个练习不是简单地重复前面的内容，在这部分中增加了很多新的生词。像下面练习中的"书店""隔壁""花店""中间"都是新词。这样的替换练习因为每个都不是简单地重复前面的内容，会让学习者感到有趣，并收获新的生词，迅速增加词汇量。

第五章　中文作为第二语言学习者的个体差异与教材需求

```
         ┌ 车站的附近。
书店在 │ 银行的隔壁。
         └ 花店和超市的中间。
```

每课中这种替换练习大概有4—6个，每道题中的替换词有3—4个。主要目的是让学习者熟悉本课语言点，属于机械性练习方式，是最简单的练习。接下来的练习B和练习C训练的是表达能力。属于半产出性练习。但是内容和难度有明显的不同。练习B是根据相应的词组成完整句子。一般由7个不同的练习组成。每个练习有4个题目。这样，练习B包括例句在内，共含35—40个题目。这几个练习的难度逐渐增加，要求产出的句子逐渐加长。每课的练习B中至少包含一个根据插图进行的练习，如图34。因此，插图在本书中的作用就不只限于美观和生动，而是一种重要的练习形式。

例：桌子的上边·什么　　桌子的上边 有 什么？
　　　　　　　　　　　　……有 书包。

1）床的下边·什么　　　2）屋子·谁

3）窗户的左边·什么　　4）院子·谁

图34　根据词组成完整句子进行练习时的插图

练习C由3个对话组成。每个对话中有三组替换词语。因此，练习C共有9个练习题目。3个对话句子长度逐渐加长，难度逐级增加。练习C在句子的难度上和练习 B 没有明显差别，但是采用对话形式，提供了句子更加丰富的应用语境。另外，配上精美插图，更让学习者有身临其境之感。

如果说练习 A、B、C 是不同形式的复习，那么接下来的"问题"部分则更像是测验。"问题"部分由 6—7 个练习组成。每个练习有 4—5 个题目。全部"问题"大概有 30 个左右。其中 3 个练习为听力练习。听力练习有句子听写、句子听力理解和段落听力理解。接下来是根据本课语言点设计的各种理解性和半产出性问题。最后一个练习一般为阅读理解练习。编写者煞费苦心地把本课及以前曾经涉及的语言点编写成一段有意义的故事，学习者阅读故事，并完成相应的理解题目。这既是测验的过程，同时也是一个非常难得的复习过程。更值得一提的是，这本书中的故事都很生动、有趣，让人爱不释手。

1.2 《翻译文法》内容及体例

翻译文法由"生词"、"句型及课文翻译"、"语法讲解"和"参考词汇和信息"四个部分构成。其中最有特色的部分是"参考词汇和信息"。这部分不仅列出更多与本课内容相关的词语，更可贵的是，编者将这些知识的介绍和文化的介绍有机地融合在一起。比如第 10 课学习"地点"，参考词语部分呈现了房间的平面图并列出了相关的词语，如"玄关""起居室"等，然后编者进一步介绍了在日本使用浴池的习惯，包括"进浴缸之前先把身体洗干净""在浴缸里不能用香皂和毛巾"，以及"洗完澡后不能把热水放掉，要为后面的人留着，并且盖好盖子后再离开"等；这些知识的介绍对于没有在日本生活过的学习者大有好处。还有像第 16 课介绍了如何在日本的 ATM 机上取钱，包括具体每一步的操作，这对于刚到日本，并且不懂日语的学习者来说，也有很大的帮助。

2 《大家的日语》编写特点及对国际中文教材编写的启发

2.1 淡化课文的作用

《大家的日语》教材中的课文一般比较短，一般为对话形式，话轮只有四轮左右。每篇课文的长度大概在十几句话，而且从第一课到最后一课没有长度变化。作者这样设计的目的是想淡化课文的作用。从学习过程来看，课文只是起到将练习中所涉及的语言点串起来的作用。如果课后的练习都学会了，课文便顺理成章地理解了，这样看来，课文并不是学习的重点，倒像是复习的部分。如果去掉后面的练习，课文提供的内容则相当有限。这和目前的汉语教材形成了鲜明的对照。

在一般的汉语教材中，编者都非常重视课文的作用。因为课文不仅涵盖了所有需要掌握的生词，也涵盖了重要的语言点。教师会用各种方式让学生进行练习。在汉语教材中，课文长度也会逐渐增加，这标示着学习的进步和语言能力的提高。其实，细想一下就会明白，课文因为所涉及的人物和话语的限制，不能将大量其他情景及词语囊括其中，因此，范围比较狭窄，学生的学习与应用空间相对有限，因而不适于作为主要的学习内容。但课文有它自身的优势，它可以展现更加完整的情节，能够提供所学语言点的应用语境。对于练习中的个别句段，就有了更好的整体把握。因此，把课文当作复习过程，而不是教学的中心，可能更合适一些。

2.2 突出练习的作用

在《大家的日语》书中，每篇课文的练习题多达上百道。数量之多，超出了任何一本对外汉语教材。这套教材的练习不仅数量繁多，而且涉及听、说、读、写各方面技能的训练。这样的练习不仅能有效巩固所学的语言点，因为练习中包含了大量的词语和丰富的情境，还可以快速提高词汇量和理解词语应用环境。几乎所有的心理学家都认为练习是学习和教学的必备环节，许多知识的保持是通过多次练习和复习而得到提高的（Dempster，1989）。目前，对外汉语教材在编写方面尚普遍存在练习种类单调、数量不足的问题（赵金铭，1998），且不少有"硬凑"的痕迹（胡明扬，1999）。因此，汉语教材的练习设计亟待改进，不妨参考这套教材的设计思路。

另外，《大家的日语》编者充分考虑到练习的难度等级，尤其在练习 B 中，难度等级逐渐变化，由浅入深，使得学习过程变得更加轻松和自然。在汉语教材中，编者更强调语言知识和能力的训练，比如语音、词汇、语法和汉字练习等。尤其在入门阶段，语音则被很多学者认为是一项非常重要的技能，训练几乎贯穿了整个学期。这固然不错，但是在考虑各种能力训练的同时，能否兼顾练习的难度变化？因为，学习毕竟要通过练习和复习才得以完成。

2.3 用示例取代题目说明

本套教材练习的另一特色是，全部练习均没有题目说明。但学习者并没因此感到无从下手。原因在于编者增加了"例"的部分。这样做的好处在于减少学生对于题目说明本身的认知理解难度，另外，"例"本身既可以帮助学习者理解题目的要求，同时又能作为一次练习。一箭双雕，何乐而不为？

2.4 融入文化与生活元素

如何将语言与文化因素完美融合一直是教材编写者关心的问题。汉语教材的编写者也非常重视文化因素的导入。在初级汉语教材中导入方式一般是课文、练习或者单独设计注释部分。而所涉及的文化因素，要么是与中国传统习俗相关的项目，如故宫、文房四宝、中药、春节、筷子等，要么是与校园生活或日常生活相关的项目。这些内容固然重要，问题是这些信息对指导学生的实际生活作用不大。比如课本中介绍去邮局取包裹，但是学生到了邮局之后，依然不知道应该如何取包裹。学生学完看病之后，依然不懂如何在中国医院就医。我们的汉语教材，能否借鉴一下日语教材的做法，介绍一些更为实际的生活知识，比如，如何讨价还价，如何乘坐地铁、公交，如何看病，如何从图书馆借书等。这些内容的补充，会使学习者更快、更好地适应中国的生活。

2.5 体现生动性与趣味性

教材的趣味性是每位教材编写者都努力追求的。作为《大家的日语》的编写者也不例外。书中包含了大量的图片。这些图片的作用不仅是美观和生动，很多本身就是练习。这样把图片和学习内容结合起来，既满足了学习的需要，同时也使学习变得生动有趣。但国内的语言教材，只有儿童教材在呈现词汇时，常常使用很多图片，以增加形象性和趣味性。成人语言教材很少这样做,除非是一些比较特别的词汇(比如"饺子、花轿"等)(刘颂浩,2008)。

事实上,图片使文字信息的加工更为容易,使人们更容易记忆和回忆所学过的文字信息(Paivio & Csapo,1973)。在考察图片对生词学习作用的时候,研究者发现,图片对生词学习的积极作用已经超出了他们的预期(Yeh & Wang,2003;Rodriguez & Sadoski,2000)。因此,编写者应该注意并利用这一手段,尤其在成人汉语教材的编写中。更重要的是,让图片不仅仅作为一种装饰,更成为学习的一部分。

2.6 选择富有吸引力的书名

细节决定成败,一本书也是如此。像每个人都有个名字一样,每本书也都会有一个名字,但这看似简单的名字其实大有学问。《大家的日语》前身叫作《新日语基础教程》。类似的名字在对外汉语教材中也广泛使用。这样的名字虽然清楚直接,让人望一眼便知其具体内容和水平,但是细想起来,却少了点人情味。而其姊妹篇改为《大家的日语》,则使日语不仅限于日本人使用的语言,也是所有渴望学习者的语言,颇具国际化味道。反思汉语教材的名称,近些年已经丰富了许多。从早期的《汉语教程》,到逐渐个性化的《走近汉语》《体验汉语》《轻松汉语》《风光汉语》《魔力汉语》《很好》等,已看出汉语教材已从一种单纯的语言学习工具向让学习者爱上汉语的功能转变。一个好的名字,会让学习者感受到自己是语言的主人,有更多了解的冲动和学习的动力。

3 存在的问题及改进措施

3.1 生词问题

有句话说日语学习是"笑着进来,哭着出去"。但在《大家的日语》中,笑着进来恐怕也不那么容易。本书第一课的生词加短语就达到 36 个,如果算上专有名词的话,可以达到 50 个,数量众多的生词,另外加上平假名、片假名和汉字等变化形式,对于初学者来说,全部掌握无疑是非常困难的。而此后每课中的生词数量基本维持在50个左右，从第1课到第25课没有明显的数量变化。这样的安排其实并不合理。教育心理学的原理提示我们，学习讲究循序渐进，如果一开始就让学习者体验到极大的困难，就会打击他们学习的信心，使他们无法产生学习成就感，逐渐失去学习的兴趣，很可能导致习得性无力感，而最终放弃学习。从另一个角度来说，如果基础不牢固，后面的学习也是相当困难的。在这方面，汉语教材的做法是值得推广的。在初级汉语教材中，生词数量是被严格控制的。一般来说，前5课生词每课不会超过20个，以后逐渐增加。这既符合学习的规律，又能保证学习的效果。

另外，《大家的日语》中的生词注释部分和课文、练习部分并不在同一本书中。这样对于学习者来讲就有些不方便。如果在做练习时遇到了生词，或者在语法理解上有困难，那就得到另一本书中去查找。在阅读课文、句型时也会遇到同样的问题。这样换来换去，既麻烦又耽误时间。并且，对所学的内容进行复习时，如果只有生词和语法，或者只有课文和练习都无法进行，学生需要将几部分的内容联系起来，才能有效地复习。而目前汉语教材的做法通常是把生词、语法、课文和练习放入一本书里，这样既便于使用，也便于查找，同时也便于复习，因此是比较合适的做法。

3.2　练习问题

尽管这本书的练习设计非常精彩，但也称不上完美。仔细翻阅教材，就会发现全书练习形式没有变化，显得过于单一，并且简单。虽然如前所述，编写者在每课的练习中尽力考虑难度的变化，但是全部练习中，没有一种让学习者完全独立产出的题目。在汉语教材中经常见到的练习方式——回答问题，在本书中完全没有涉及。另外，越来越受重视的交际性练习也没有出现过。其实，随着学习的不断深入，练习也应该由理解为主的题目向应用为主的题目转变，这才符合学习的规律。教材的练习不应该只追求形式上的一致和统一，而根据学生的学习水平和要求，设计相应的练习才是教材编写者们最需要做的。

第五节　基于学习风格的教材二次开发

1　学习风格与教材需求

学习风格作为个体差异一个重要的维度，对第二语言学习有着重要影响。它是学习者特有的认知、情感和生理行为，它是反映学习者如何感知信息、如何与学习环境相互作用并对之做出反应的相对稳定的学习方式（Keefe，1979）。研究发现，不同学习风格者的学习偏好存在较大差异。视觉型学习者偏爱通过查看图表、图片、文献等材料学习，对于视觉指示的接受效果更好，擅长快速浏览，书面测验得分高；但对于听觉刺激分辨能力较低、一般对于口头指导接受困难。听觉型学习者则喜欢通过聆听演讲、对话等形式学习，善于对语音做处理及辨析，对口头指导的领受效果较好，口头表达能力强；处理书面作业或进行抄录工作比较困难。动觉型学习者则喜欢通过一系列参与性的活动，如书写、绘画等形式学习，作业书写工整，操作测验分数较高；书面测验不理想，通过听觉或视觉接受信息时也表现欠佳（谭顶良，1999）。

学生学习方式的差异会使他们对教材产生不同的需求，但作为语言学习重要媒介的教材却无法同时满足不同学习者的需求，这就要求教师对教材进行二次开发。教材二次开发，主要是指"教师和学生在实施课程过程中，依据课程标准对既定的教材内容进行适度增删、调整和加工，合理选用和开发其他教学材料，从而使之更好地适应具体的教育教学情境和学生的学习需求"（俞红珍，2005）。目前关于教材二次开发的研究还不多见，且仅限论述类研究（俞红珍，2005；丁粉红，2004）。鉴于此，笔者将以学习风格为切入点，探讨不同学习风格学习者需求的差异，并结合匈牙利本土教材《匈牙利汉语课本》对教材进行二次开发。

2 研究方法与程序

2.1 研究对象

笔者的调查对象为 135 名匈牙利罗兰大学孔子学院及孔子课堂的学生，主要为初级学习者。来自匈牙利的布达佩斯、艾格尔、米什科尔茨、维斯普雷姆、托卡伊、索尔诺克等城市的孔子学院及孔子课堂。

2.2 调查问卷

学习风格问卷使用 Oxford（2002）设计的学习风格问卷。该测验为限时测验，要求被试在 30 分钟内完成。问卷由 30 个陈述句组成，分别描述 3 种感知学习风格倾向：视觉型、听觉型和触觉型。采用五级量表形式，调查者根据实际情况选择，最后累计得分。得分最高的类型即判定为学习类型。

教材需求分析调查问卷根据程晓棠（2002）的理论框架制定。在预调查和调整之后形成最终问卷。从语音、词汇、语言点、练习等几个方面对匈牙利汉语初级学习者进行调查。问卷采用单选与多选相结合的方式。为了更准确地测量学生的学习需求，本调查问卷被译成英语、匈牙利语两种版本。

2.3 数据收集与分析

问卷调查采用随堂发放，课上完成的形式。学生先进行学习风格的测验，再完成需求分析调查问卷。本次调查共发放 135 份问卷，其中，学习风格与需求分析两份问卷均有效的为 129 份，有效率为 95.5%。数据录入与分析使用 SPSS19.0 统计软件进行。

3 研究结果与分析

3.1 匈牙利学生的学习风格类型

学习风格测验结果显示，视觉型为 88 人，占全体学生的 68.2%。听觉型

第五章 中文作为第二语言学习者的个体差异与教材需求

为32人,占24.8%。触觉型为9人,占7.0%。分布情形如表93所示。视觉型学生的人数最多,这一结论和Oxford(2002)的结论是相一致的。"全世界50%—80%人是视觉型学习者"。此外,由于听觉型和触觉型所占比例较小,于是在本研究中合并为非视觉型,非视觉型为41人。

表93 匈牙利学生的学习风格类型分布

学习风格类型		人数	百分比(%)
视觉型		88	68.2
非视觉型	听觉型	32	24.8
	触觉型	9	7.0
合计		129	100

3.2 不同学习风格者的语音讲解需求

对不同学习风格者的语音讲解需求进行卡方统计检验。结果发现,视觉型学生与非视觉型学生在声母、韵母的讲解方式上存在显著差异($X^2 = 23.365$, $df = 3$, $p < 0.001$)。笔者又对两类学习者的选择进行比率观察。结果见图35。

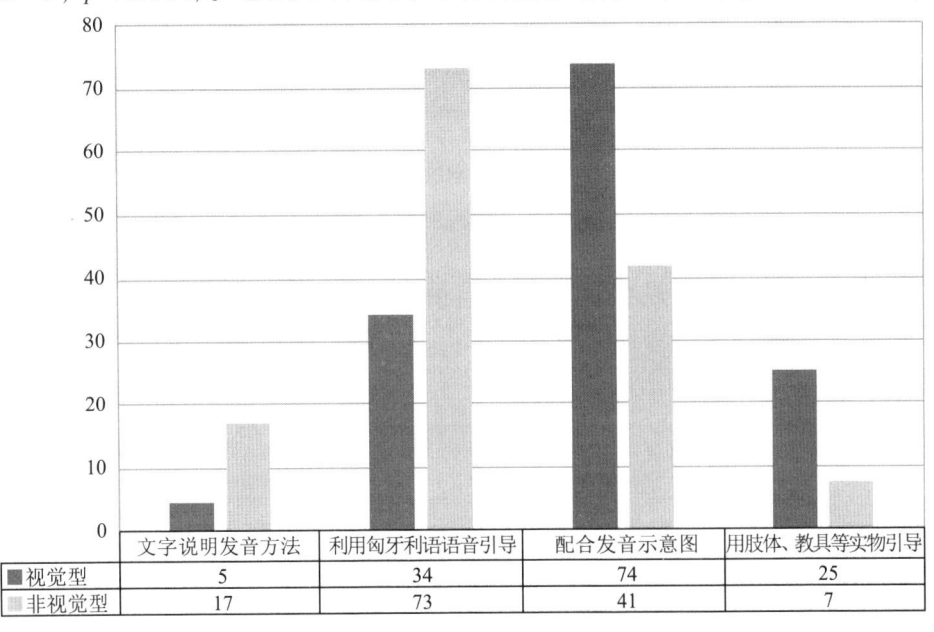

	文字说明发音方法	利用匈牙利语音引导	配合发音示意图	用肢体、教具等实物引导
视觉型	5	34	74	25
非视觉型	17	73	41	7

图35 两类学习者声母、韵母的讲解方式的选择比率

从各项的选择比率看,视觉型学习者主要集中在"配合发音示意图"这一选项,而非视觉型学习者则主要选择了"利用匈牙利语语音引导"。

3.3 不同学习风格者的词汇需求

对不同学习风格者在每课生词量需求方面进行比率统计。数据统计见图36。排名第一的选项上,视觉型和非视觉型学生是相同的,为每课生词量"20—30字"。排名第二的选项则不同,视觉型学生选择"30—40字",而非视觉型学生则表现出一定程度的拒绝(R = -2.62)。

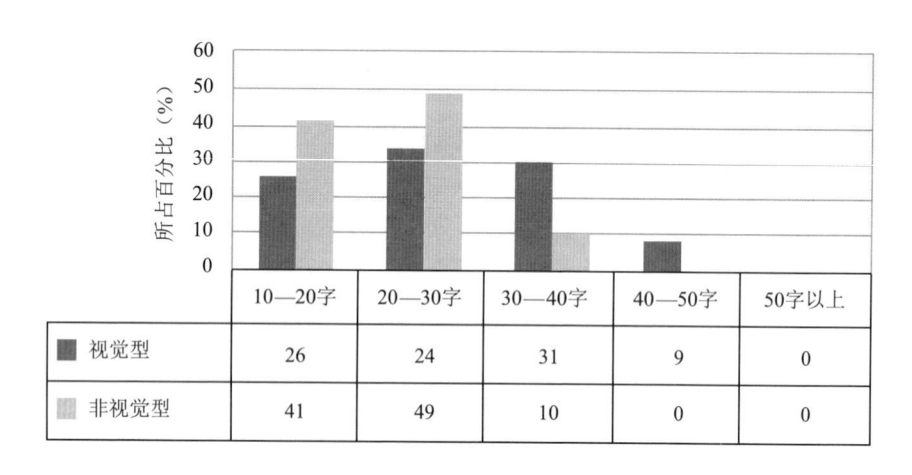

	10—20字	20—30字	30—40字	40—50字	50字以上
视觉型	26	24	31	9	0
非视觉型	41	49	10	0	0

图36 不同学习风格的学生对生词量的需求比率

3.4 不同学习风格者的语言点讲解方式需求

对不同学习风格者的语言点讲解方式需求进行卡方统计检验。视觉型学生与非视觉型学生在语言点的讲解方式上存在需求差异(X^2 = 11.261,df = 5,p = 0.045),见图37。视觉型学生最关心"公式"(R = 6.2),而非视觉型学生则喜欢"利用图片、动画讲解"(R = 3.5)。

第五章　中文作为第二语言学习者的个体差异与教材需求

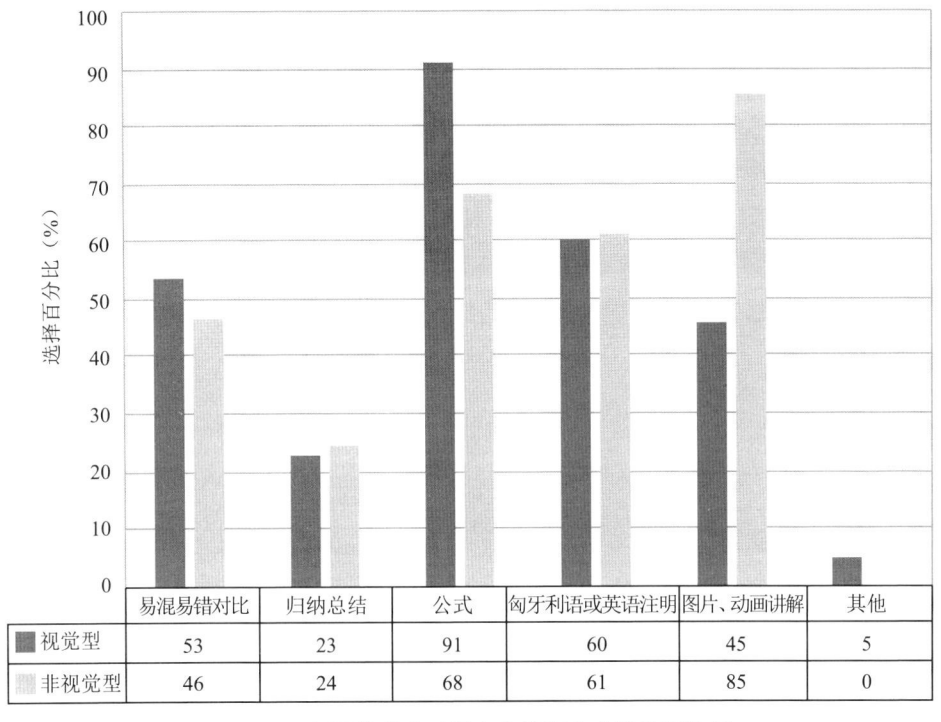

	易混易错对比	归纳总结	公式	匈牙利语或英语注明	图片、动画讲解	其他
视觉型	53	23	91	60	45	5
非视觉型	46	24	68	61	85	0

图 37　不同风格学生对语言点讲解方式的选择比例

3.5　不同学习风格者的练习需求

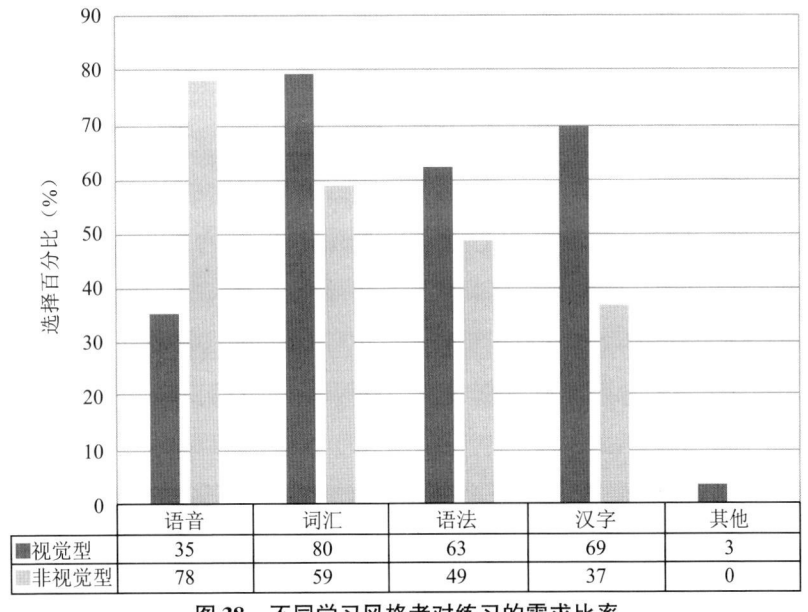

	语音	词汇	语法	汉字	其他
视觉型	35	80	63	69	3
非视觉型	78	59	49	37	0

图 38　不同学习风格者对练习的需求比率

对不同学习风格者的练习需求进行卡方统计检验。结果发现，视觉型学生与非视觉型学生在练习方面的需求有显著差别（$X^2 = 6.210$，df = 4，$p = 0.001$），见图 38。在语音练习上，非视觉型学生的需求明显高于视觉型学生。对于汉字练习的需求，视觉型学生明显高于非视觉型学生。对于词汇、语法方面的需求，视觉型学生也在一定程度上高于非视觉型。

4 基于学习风格的教材二次开发

教材是学生学习的重要依据，是教师开展一切教学活动的基础。然而任何一套教材都无法完全满足某一学习群体中所有成员的需求，这就要求教师根据学习者的特点及需求对教材进行合理的二次开发。

4.1 语音讲解方式的二次开发

《课本》中声母、韵母、声调等汉语语音知识的讲解，主要以录音示范正确发音为主。在第一册编写说明之后，附有"匈牙利人汉语语音学习的特点和难点"一文。除此之外，再无文字性讲解。笔者通过调查发现，视觉型学习者偏爱讲解语音时配合示意图，而非视觉型则更喜欢利用母语和目的语之间的发音共性进行学习。结合不同学习风格者的需求，笔者在实际教学过程中对教材进行了如下处理：

（1）增加汉语发音图示

视觉型学生对于听觉刺激敏感度低，口头指导效果通常不理想。同样的教学内容，如果以图片或者板书形式呈现给学生，远比口头讲解更容易被学生接受。因此，在语音教学时，笔者增加了对应的汉语发音示意图，如图 39 所示。

首先，口型示意图可以帮助视觉型学生通过模仿口型来纠正自己的发音。其次，图中包含国际音标，可以帮助学生更迅速地学习汉语发音。最后，发音的同时配合呈现词语图片，这样可以使视觉型学生更容易记住读音。

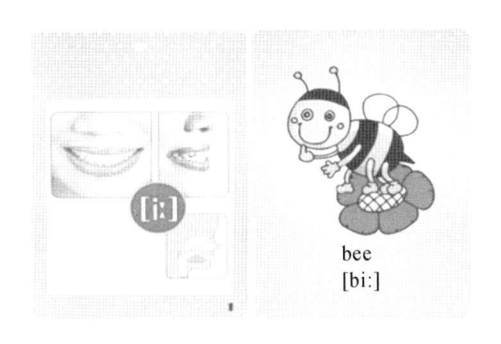

图 39　汉语发音示意图

(引自《傻瓜音标口型卡：海伦的发现》，海伦英语工作室，深圳音像公司，2008)

（2）利用匈牙利语语音指导

非视觉型学习者在听觉信息输入的学习中有很好的表现。他们喜欢口头讲解、听讲座等，更希望教师利用母语语音特点引导学习汉语发音。匈牙利语的字母发音，有很多和汉语是相同的，比如：o、i、u、m、d、k、t、f、h。这些音对于匈牙利人来说并不是学习的难点。但是，还有一些语音，虽然发音一模一样，汉、匈语的字母表现形式却不同。例如，汉语 sh［ʂ］在匈牙利语中标记为 s［ʂ］；而汉语中 s 读作［s］。因此，受母语负迁移的影响，学生在学习汉语的过程中，容易产生 s/sh 不分的问题。将"四季 siji"读成"世纪 shiji"。因此，这些语音是需要特别指出的。笔者在教学中就利用目的语和母语间的发音对比来指导学生发音。

4.2　补充词汇的二次开发

《课本》词语选择所依据的是新 HSK 考试大纲。新 HSK 一级要求词汇 150 个，课本第一册有生词 218 个。调查结果显示，每课的平均生词量略低于学习者的要求。匈牙利汉语学习者最乐于接受的生词量在每课 20—30 个左右，在这一点上，视觉型学生与非视觉型学生并没有表现出明显差异。而《课本》第一册除前五课语音部分外，其他每课生词平均为 13—15 个。词汇量的贫乏会影响信息的顺利获得、交流的顺利进行，从而引起学习者兴趣减弱或负面情感的产生，甚至造成一定程度上的心理障碍（高燕，2008）。因此，笔者在教学中针对不同学生学习风格特点，采用不同方式补充词语。

（1）图示联想法

这一方法是根据黄更新（2008）在英语词汇教学中设计的教学活动改编的。比如在讲"礼物"一词时，我给学生补充了动词"收""送"，以及名词"巧克力""花""蛋糕"等。并制作词汇示意图，如图40所示。这种方法更适合视觉型学习者。他们对图示的接受效果较好，将相关词汇做成示意图，可以使其更迅速地掌握补充词汇。同时，在讲解"巧克力""花""蛋糕"等词时，笔者配合相应图片，加强对他们的视觉刺激。为了提高非视觉型学生的参与度，在词语操练时，将学生分成小组，一个人根据词语做动作，或者进行语言描述，其他学生猜。这种练习的不足之处在于耗时较长，所以只适用于重点词语的讲练。

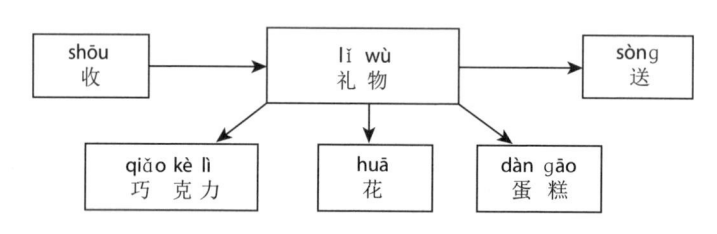

图40　生词扩充示意图

（2）语音联想法

这种方法是针对非视觉型学生设计的。由于他们对语音的指示、接收效果较好，因此笔者利用词语的语音联系帮助学生学习记忆。例如，在讲"舞蹈"一词时，笔者扩充了"葡萄"。在讲"香蕉"时，补充了"小桥"。虽然这种方法是针对非视觉型学生设计的，但实际使用中发现，其他风格的学生对此也很感兴趣。语音相似，意义却不同，这是一种有趣的语言现象。因此，其他风格学生参与度也很高，活跃了课堂气氛。

4.3　语言点讲解方式的二次开发

《课本》使用匈牙利语直接对语言点进行注释，并配以中文例句辅助理解。调查发现，视觉型学生最喜欢的语言点讲解方式为"利用公式讲解"，非视觉型学生更喜欢"利用图片、动画讲解"。因此，笔者结合不同学习风格者特点和需求，对《课本》进行以下调整：

(1) 借助公式讲解句式

视觉型的学生喜欢老师条理清晰的板书；希望突出显示教学中的重点、难点，或者用不同颜色标注；视觉型学生对公式的接收效果尤其好。他们借助公式进行编码，使语法形式迅速进入长时记忆。根据学生的上述特点，笔者在讲解句式时注意借助语言点公式示意。同时，还会使用不同颜色、下画线、黑体加粗、箭头等形式突出重点，强化视觉刺激。便于学生迅速抓住语法重点，学习记忆。

(2) 利用图片、动画讲解

非视觉型学生对文字信息的处理能力不如视觉型学生，对大段文字讲解较为反感。虽然图片也是通过视觉通道输入信息，但是笔者在调查中发现，比起文字性注解，非视觉型学生对图片的接受程度更好。这可能与图片直观、生动的特点有关。《课本》在语言点的讲解上大多采用文字叙述的形式，因此，笔者在使用该教材时会借助图片、动画等手段对语义和语用的表达进行讲解。例如，在讲解语气词"了"时，笔者通过两个场景的对比，讲解"了"的语法意义，如图 41 所示。

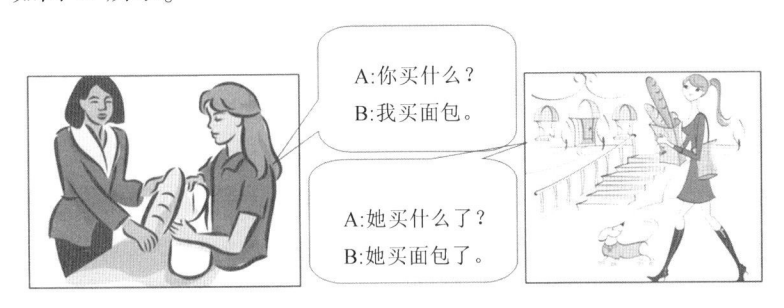

图 41 "买面包"与"买面包了"

4.4 练习的二次开发

4.4.1 语音练习的二次开发

《课本》语音练习的数量较少，仅在第一册刚刚进行拼音教学时出现"听录音，选出听到词语"练习，然而在汉语学习初级阶段，良好的语音基础对学习者来说尤为重要。因此，笔者在教学中增加了相应的语音练习。比如，拼音填空。在此练习中将生词按词义分类，并以拼音的形式展示，但在拼音中空缺一些字母。让学生根据教师朗读，进行填写，然后大声朗读出来。由于视觉型学生对单纯的语音练习较为排斥，这种将语音练习与词汇练习相结合的方式，可以满足其需求，也可以在辨别语音的同时，识认简单词语。同时，视觉型学生也可以根据给出的拼音提示，进行发音练习。

4.4.2 汉字练习的二次开发

《课本》不涉及单纯的汉字练习，汉字书写的练习有"读拼音写汉字""完成对话"等。因此，笔者适当为学生增加汉字练习，并根据不同学习风格者特点安排不同的练习方式。视觉型学生善于掌握汉字大小以及间架结构，字形掌握较好，并乐于完成一定量的抄写作业，其中包括按笔顺抄写生词。但非视觉型学生则表现出一定程度上的拒绝，他们更喜欢通过用手在桌子或空中比画甚至字形联想来记忆汉字，不喜欢重复抄写。因此笔者根据学生的特点和喜好，练习和作业不做统一的要求。

4.4.3 词汇练习的二次开发

根据笔者调查，词汇练习是全体学生最关心的方面。《课本》词汇练习的形式只有三种：拼音和词汇的连线、选词填空、读拼音写汉字。选词填空练习可以很好地满足视觉型学习者对词汇训练的需求，但非视觉型学生对此兴趣不大。究其原因，第一，文字信息处理是非视觉型学生的短板，因此，他们不喜欢此类练习。第二，通过课堂观察笔者发现，非视觉型学生很少愿意踏实坐下来完成一项书面作业，他们更喜欢通过课堂活动巩固知识。虽然非视觉学习者对词汇练习并没有表现出浓厚的兴趣，但是通过访谈得知，他们还是非常愿意进行练习，提高语言运用能力。因此，笔者会在实际教学中，根据不同学习风格者的特点，有针对性地设计一些词汇练习形式。笔者将单纯的视觉形式的词汇练习转变为多通道词汇练习，一方面可以增强记忆效果，另一方面，可以提高非视觉型学习者的学习兴趣。例如，学习完一类词汇如水果时，笔者会带学生做"萝卜蹲"的练习。给每一名学生起一个"水果名字"，将熟悉的"萝卜蹲"替换成"苹果蹲""香蕉蹲"等与水果相关的词汇。学生在这个练习中，会重复听到或者输出水果的名字，起到强化记忆和复习的作用。为了降低游戏难度，笔者会在黑板上写出涉及的水果词汇和"苹果蹲""香蕉蹲"等例子，这样做也是为了便于视觉型学生的学习及操练。在这个练习中，非视觉型学生会不断接受听觉刺激，而学生也可以在活动中学习，有效地提高了非视觉型学生对于词汇练习的兴趣。

在实际教学中，教材不是金科玉律，任何一套教材都无法满足所有学习者的学习需求，因此教师需要根据学习者的特点对教材进行适度的二次开发。当然，学习风格不是教材二次开发的唯一依据，但它却是一个不容忽视的方面。为了使每个学生都获得良好的教育，教师要掌握学生学习特点，因材施教。

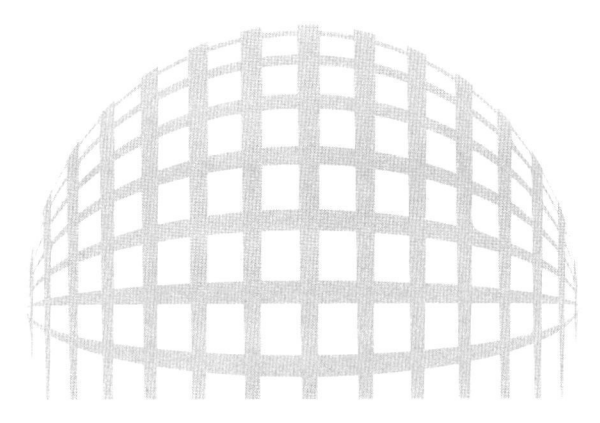

参考文献

［1］3A株式会社（2000）みんなの日本語，东京：スリーエーネットワーク．

［2］Abel, B. (2003) English Idioms in the First Language and Second Language Lexicon: a Dual Representation Approach, *Second Language Research* (4): 329 – 358.

［3］Aitchison J. (2003) *Words in the Mind: An Introduction to the Mental Lexicon*, Oxford: Blackwell.

［4］Alderson, J. C. (1984) Reading in a foreign language: A reading problem or a language problem? In J. C. Alederson & A. H. Urquhart (Eds.), *Reading in a foreign language* (pp. 1 – 27). London, UK: Longman.

［5］Alderson, J. C. (2000) *Assessing reading.* Cambridge: Cambridge University Press.

［6］Alhqbani, A. & Riazi, M. (2012) Metacognitive awareness of reading strategy use in Arabic as a second language. *Reading in Foreign Language* (24): 231 – 155.

［7］Alptekin, C. & Atakan, S. (1990) Field dependence-independence and hemisphericity as variables in L2 achievement. *Second language research* (2): 135 – 149.

［8］Anderson, J. R. (1976) *Language, memory, and thought.* Hillsdale, NJ: Erlbaum.

[9] Anderson, J. R. & Bower, G. H. (1973) *Human associative memory*. Washington: Winston.

[10] Anderson, M. L. (2003) Embodied cognition: A field guide. *Artificial Intelligence* 149 (1): 97 - 98.

[11] Ausubel, D. P. (1960) The use of advance organizers in the learning and retention of meaningful verbal learning. *Journal of Educational Psychology* (51): 267 - 272.

[12] Bachman, L. F. (1990) *Fundamental considerations in language testing*. Oxford: Oxford University Press.

[13] Baker, L. (2008) Metacognitive development in reading: Contributors and consequences, In K. Mokhtari & Sheorey, R. (Eds.), *Reading Strategies of First-and second-language Learners: See How They Read* (pp. 25 - 42). Norwood, MA: Christopher-Gordon.

[14] Bedir, H. (1992) *Cultural significance in foreign language learning and teaching with special emphasis on reading comprehension through cultural schema*. Master's thesis, Cukurova University.

[15] Bensoussan, M. & Laufer, B. (1984) Lexical guessing in context in EFL reading comprehension. *Journal of Research in Reading* (7): 15 - 31.

[16] Berman, R. A. (1984) Syntactic components of the foreign language reading process. In C. J. Alderson & A. H. Urquhert (Eds.), *Reading in a foreign language*. London, UK: Longman.

[17] Bernolet, S., Hartsuiker R. J. & Pickering M. J. (2007) Shared syntactic representations in bilinguals: Evidence for the role of word-order repetition. *Journal of Experimental Psychology: Learning, Memory and Cognition* (33): 931 - 949.

[18] Best, R. M. (2008) Differential competencies contributing to children's comprehension of narrative and expository texts, *Reading Psychology* (29): 137 - 164.

[19] Bock, J. K. & Griffin, Z. M. (2000) The persistence of structural priming: Transient activation or implicit learning? *Journal of Experimental Psychology:*

General (129): 177-192.

[20] Boers, F. & Demecheleer, M. (2001) Measuring the Impact of Cross-culture Differences on Learners' Comprehension of Imaginable Idioms. *ELT Journal* (55): 255-262.

[21] Boroditsky, L. (2001) Does language shape thought? Mandarin and English speakers' conceptions of time. *Cognitive Psychology* 43 (1): 1-22.

[22] Bortfeld, H. (2002) What native and non-native speakers' images for idioms tell us about figurative language, *Advances in Psychology* (2): 275-295.

[23] Bortfeld, H. (2003) Comprehending Idioms Cross-Linguistically, *Experimental Psychology* (3): 217-230.

[24] Branigan, H. P., Pickering, M. J. & Celand, A. A. (2000) Syntactic coordination in dialogue. *Cognition* (75): 13-25.

[25] Bransford, J. D. & Franks, J. J. (1971) The abstraction of linguistic ideas. *Cognitive Psychology* (2): 331-350.

[26] Bransford, J. D., Barclay, J. & Franks, J. J. (1972) Sentence memory: A constructive versus interpretive approach. *Cognitive Psychology* (3): 193-209.

[27] Brisbois E. J. (1995) Connections between first and second-language reading, *Journal of Reading Behavior* (27): 565-584.

[28] Brooks, P. J. &Tomasello, M. (1999) Young children learn to produce passives with nonce verbs. *Developmental Psychology* (35): 29-44.

[29] Brown, H. D. (2000) *Principles of language learning and teaching*. Beijing: Foreign Language Teaching and Research Press.

[30] Cain, K. &Oakhill, J. V. (1999) Inference making ability and its relation to comprehension failure. *Reading and Writing* (11): 489-503.

[31] Cain K., Oakhill, J. V. & K. Lemmon. (2004) Individual differences in the inference of word meanings from context: The influence of reading comprehension, vocabulary knowledge, and memory capacity. *Journal of Educational Psychology* (96): 671-681.

[32] Calfee, R. C. & Drum, P. (1986) Research on teaching reading. In

M. C. Wittrock (Eds.), *Handbook of research on teaching.* New York: MacMillan.

[33] Carlisle, J. F. (1995) Morphological awareness and early reading achievement. In L. B. Feldman (Ed.), *Morphological aspects of language processing* (pp. 189 – 210). Hillsdale, NJ: Erlbaum.

[34] Carlisle, J. F. (2000) Awareness of the structure and meaning of morphologically complex words: impact on reading. *Reading and Writing* (12): 169 – 190.

[35] Carmines, E. G. & McIver, J. P. (1981). Analyzing Models with Unobserved Variables: Analysis of Covariance Structures. In G. W. Bohrnstedt, & E. F. Borgatta (Eds.), *Social Measurement: Current Issues* (pp. 65 – 115). Beverly Hills: Sage Publications, Inc.

[36] Carrell, P. L. (1987) Content and formal schemata in ESL reading. *TESOL Quarterly* (21): 461 – 481.

[37] Carroll, J. B. (1972) Defining language comprehension: Some speculations. In J. B. Carroll & R. O. Freedle (Eds.), *Language Comprehension and the Acquisition of Knowledge* (pp. 1 – 30). Washington: Winston.

[38] Carter, E. F. (1988) The relationship of field-dependent/independent cognitive style to Spanish language achievement and proficiency: a preliminary report. *Modern language journal* 7 (2): 21 – 30.

[39] Carver, R. P. (1990a) Predicting accuracy of comprehension form the relative difficulty of the materials. *Learning and Individual Differences* (2): 405 – 422.

[40] Casasanto, D. (2009) Embodiment of abstract concepts: Good and bad in right-and left-handers. *Journal of Experimental Psychology: General* 138 (3): 351 – 367.

[41] Casasanto, D. & Jasmin, K. (2010) Good and bad in the hands of politicians' spontaneous gestures during positive and negative speech. *PLoS ONE*, 5 (7), e11805. doi: 11810. 11371/journal. pone. 0011805.

[42] Casasanto, D. & T. Henetz (2012) Handedness shapes children's abstract concepts. *Cognitive Science* 36 (2): 359 – 372.

[43] Chapelle, C. & Abraham, R. (1990) Cloze method: What difference does it make? *Language testing* (2): 121–145.

[44] Chapelle, C. & Green, P. (1992) Field independence/dependence in second language acquisition research. *Language Learning* (1): 47–83.

[45] Chapelle, C. (2002) Field-Dependence/ Field-independence in the L2 classroom. In Reid J. M. (ed.), *Learning styles in the ESL/EFL Classroom*. Beijing: Foreign Language Teaching and Research Press.

[46] Charteris-Black, J. (2002) Second language figurative proficiency: A comparative study of Malay and English. *Applied Linguistics* (23): 104–133.

[47] Chen, R., Sai, J., Zhu, Q., Zhou, R. L., Li, P. & He, S. C. (2018) Horizontal Spatial Metaphors for Morality: A Cross-Cultural Study of Han Chinese Students and Ethnic Minority Hui Students in China. *Frontiers in Psychology* (9): 1–7.

[48] Chen, X., Hao, M. L., Geva, E., Zhu, J. & Shu, H. (2009) The role of compound awareness in Chinese children's vocabulary acquisition and character reading. *Reading and Writing* (22): 615–631.

[49] Cobb, T. (2009) Necessary or nice? Computers in second language reading. In Z. H. Han & N. Anderson (Eds.), *Second language reading: Research and instruction*. Mahwah, NJ: L. Erlbaum.

[50] Cohen, D. & Leung, A. K.-Y. (2009) The hard embodiment of culture. *European Journal of Social Psychology* 39 (7): 1278–1289.

[51] Collins, A. M. & Loftus, E. F. (1975) A spreading activation theory of semantic processing. *Psychological Review* (82): 407–428.

[52] Collins, A. M. & Quillian, M. R. (1969) Retrieval time from semantic memory. *Journal of Verbal Learning and Verbal Behavior* (8): 240–247.

[53] Cooper, T. C. (1999) Processing of Idioms by L2 Learners of English, *TESOL Quarterly* (2): 233–262.

[54] Coren, S. (1993) Measurement of handedness via self-report: The relationship between brief and extended inventories. *Perceptual and Motor Skills* 76 (3):

1035 – 1042.

[55] Corley, M. & Scheepers, C. (2002) Syntactic priming in English sentence production: Categorical and latency evidence from an internet-based study, *Psychonomic Bulletin & Review* (9): 126 – 131.

[56] De la Fuente, J., Casasanto, D., Román, A. & Santiago, J. (2015) Can culture influence body-specific associations between space and valence? *Cognitive Science* 39 (4): 821 – 832.

[57] De la Vega, I., de Filippis, M., Lachmair, M., Dudschig, C. & Kaup, B. (2012) Emotional valence and physical space: Limirmts of interaction. *Journal of Experimental Psychology: Human Perception and Performance* 38 (2): 375 – 385.

[58] De la Vega, I., Dudschig, C., de Filippis, M., Lachmair, M. & Kaup, B. (2013) Keep your hands crossed: The valence-by-left/right interaction is related to hand, not side, in an incongruent hand-response key assignment. *Acta Psychologica* 142 (2): 273 – 277.

[59] Deacon, S. H. & Kirby, J. R. (2004) Morphological awareness: Just "more phonological"? The role of morphological and phonological awareness in reading development. *Applied Psycholinguistics* (25): 223 – 238.

[60] Deese J. (1965) *The Structure of Associations in Language and Thought*, Baltimore: Johns Hopkins University Press.

[61] Dempster, F. N. (1989) Spacing effects and their implications for theory and practice, *Educational psychology review* (4): 309 – 330.

[62] Dooling, D. J. & Lachman, R. (1971) Effects of comprehension on retention of prose. *Journal of Experimental Psychology* (88): 216 – 222.

[63] Droop, M. & Verhoeven, L. (2003) Language proficiency and reading ability in first-and second-language learners. *Reading Research Quarterly* (38): 78 – 103.

[64] Dsemet, T. & Declercq, M. (2006) Cross-linguistic priming of syntactic hierarchical configuration information, *Journal of Memory and Language* (54):

610 – 632.

［65］Eason, S H., Goldberg, L. F., Young K. M., Geist, M. C. & Cutting, L. E. (2012) Reader-text interactions: how differential text and question types influence cognitive siklls needed for reading comprehension. *Journal of Educational Psychology* (3): 515 –528.

［66］Eckman, F. (1977) Markedness and the contrastive analysis hypothesis. *Language Learning* (27): 315 –330.

［67］Eckman, F. (1996) A functional-typological approach to second language acquisition theory. In William C. Ritchie and Tej K. Bhatia (ed.), *Handbook of Second Language Acquisition*, 195 –212, New York: Academic Press.

［68］Ellis, R. (1994) *The study of second language acquisiton*. Oxford: Oxford University Press.

［69］Fang, S. P. (1986) Consistency effects in the Chinese character and pseudo-character naming tasks. In H. S. R. Kao & R. Hoosain (Ed.), *Linguistics, Psychology and Chinese language*, University of Hong Kong.

［70］Ferreira, V. S. (2003) The persistence of optional complementizer production: Why saying "that" is not saying "that" at all, *Journal of Memory and Language* (48): 379 –398.

［71］Fillbaum, S. & Jones, L. V. (1965) Grammatical contingencies in word association, *Journal of Verbal Learning and Verbal Behavior* (4): 248 –255.

［72］Flett, S. (2003) Syntactic priming in L1 and L2 Spanish. In Linguistics Postgraduate Conference, University of Manchester, Manchester.

［73］Fuhrman, O. & Boroditsky, L. (2007) Mental time-lines follow writing direction: Comparing English and Hebrew speakers. In D. S. McNamara & G. J. Trafton (Eds., pp. 1001 –1007), *Proceedings of the 29th Annual Conference of the Cognitive Science Society*, Austin, TX: Cognitive Science Society.

［74］Garner, R. (1987) *Metacognition and Reading Comprehension*. Nrowood, N. J: Ablex.

［75］Ghyasi, M. (2011) Metacognitive awareness of reading strategies: a triangulated study of Iranian EFL learners, *International conference on Language, literature and linguistics.*

[76] Gibbs, R. W. (2006) Metaphor interpretation as embodied simulation. *Mind & Language* (21): 434 – 458.

[77] Gibbs, R. W. (2008) *The Cambridge Handbook of Metaphor and Thought*, New York: Cambridge University Press.

[78] Giessner, S. R. & Schubert, T. W. (2007) High in the hierarchy: How vertical location and judgments of leaders' power are interrelated. *Organizational Behavior and Human Decision Processes* (104): 30 – 44.

[79] Givon, T. (1995) Coherence in text vs. coherence in mind. In M. A. Gernsbacher & T. Givon (Eds.), *Coherence in spontaneous text* (pp. 59 – 115). Philadelphia, Amsterdam: John Benjamins.

[80] Givon, T. (2001) *Syntax: An introduction*, John Benjamin Publishing Company.

[81] Goodman, K. (1970) Psycholinguistic universals in the reading process. *Journal of Typographic Research* (1): 103 – 110.

[82] Grady, J. (1997) *Foundations of Meaning: Primary Metaphors and Primary Scenes.* Ph. D. Dissertation, Berkeley: University of California.

[83] Graesser, A. C., Mcnamara, D. S. & Kulikowich, J. M. (2011) Cohmetrix: providing multilevel analysis of text characteristic. *Educational Researcher* (40): 223 – 234.

[84] Haastrup, K. (1991) *Lexical Inferencing Procedures or Talking about words: Receptive Procedures in Foreign Language Learning with special reference to English.* Tubingen, Germany: Gunter Narr.

[85] Haberlandt, K. F. & Graesser, A. C. (1985) Component processes in text comprehension and some of their interactions. *Journal of Experimental Psychology: General* (114): 357 – 374.

[86] Hansen, J. & C. Stanafield (1981) The relationship of field dependent-independent cognitive styles to foreign language achievement. *Language Learning*

(2): 1467-1770.

[87] Hartsuiker, B. J. & Kolk. H. H. J. (1998) Syntactic persistence in Dutch, *Language and Speech* (41): 143-184.

[88] Hartsuiker, B. J., Pickering, M. J. & Veltkamp, E. (2004) Is syntactic separate or shared between languages? Cross-linguistic syntactic priming in Spanish-English bilinguals, *Psychological Science* (15): 409-413.

[89] Hatami, S. & Tavakoli, M. (2012) The role of depth versus breadth of vocabulary knowledge in success and ease in L2 lexical inferencing. *TESL Canada Journal* (30): 1-21.

[90] Haviland, S. E. & Clark, H. H. (1974) What's new? Acquiring new information as a process in comprehension. *Journal of Verbal Learning and Verbal Behavior* (13): 512-521.

[91] Hertz, R. (1973) The pre-eminence of the right hand: A study in religious polarity. In Rodney Needham (ed.), *Right & left: Essays on dual symbolic classification* (pp. 20-41). Chicago: University of Chicago Press.

[92] Ho, C. S.-H. (1999) A Longitudinal Study of Phonological Processing Skills in Children Learning to Read in a Second Language, *Journal of Educational Psychology* (91): 29-43.

[93] Hu, M. & Nation, I. S. P. (2000) Unknown vocabulary density and reading comprehension. *Reading in a Foreign Language* (13): 403-430.

[94] Hu, L. & Bentler, P. M. (1999) Cutoff criteria for fit indexes in covariance structure analysis: conventional criteria versus new alternatives. *Structural Equation Modeling: A Multidisciplinary Journal* (6): 1-55.

[95] Hutchinson, T. & Water, A. (1987) *English for Specific Purposes*, Cambridge University Press.

[96] Jimenez, R., Garcia, G. & Pearson, P. (1996) The reading strategies of students who are successful English readers: Opportunities and obstacles. *Reading Research Quarterly* (31): 90-112.

[97] Johnston, M. (1986) Second language acquisition research in the adult

migrant education program, In Johnston, M. & M. Pienemann (eds.), *Second Language Acquisition*: *A Classroom Perspective*, 33 –47. New South Wales: Migrant Education Service.

[98] Just, M. A. & Carpenter, P. A. (1980) A theory of reading: From eye fixations to comprehension. *Psychological Review* (87): 329 – 354.

[99] Katz, A. N. (1989) On Choosing the Vehicles of Metaphors: Referential Concreteness, Semantic Distances, and Individual Differences, *Journal of Memory & Language* (4): 486 – 499.

[100] Kecskes, I. (2001) The Graded Salience Hypothesis in Second Language Acquisition. In P. L. Pütz, S. Niemeier & R. Dirven (Eds.), *Applied Cognitive Linguistics II*: *Language Pedagogy*. New York: Mouton de Gruyter.

[101] Keefe, J. W. (1979) *School applications of the learning style concept*: *Student learning styles*, Reston, VA: National Associations of Secondary School Principals.

[102] Khaldieh, S. (2001) The relationship between knowledge of I^{c}raab, lexical knowledge and reading comprehension of nonnative readers of Arabic. *The Modern Language Journal* (85): 416 – 431.

[103] Kieffer, M. J. & Lesaux, N. K. (2008) The role of derivational morphology in the reading comprehension of Spanish-speaking English language learners. *Reading and Writing* (21): 783 – 804.

[104] Kieffer, M. J. & Box, C. D. (2013) Derivational morphological awareness, academic vocabulary, and reading comprehension in linguistically diverse sixth graders *Learning and Individual Differences* (24): 168 – 175.

[105] Kim, M. (1995) Literature discussions in adult L2 learning. *Language, Culture, and Curriculum* (18): 145 – 166.

[106] Kintsch, W. (1974) *The representation of meaning in memory*. Hillsdale, NJ: Erlbaum.

[107] Kintsch, W. & van Dijk, T. A. (1978) Toward a model of text comprehension and production. *Psychological Review* (85): 363 – 394.

[108] Kletzien. S. B. (1991) Strategy use by good and poor comprehenders reading expository text of differing levels. *Reading Research Quarterly* (26): 67-86.

[109] Koda, K. (2005) *Insights into second language reading: Across-linguistic approach.* New York: Cambridge University Press.

[110] Kong, F. (2013) Space-valence associations depend on handedness: Evidence from a bimanual output task. *Psychological Research* (77): 773-779.

[111] Kövecses, Z. (2004) Introduction: Cultural Variation in Metaphor. *European Journal of English Studies* (3): 59-75.

[112] Kudeir, R. (2012) The degree to which undergraduate Yarmouk University students have practiced strategic reading as related to some variables. *Islamic University Journal of Education and Psychological Studies* (2): 671-704.

[113] Lachman, R., Lachman, J. L. & Butterfield, E. C. (1979) *Cognitive psychology and information processing: An introduction.* Hillsdale, NJ: Erlbaum.

[114] Lakens, D. (2012) Polarity correspondence in metaphor congruency effects: Structural overlap predicts categorization times for bipolar concepts presented in vertical space. *Journal of Experimental Psychology: Learning, Memory and Cognition* (38): 726-736.

[115] Lakoff, G. (1987) *Women, fire and dangerous things.* Chicago: The University of Chicago Press.

[116] Laufer, B. & Paribakht, T. S. (1998) The relationship between passive and active vocabularies: effects of language learning context. *Language Learning* (48): 365-391.

[117] Laufer, B. (1992) Reading in a foreign language: how does L2 lexical knowledge interact with the reader's general academic ability? *Journal of Research in Reading* (15): 95-103.

[118] Laufer, B. (1989) What percentage of text-lexis is essential for comprehension? In Lauren C & Nordman. M (Eds.), *Special Language: From Humans Thinking to Thinking Machines* (pp. 316-323). Clevedon: Multilingual Matters.

[119] Li, X. L. & Sun, L. (2009) A study of the organization of L2 Mental

Lexicon through word association tests, *Teaching English in China-CELEA journal* (6): 80 – 87.

[120] Li, W. L., Anderson, R. C., Nagy, W. E. & Zhang, H. C. (2002) Facets of metalinguistic awareness that contribute to Chinese literacy. In Wenling Li, Janet S. Gaffney, and Jerome L. Packard (Eds.). *Chinese Children's Reading Acquisition: Theoretical and Pedagogical Issues.* Dordrecht: Kluwer Academic Publishers.

[121] Madhumathi, P. & Ghosh, A. (2012) Awareness of reading strategy use of Indian ESL students and the relationship with reading comprehension achievement. *Canadian Center of Science and Education* (5): 131 – 140.

[122] McBride-Chang C., Cho, J-R., Liu, H. Y., Wagner, R., Shu, H. & Zhou, A. B. (2005) Changing models across cultures: Associations of phonological and morphological awareness to reading in Beijing, Hong Kong, Korea, and America, *Journal of Experimental Child Psychology* (92): 140 – 160.

[123] McBride-Chang, C., Shu, H., Zhou, A. B., Wat, C. P. & Wagner, R. K. (2003) Morphological awareness uniquely predicts young children's Chinese character recognition. *Journal of Educational Psychology* (95): 743 – 751.

[124] McConkie, G. W. & Rayner, K. (1975) The span of the effective stimulus during a fixation in reading. *Perception & Psychophysics* (17): 578 – 586.

[125] Mcdonough, K. (2008) *Using Priming Methods in Second Language Research.* New York: Routledge.

[126] McKoon, G. & Ratcliff, R. (1992) Inference during reading. *Psychological Review* (99): 440 – 466.

[127] McNeil, L. (2012) Extending the compensatory model of second language reading. *System* (40): 64 – 76.

[128] Meier P. B. & Robinson, M. D. (2010) Why the sunny side is up: Associations between affect and vertical position. *Psychological Science* (15): 243 – 247.

[129] Meijer, P. J. A. & Fox Tree, J. E. (2003) Building syntactic structures in speaking: A bilingual exploration, *Experimental Psychology* (50): 184 – 195.

[130] Melinger, A. & Dobel, C. (2005) Lexical-driven syntactic priming, *Cognition* (98): B11 – B20.

[131] Miller, K. F. (2002) *Children's early understanding of writing and language: the impact of characters and alphabetic orthographies.* Springer US.

[132] Mochizuki, M. & Aizawa, K. (2000) An affix acquisition order for EFL learners: an exploratory study. *System* (28): 291 – 304.

[133] Mokhtari, K. & Sheorey, R. (2002) Measuring ESL students' awareness of reading strategies. *Journal of Developmental Education* (25): 2 – 10.

[134] Mokhtari, K. & Reichard, C. (2002) Assessing students' metacognitive awareness of reading strategies. *Journal of Educational Psychology* (94): 249 – 259.

[135] Myonghee, K. (1995) Literature discussions in adult L2 learning. *Language, Culture, and Curriculum* (18): 134 – 166.

[136] Nagy, W., Berninger, V. & Abbott, R. (2006) Contributions of morphology beyond phonology to literacy outcomes of upper elementary and middle-school students. *Journal of Educational Psychology* (98): 134 – 147.

[137] Nagy, W. E. & Stahl, S. A. (2006) *Teaching word meanings.* Mahwah, NJ: L. Erlbaum.

[138] Naiman, N., Frohlich, M., Stern, H. & Todesco, A. (1978) *The good language learner.* Clevedon: Multilingual Matters Limited.

[139] Namei S. (2004) Bilingual lexical development: a Persian-Swedish word association study, *International Journal of Applied Linguistics* (14): 363 – 381.

[140] Nassaji, H. (2004) The relationship between depth of vocabulary knowledge and L2 learners' lexical inferencing strategy use and success. *The Canadian Modern Language Review* (61): 107 – 134.

[141] Nation, I. S. P. (1990) *Teaching and Learning Vocabulary.* New York: Newbury House Publishers.

[142] Nguyen, N. (2008) The influence of gender, age, nationality, and proficiency levels on language learning strategy use. Paper presented at the annual meeting of the MWERA Annual Meeting, Columbus, Ohio.

[143] Nilforooshan, N. & Afghari, A. (2007) The effect of field dependence-independence as a source of variation in EFL learners' writing performance. *Iranian Journal of Language Studies* (2): 58 – 70.

[144] Nissen, H. B. & Henriksen, B. (2006) Word class influence on word association test results, *International Journal of Applied Linguistics* (16): 389 – 408.

[145] Norman, D. A. & Rumelhart, D. E. (1975) *Explorations in cognition.* San Francisco: Freeman.

[146] O'Brien, E. J. (1995) Automatic components of discourse comprehension. In R. F. Lorch, Jr., & E. J. O'Brien (Eds.), *Sources of coherence in reading* (pp. 159 – 176). Hillsdale, NJ: Erlbaum.

[147] O'Brien, E. J., & Albrecht, J. E. (1991) The role of context in accessing antecedents in text. *Journal of Experimental Psychology: Learning, Memory, and Cognition* (17): 94 – 102.

[148] O'Brien, E. J., Plewes, P. S. & Albrecht, J. E. (1990) Antecedent retrieval processes. *Journal of Experimental Psychology: Learning, Memory, and Cognition* (16): 241 – 249.

[149] O'Brien, E. J., Shank, D. M., Myers, J. L. & Rayner, K. (1988) Elaborative inferences during reading: Do they occur on-line? *Journal of Experimental Psychology: Learning, Memory, and Cognition* (14): 410 – 420.

[150] O'Malley, J. M. & Chamot, A. O. (1990) *Learning strategies in second language acquisition.* Cambridge: Cambridge University Press.

[151] Ouellet, M., Santiago, J., Funes, M. J. & Lupiáñez, J. (2010) Thinking about the future move attention to the right. *Journal of Experimental Psychology: Human Perception and Performance* 36 (1): 17 – 24.

[152] Oxford, R. L. & Stock, B. J. (1995) Assessing the use of language learning strategies worldwide with the ESL/EFL version of the strategy inventory for language learning. *System* (1): 1 – 23.

[153] Oxford, R. (2002) Gender differences in language learning styles: what do they mean? In R. Joy. *Learning styles in the ESL/ EFL classroom.* Beijing: Foreign

Language Teaching and Research Press.

[154] Ozuru, Y., Dempsey, K. & McNamara, S. D. (2009) Prior knowledge, reading skill, and text cohesion in the comprehension of science texts. *Learning and Instruction* (19): 228–242.

[155] Paivio, A. & Csapo, K. (1973) Picture superiority in free recall: Imagery or dual coding? *Cognitive Psychology* (5): 176–206.

[156] Paivio, A. & Lambert, W. (1981) Dual coding and bilingual memory, *Journal of Verbal Learning and Verbal Behavior* (20): 532–539.

[157] Palmer, B. G. (1996) *Toward a theory of cultural linguistics*. Austin: University of Texas Press.

[158] Paribakht, T. S. & Wesche, M. (1999) Reading and "incidental" L2 vocabulary acquisition: an introspective study of lexical inferencing. *Studies in Second Language Acquisition* (21): 95–224.

[159] Peng, D. L., Yang, H. & Chen, Y. (1994) Consistency and phonetic independency effects in naming task of Chinese phonograms. In: Jing Q. C., Zhang H. C. and Peng D. L. (Eds.). *Information Processing of Chinese Language*. Beijing Normal University Publishing Co.

[160] Peng, D. L. & Li Y. P. (1995) Orthographic information in the identification of Chinese characters. *The 7th International Conference on the Cognitive Processing of Chinese and Other Asian Languages*. The Chinese University of Hong Kong.

[161] Perfetti C. A. (1985) *Reading ability*. New York, Oxford University Press.

[162] Pickering, M. J. & Ferreira, V. S. (2008) Structural priming: a critical review. *Psychological Bulletin* (143): 427–459.

[163] Pickering, M. J. & Branigan, H. P. (1999) Syntactic priming in language production, *Trends in Cognitive Sciences* (3): 136–141.

[164] Pienemann, M., Johnston, M. & Brindley, G. (1988) Constructing an Acquisition-Based Procedure for Second Language Assessment. *Studies in Second Language Acquisition* (10): 217–243.

[165] Pienemann, M. (1984) Psychological constraints on the teachability of languages. *Studies in Second Language Acquisition* (6): 186 – 214.

[166] Politzer, R. & McGroarty, M. (1985) An exploratory study of learning behaviors and their relationship to gains in linguistic and communicative competence. *TESOL Quarterly* (19): 103 – 124.

[167] Prior, A., Goldina, A., Shany, M., Geva, E. & Katzir, T. (2014) Lexical inference in L2: predictive roles of vocabulary knowledge and reading skill beyond reading Comprehension. *Reading and Writing* (27): 1467 – 1484.

[168] Qian, D. D. (1999) Assessing the roles of depth and breadth of vocabulary knowledge in reading comprehension. *Canadian Modern Language Review* (56): 282 – 307.

[169] Rayner, K. (1975) The perceptual span and peripheral cues in reading. *Cognitive Psychology* (7): 65 – 81.

[170] Reid, J. M. (2002) *Learning styles in the ESL/EFL classroom*. Beijing: Foreign Language Teaching and Research Press.

[171] Rodriguez, M. & Sadoski, M. (2000) Effects of rote, context, keyword and context keyword methods on retention of vocabulary in EFL classrooms, *Language Learning* (50): 385 – 412.

[172] Román, A., Fathi, A. & Santiago, J. (2013) Spatial biases in understanding descriptions of static scenes: The role of reading and writing direction. *Memory & Cognition* (41): 588 – 599.

[173] Rott. (1999) Theeffect of exposure frequency on intermediate language learner's incidental vocabulary acquisition and retention through reading. *Studies in Second Language Acquisition* (21): 589 – 619.

[174] Sachs, J. S. (1967) Recognition memory for syntactic and semantic aspects of connected discourse. *Perception and Psychophysics* (2): 437 – 442.

[175] Saenz, L. M. & Fuchs, L. S. (2002) Examining the reading difficulties of secondary students with learning disabilities: expository versus narrative texts. *Remedial and Special Education* (23): 31 – 41.

[176] Sahin, A. (2013) The effect of text types on reading comprehension. *Mevlana International Journal of Education* (2): 57-67.

[177] Salim, K. (2001) The relationship between knowledge of I^{c}raab, lexical knowledge and reading comprehension of nonnative readers of Arabic. *The Modern Language Journal* (3): 416-431.

[178] Schank, C. R. (1976) The role of memory in language processing. In C. N. Cofer (Ed.): *The Structure of Human Memory* (pp. 162-189). San Francisco: Freeman.

[179] Scharine, A. A. & McBeath, M. K. (2002) Right-handers and Americans favor turning to the right. *Human Factors: The Journal of the Human Factors and Ergonomics Society*, 44 (2): 248-256.

[180] Scheepers, C. (2003) Syntactic priming of relative clause attachments: Persistence of structural configuration in sentence production, *Cognition* (89): 179-205.

[181] Schmitt, N. & Meara, P. (1997) Researching vocabulary through a word knowledge framework: word associations and verbal suffixes. *Studies in Second Language Acquisition* (19): 17-36.

[182] Schoonbaert, S., Hartsuiker, B. J. & Pickering, M. J. (2007) The representation of lexical and syntactic information in bilinguals: Evidence from syntactic priming, *Journal of memory and language* (56): 153-171.

[183] Schoonen R., Hulstijn, J. & B. Bossers (1998) Metacognitive and language-specific knowledge in native and foreign language reading comprehension: an empirical study among Dutch students in grades 6, 8 and 10. *Language Learning* (48): 71-106.

[184] Schubert, W. T. (2005) Your highness: Vertical positions as perceptual symbols of power. *Journal of Personality & Social Psychology* (89): 1-21.

[185] Sheorey, R. & Mokhtari, K. (2001) Differences in the metacognitive awareness of reading strategies among native and nonnative readers. *System* (4): 431-449.

[186] Shiotsu, T. (2010) *Components of L2 Reading: Linguistic and Processing Factors in the Reading Test Performances of Japanese EFL Learners.* Cambridge: Cambridge University Press.

[187] Shiotsu, T. & Weir, C. J. (2007) The relative significance of syntactic knowledge and vocabulary breadth in the prediction of reading comprehension test performance. *Language Testing* (24): 99–128.

[188] Simone, S. (2014) Are there basic metaphors? In Mark J. Landau, Michael D. Robinson, and Brian P. Meier (Eds.), *The Power of Metaphor: Examining Its Influence on Social Life.* American Psychological Association.

[189] Singer, M., Graesser, A. C. & Trabasso, T. (1994) Minimal or global inference during reading. *Journal of Memory and Language* (33): 421–441.

[190] Skehan, P. (1989) *Individual differences in second-language learning.* London: Edward Arnold.

[191] Snow, C. E. (2002) Reading for understanding: toward a research and development program in reading compression. Santa Monica, CA: RAND. Retrieved from http://www.rand.org/pubs/monograph_reports/MR1465/index.html.

[192] Soderman, T. (1993) Word association of foreign language learners and native speakers: The phenomenon of a shift in response type and its relevance for lexical development, In H. Ringbom (ed.). *Near-native Proficiency in English* (pp. 91–182). Abo, Finland: Abo Academi University.

[193] Temizyürek, F. (2008) The impact of different types of texts on Turkish language reading comprehension at primary school grade eight. *Eurasian Journal of Educational Research* (30): 141–152.

[194] Tucker, G. R., Hamayan, E. & Genesee, F. (1976) Affective, cognitive, and social factors in second language acquisition. *Canadian Modern Language Review* (23): 214–226.

[195] Ulijn, J. M. & Strother, J. B. (1990) The effects of syntactic simplification on reading EST texts as L1 and L2. *Journal of Research in Reading* (13): 38–54.

[196] Van den Broek, P. (1990) The causal inference maker: Towards a process model of inference generation in text comprehension. In D. A. Balota, G. B. Flores d'Arcais, & K. Rayner (*Eds.*), *Comprehension processes in reading* (pp. 423 – 446). Hillsdale, NJ: Erlbaum.

[197] Van Gelderen, A., Schoonen, R., de Glopper, K., Hulstijn, J. & Snellings, P. (2003) Roles of linguistic knowledge, metacognitive knowledge and processing speed in L3, L2 and L1 reading comprehension: A structural equation modeling approach. *International Journal of Bilingualism* (7): 7 – 25.

[198] Van Gelderen, A., Schoonen, R., de Glopper, K., Hulstijn, J., Simis, A., Snellings, P. & M. Stevenson (2004) Linguistic knowledge, processing speed, and metacognitive knowledge in first-and second-language reading comprehension: A component analysis. *Journal of Education Psychology* (96): 19 – 30.

[199] Wang M., Cheng, C. X. & Chen, S. W. (2006) Contribution of morphological awareness to Chinese-English biliteracy acquisition. *Journal of Educational Psychology* (98): 542 – 553.

[200] Weintraub, N. A. (2013) *Islam and popular culture in Indonesia and Malaysia*. Abingdon: Routledge.

[201] Wile, S. I. (1934) Handedness: Right and left. Boston: Lothrop, Lee and Sheppard Co.

[202] Witkin, H. A. & Goodenough, D. R. (1981) *Cognitive styles—essence and orgins: Field dependence and field independence*. New York: International Press.

[203] Wolter B. (2001) Comparing the L1 and L2 Mental lexicon, *SSLA* (23): 41 – 69.

[204] Xie, J. S., Huang, Y. L., Wang, R. M. & Liu, W. J. (2015) Affective valence facilitates spatial detection on vertical axis: Shorter time strengthens effect. *Frontiers in Psychology* (6): 1 – 11.

[205] Xie, J. S., Wang, R. M. &Chang, S. (2014) The mechanism of valence-space metaphors: ERP evidence for affective word processing. *PLOS ONE* (9): 1 – 16.

［206］Yano, Y. , Long, M. H. & Ross. S. (1994) The effects of simplified and elaborated texts on foreign language reading comprehension. *Language Learning* (44): 189 – 219.

［207］Yeh, Y. & Wang, C. W. (2003) Effects of multimedia vocabulary annotations and learning styles on vocabulary learning, *CALICO Journal* (21): 131 – 144.

［208］Yoshioka, K. & Doi, T. (1988) Testing the Pienemann-Johnston model with Japanese: a speech-processing view of the acquisition of particles and word order. Paper presented at the 8th Second Language Research Forum, Hawaii, University of Hawaii.

［209］Yu, N. (2012) The Metaphorical Orientation of Time in Chinese, *Journal of Pragmatics* (10): 1335 – 1354.

［210］Yu, N. & Jia. D. D. (2016) Metaphor in Culture: Life Is a Show in Chinese, *Cognitive Linguistics* (2): 147 – 180.

［211］Yu, N. (2008) Metaphor from body and culture. In Raymond W. Gibbs, JR (Ed. pp. 247 – 261). *The Cambridge handbook of metaphor and thought*, Cambridge: Cambridge University Press.

［212］Zhang, D. B. & Koda, K. (2012) Contribution of morphological awareness and lexical inferencing ability to L2 vocabulary knowledge and reading comprehension among advanced EFL learners: testing direct and indirect effects. *Reading and Writing* (25): 1195 – 1216.

［213］Zhang, D. B. (2012) Vocabulary and Grammar Knowledge in Second Language Reading Comprehension: A Structural Equation Modeling Study. *The Modern Language Journal* (4): 558 – 575.

［214］Zoghi, M. , Mustapha, R. & Maasum, TNRTM (2010) Looking into EFL reading comprehension. *Procedia Social and Behavioral Sciences* 7C 439 – 445, Doi: 10. 1016/j. sbspro. 2010. 10. 060.

［215］安藤好惠、喜多山幸子(2012)中国言语文化学研究．大东文化大学外国语言学科中国言语文化专攻，创刊。

[216] 北京语言学院语言教学研究所（1986）《现代汉语频率词典》，北京：北京语言学院出版社。

[217] 蔡整莹、曹文（2001）泰国学生汉语语音偏误分析，《中国对外汉语教学学会第七次学术讨论会论文选》，北京：人民教育出版社。

[218] 曹贤文、牟蕾（2013）汉语二语处理中句法启动效应的实验研究，《汉语学习》（4）：80—86。

[219] 曾晨刚（2021）全球专门用途中文教材出版状况调查研究（1990—2020），《云南师范大学学报（对外汉语教学版）》（5）：24—31。

[220] 曾传禄（2005）汉语空间隐喻的认知分析，《云南师范大学学报》（2）：31—35。

[221] 曾祥敏（2009）训练课外阅读元认知策略提高英语专业学生阅读能力，《解放军外国语学院学报》（6）：60—66。

[222] 查芸芸、吴思娜（2014）汉语句法启动效应实验研究，《语言教学与研究》（1）：13—19。

[223] 常云（2011）语素意识对留学生汉语阅读的作用研究，《内蒙古师范大学学报（教育科学版）》（7）：109—111。

[224] 陈萍（2005）《汉语语素义对留学生词义获得的影响研究》，暨南大学硕士学位论文。

[225] 陈凡凡（2008）试析句子阅读中的分词加工——含"交集歧义"语段的非歧义句二语习得实验研究，《云南师范大学学报（对外汉语教学与研究版）》（3）：19—25。

[226] 陈福生（2009）《越南学生汉语结构助词"的"字使用偏误考察》，北京语言大学硕士论文。

[227] 陈琳、周小兵、王雨函（2016）拼音在中文学习中的作用及加工机制，《心理与行为研究》（5）：715—720。

[228] 陈映戎（2012）《英汉植物隐喻的跨文化理解研究》，华东师范大学博士学位论文。

[229] 程冰（2012）韩汉语言句子成分对比研究，《读与写·下旬刊》（6）：1572—1578。

[230] 程晓堂（2002）《英语教材分析与设计》，北京：外语教学与研究出版社。

[231] 程照军（2015）在华留学生汉语学习需求分析与初级汉语口语教材编写，《国际汉语学报》（2）：19—28。

[232] 崔美敬（2009）《韩汉定语对比以及韩国学生的汉语定语的偏误分析》，上海师范大学硕士学位论文。

[233] 崔艳嫣、刘振前（2010）二语心理词库组织模式发展的实证研究，《外语教学》（2）：35—38。

[234] 戴雪梅（2013）元认知策略与对外汉语阅读教学，《首都师范大学学报（社会科学版）》（51）：44—46。

[235] 戴运财（2002）场独立/依靠的认知方式和第二语言习得，《外语教学与研究》（3）：203—208。

[236] 邓恩明（1998）编写国际中文教材的心理学思考，《语言文字应用》（2）：58—64。

[237] 邓玉梅、周榕（2008）标题对 EFL 学习者英语说明文阅读理解与信息保持的影响，《华南师范大学学报》（6）：126—130。

[238] 翟康、梅爱祥（2015）频次效应和阅读理解关系研究，《中央民族大学学报》（2）：168—173。

[239] 丁安琪、陈文景（2021）论国际中文教材对教师专业发展的引导，《国际中文教育（中英文）》（4）：76—84。

[240] 丁粉红（2004）浅谈对教材的二度开发，《江苏教育》（22）：26—27。

[241] 范谊（2000）大学英语教材改革的若干问题，《外语教学》（4）：55—62。

[242] 方绪军、谭荣华、Sera Van Hoeymissen、Gracious T. Masule（2019）南部非洲汉语学习者目标任务需求分析——以博茨瓦纳为例，《华文教学与研究》（2）：87—94。

[243] 房艳霞、江新（2012）外国学生利用语境和构词法猜测汉语词义的个体差异研究，《世界汉语教学》（3）：367—378。

[244] 冯传强（2020）互联网＋时代的商务汉语学习需求调查分析，《汉语国际教育学报》（3）：17—26。

[245] 冯丽萍（2001）《词汇结构在中外汉语学习者中文词汇加工中的作用》，北京师范大学博士学位论文。

[246] 冯丽萍（2003）中级汉语水平留学生的词汇结构意识与阅读能力的培养，《世界汉语教学》（2）：66—71。

[247] 冯丽萍（2009）外国学生汉语词素的形音义加工与心理词典的建构模式研究，《世界汉语教学》（1）：101—110。

[248] 冯丽萍、卢华岩、徐彩华（2005）部件位置信息在留学生汉字加工中的作用，《语言教学与研究》（3）：1—7。

[249] 冯丽萍、宋志明（2004）词素性质与构词能力对留学生中文词汇识别的影响，《云南师范大学学报》（6）：33—38。

[250] 付玉萍、崔艳嫣、陈慧（2009）二语心理词汇发展模式的历时研究，《外国语言文学》（1）：16—22。

[251] 干红梅（2008）语义透明度对中级汉语阅读中词汇学习的影响，《语言文字应用》（1）：82—90。

[252] 高燕（2008）《对外汉语词汇教学》，上海：华东师范大学出版社。

[253] 龚社莲（2010）初级阶段对外汉语教学中的心理词汇研究，《安徽文学》（6）：195—196。

[254] 桂诗春（2000）《新编心理语言学》，上海：上海外语教育出版社。

[255] 郭纯洁（2007）《有声思维法》，北京：外语教学与研究出版社。

[256] 郭茂硕（2020）马来西亚宗教多元化现象概述及其成因探析，《中国穆斯林》（2）：45—49。

[257] 国家对外汉语教学领导小组办公室（1992）《汉语水平词汇与汉字等级大纲》，北京：北京语言学院出版社。

[258] 国家汉办/孔子学院总部（2009）《新汉语水平考试大纲》，北京：商务印书馆。

[259] 海伦英语工作室（2008）《傻瓜音标口型卡：海伦的发现》，深圳：深圳音像公司。

[260] 韩秀娟（2020）近十年来国际汉语教材的本土化与国别化研究综述，《汉语学习》（6）：97—105。

[261] 郝美玲、舒华（2005）声旁语音信息在留学生汉字学习中的作用，《语言教学与研究》（4）：48—53。

[262] 郝美玲、赵春阳（2022）拼音知识在初级汉语水平学习者汉字阅读和生字学习中的作用，《世界汉语教学》（1）：101—114。

[263] 郝美玲、张伟（2006）语素意识在留学生汉字学习中的作用，《汉语学习》（1）：60—65。

[264] 何涛（2002）《国际中文阅读教材研究——中级汉语阅读教材生词量统计分析》，北京语言文化大学硕士学位论文。

[265] 和秀梅、张夏妮、张积家、肖二平、王娟（2015）文化图式影响亲属词语义加工中的空间隐喻——来自汉族人和摩梭人的证据，《心理学报》（5）：584—599。

[266] 洪炜（2011）语素因素对留学生近义词学习影响的实证研究，《语言教学与研究》（1）：34—40。

[267] 洪炜、赵新（2014）不同类型汉语近义词习得难度考察，《汉语学习》（1）：100—106。

[268] 胡明扬（1999）对外汉语教学基础教材的编写问题，《语言教学与研究》（1）：4—16。

[269] 胡培安（2006）汉语句型难度等级制约因素综合考察，《海外华文教育》（2）：53—59。

[270] 胡卫平、赵晓媚、贾培媛、陈英和（2017）学思维网络活动对小学生创造性的影响：认知风格的调节作用，《心理发展与教育》（3）：257—264。

[271] 黄敬、王佶旻（2013）基于结构方程模型的高级水平汉语学习者语言理解能力结构探究，《华文教学与研究》（2）：24—35。

[272] 黄丹丹（2011）《基于HSK动态作文语料库的"很"的偏误分析》，吉林大学硕士学位论文。

[273] 黄更新（2008）学习风格与英语词汇教学，《高等工程教育研究》

(S1): 50—54。

[274] 黄建滨、蕾娜（2019）《华语入门》教材的编写原则探究，《国际汉语教学研究》（3）：72—79。

[275] 黄露阳（2008）外国留学生副词"就"的偏误分析，《广西民族大学学报（哲学社会科学版）》（6）：171—174。

[276] 黄贤军、高路（2005）语法启动与言语产生中的语法表征，《心理学进展》（13）。

[277] 黄月圆、杨素英（2004）汉语作为第二语言的"把"字句习得研究，《世界汉语教学》（1）：49—59+3。

[278] 汲传波（2005）国际中文口语教材的话题选择，《云南师范大学学报（对外汉语教学与研究版）》（6）：8—12。

[279] 贾月芳、陈宝国（2009）双语跨语言的句法启动，《心理科学进展》（17）：56—63。

[280] 江新（2001）外国留学生形声字表音线索意识的实验研究，《世界汉语教学》（2）：68—74。

[281] 江新、房艳霞（2012）语境和构词法线索对外国学生汉语词义猜测的作用，《心理学报》（1）：76—86。

[282] 蒋文燕、Hamar Imre（2009）《匈牙利汉语课本（第一册）》，布达佩斯：REACTOR KFT。

[283] 金善娥、辛承姬（2015）形声字声旁家族的一致性与对外汉语教学，《汉语学报》（3）：19—30。

[284] 柯彼德（2003）汉语拼音在国际汉语教学中的地位和运用，《世界汉语教学》（3）：67—72。

[285] 雷蕾、王同顺（2009）双语句法表征——来自汉英不平衡双语者句法启动的证据，《现代外语》（2）：158—167。

[286] 李虹、饶夏溦、董琼、朱瑾、伍新春（2011）语音意识、语素意识和快速命名在儿童言语发展中的作用，《心理发展与教育》（2）：158—162。

[287] 李传燕（2005）《透明度对中高级韩国学习者理解惯用语的影响》，北京语言大学硕士学位论文。

[288] 李娟、傅小兰、林仲贤（2000）学龄儿童汉语正字法意识发展的研究，《心理学报》（2）：121—126。

[289] 李丽（2005）《日本学生汉语阅读策略调查研究》，上海外国语大学硕士学位论文。

[290] 李荣宝（2006）跨语言句法启动及其机制，《现代外语》（29）：275—283。

[291] 李寿欣、宋广文（1994）关于高中生认知方式的测验研究，《心理学报》（4）：378—384。

[292] 李晓琪（2004）《博雅汉语》（初级起步篇Ⅰ、Ⅱ，准中级加速篇Ⅰ、Ⅱ），北京：北京大学出版社。

[293] 李晓琪（2012）《博雅汉语》（起步篇、加速篇和冲刺篇），北京：北京大学出版社。

[294] 李秀妍、伍珍（2021）4—8岁儿童认知风格的发展及其对问题解决的影响，《心理科学》（2）：433—439。

[295] 李杨（1998）评《桥梁——实用汉语中级教程》，《语言教学与研究》（2）：148—156。

[296] 李莹丽（2020）《文化心理学》，苏州大学出版社。

[297] 理查兹（2000）《朗文语言教学及应用语言学辞典》（英汉双解），北京：外语教学与研究出版社。

[298] 梁宇（2020）对外汉语教材供求状况的调查与分析，《辽宁教育行政学院学报》（1）：85—90。

[299] 林书武（1996）隐喻的一个具体运用——《语言的隐喻基础》评述，《外语教学与研究》（2）：66—70。

[300] 刘珣（2000）迈向21世纪的汉语作为第二语言教学，《语言教学与研究》（1）：12—18。

[301] 刘珣（2002）《新实用汉语课本》，北京：北京语言大学出版社。

[302] 刘源、梁南元、王德进、张社英、杨铁鹰、揭春雨、孙伟（1990）《现代汉语常用词词频词典》（音序部分），北京：宇航出版社。

[303] 刘慧清（2005）初级汉语水平韩国留学生的时间词使用偏误分析，

《暨南大学华文学院学报》(3)：19—27。

[304] 刘丽虹、张积家（2009）时间的空间隐喻对汉语母语者时间认知的影响，《外语教学与研究》(4)：266—271。

[305] 刘明东（2003）文化图式的可译性及其实现手段，《中国翻译》(24)：28—31。

[306] 刘润清（1990）决定语言学习的几个因素，《外语教学与研究》(2)：36—45。

[307] 刘颂浩（2000）论阅读教材的趣味性，《语言教学与研究》(3)：15—20。

[308] 刘颂浩（2003）论"把"字句运用中的回避现象及"把"字句的难点，《语言教学与研究》(2)：64—71。

[309] 刘颂浩（2008）关于对外汉语教材趣味性的几点认识，《语言教学与研究》(5) 1—7。

[310] 刘晓华（2006）学习者需求分析与精读教材编写，《北京理工大学学报（社会科学版）》(4)：110—113。

[311] 刘振前、Bever（2002）句法分析在外语阅读中的作用，《外语教学与研究》(3)：219—224。

[312] 刘正光（2001）惯用语在第二语言习得中的作用与意义研究，《湖南大学学报》(1)：93—97。

[313] 鹿士义（2002）母语为拼音文字的学习者汉字正字法意识发展的研究，《语言教学与研究》(3)：53—57。

[314] 吕军梅、鲁忠义（2013）为什么快乐在"上"，悲伤在"下"——语篇阅读中情绪的垂直空间隐喻，《心理科学》(2)：328—334。

[315] 马黎华（2010）语言标记性研究的回顾与思考，《浙江海洋学院学报》(3)：97—100。

[316] 马燕华（2005）高年级留学生汉语阅读理解难易语句分析，《语言文字应用》(3)：45—48。

[317] 孟柱忆（2000）试论语音教学中的误导问题，《第六届国际汉语教学讨论会论文选》，北京：北京大学出版社。

[318] 孟子敏（1995）在对外汉语语音教学中使用《汉语拼音方案》的几个问题，《语言文化教学论文集》，北京：北京语言学院出版社。

[319] 倪传斌（2007）外国留学生汉语的学习需求分析，《语言教学与研究》（1）：68—75。

[320] 彭聃龄（1997）《汉语认知研究》，济南：山东教育出版社。

[321] 彭聃龄、张必隐（2000）《认知心理学》，台北：台湾东华书局。

[322] 亓鲁霞、王初明（1988）背景知识与语言难度在英语阅读理解中的作用，《外语教学与研究》（2）：24—30。

[323] 齐亚丽（2007）《六部国际中文中级精读教材课文分析》，北京语言大学硕士学位论文。

[324] 钱旭菁（2003）汉语阅读中的伴随性词汇学习研究，《北京大学学报（哲学社会科学版）》（4）：135—142。

[325] 乔治·莱考夫、马克·约翰逊（1980）《我们赖以生存的隐喻》，何文忠译，杭州：浙江大学出版社。

[326] 乔治·莱考夫、马克·约翰逊（1999）《肉身哲学：亲身心智及其向西方思想的挑战》，李葆嘉、孙晓霞、司联合、殷红伶、刘林译，北京：世界图书出版公司。

[327] 秦晓晴（1997）第二语言习得中认知方式研究的现状，《外语教学与研究》（2）：41，43，45—46。

[328] 邱皓政、林碧芳（2012）《结构方程模型的原理与应用》，北京：中国轻工业出版社。

[329] 任红霞（2017）《汉语隐喻建构特点与隐喻翻译》，西南财经大学硕士学位论文。

[330] 荣泰（2018）《泰国华人小学学生汉字正字法意识发展分析》，天津师范大学硕士学位论文。

[331] 芮旭东、李冰（2021）汉语慕课建课者对教材的使用情况及开发需求——一项基于教育叙事的个案研究，《国家中文教育（中英文）》（1）：83—90。

[332] 佘贤君、宋歌、张必隐（2000）预测性、语义倾向性对惯用语理

解的影响，《心理学报》（2）：203—209。

[333] 佘贤君、王莉、刘伟、张必隐（1998）惯用语的理解：构造还是提取，《心理科学》（4）：346—349。

[334] 佘贤君、吴建明（2000）惯用语比喻意义理解的影响因素，《宁波大学学报》（1）：10—13。

[335] 沈曼琼、谢久书、张昆、李莹、曾楚轩、王瑞明（2014）二语情绪概念理解中的空间隐喻，《心理学报》（11）：1671—1681。

[336] 施家炜（1998）外国留学生22类现代汉语句式的习得顺序研究，《世界汉语教学》（4）：77—98。

[337] 舒华、曾红梅（1996）儿童对汉字结构中语音线索的意识及其发展，《心理学报》（2）：160—165。

[338] 舒华、刘宝霞（1997）汉字结构的意识及其发展，《汉语认知研究》（彭聃龄主编），济南：山东教育出版社。

[339] 舒华、周晓琳、武宁宁（2000）儿童汉字读音声旁一致性意识的发展，《心理学报》（2）：164—169。

[340] 舒华、毕雪梅、武宁宁（2003）声旁部分信息在儿童学习和记忆汉字中的作用，《心理学报》（35）：9—16。

[341] 舒华、曾红梅、陈净（1993）小学低年级儿童利用拼音学习生字词的实验研究，《心理发展与教育》（1）：18—22。

[342] 宋晓蕾、张俊婷、李小芳、游旭群（2017）水平空间与情绪效价联结效应的产生机制，《心理科学》（5）：1033—1039。

[343] 苏立昌（2009）《英汉概念隐喻用法比较词典》，天津：南开大学出版社。

[344] 孙凤兰（2014）国别汉语多媒体教材练习设计研究——学生需求分析调查报告，《中国成人教育》（10）：146—148。

[345] 孙书姿（2004）《韩国留学生习得汉语双音节VO型离合词的言语加工策略》，北京语言大学硕士学位论文。

[346] 谭顶良（1999）学习风格与教学策略，《教育研究》（5）：72—75。

［347］谭学纯（1994）"左、右/东、西"：尊卑意识及其文化蕴含，《社会科学战线》（5）：259—266。

［348］唐承贤（2005）标记理论在第二语言习得研究中的应用，《语言与翻译》（2）：61—65。

［349］唐殿强（2002）高中生认知方式与学业成绩关系研究，《辽宁教育研究》（12）：13—18。

［350］田卫平（1997）对外汉语词汇教学的多维性，《世界汉语教学》（4）：71—78。

［351］王力（1943）《中国现代语法》，北京：商务印书馆。

［352］王锃、鲁忠义（2013）道德概念的垂直空间隐喻及其对认知的影响，《心理学报》（5）：538—545。

［353］王震、范琳（2012）语篇阅读过程词汇推理研究的进展，《外语教学》（3）：56—60。

［354］王佶（2006）HSK（基础）阅读理解难度的影响因素研究，《云南师范大学学报（对外汉语教学与研究版）》（3）：19—22。

［355］王建勤 影响汉语学习的因素与汉语学习的对策，www.dwhyyjzx.com/uploadfile/200632754919237.doc。

［356］王建勤（2000）对外汉语教材现代化刍议，《语言文字应用》（2）：9—15。

［357］王建勤（2009）《第二语言习得研究》，北京：商务印书馆。

［358］王婕妤（2021）多元化背景下汉语国际教育"三教"问题的几点思考，《科教导刊》（16）：41—43。

［359］王娟、张积家、胡鸿志（2015）小学生义符一致性意识的发展研究，《心理科学》（5）：1136—1140。

［360］王宁（1997）汉语字词的结构与意义，《汉语认知研究》，济南：山东教育出版社。

［361］王晓雯（2020）《朝鲜族儿童正字法意识发展的实验研究》，延边大学硕士学位论文。

［362］王尧美（2007）对外汉语教材的创新，《语言教学与研究》（4）：

78—82。

[363] 文旭、华鸿燕（2018）具身认知视域下汉语隐喻性话语的工作模型，《外语教学理论与实践》（4）：7—12。

[364] 吴华（2010）元认知策略在对外汉语阅读教学中的应用，《民族教育研究》（3）：87—90。

[365] 吴门吉、徐霄鹰（2004）加强汉语阅读中句法结构知识的讲解和训练，《海外华文教育》（4）：12—18。

[366] 吴明隆（2017）《结构方程模型——AMOS 的操作与应用》，重庆：重庆大学出版社。

[367] 吴念阳、刘慧敏、徐凝婷（2009）褒贬义形容词的垂直方位表征，《心理科学》（3）：607—610。

[368] 吴思娜（2013）韩国及马来西亚学生句法认知难度初探，《语言教学与研究》（2）：26—33。

[369] 吴思娜（2016）词汇、句法和元认知策略对日本学生汉语阅读理解的影响，《语言教学与研究》（2）：59—66。

[370] 吴思娜、刘梦晨、李莹丽（2019）具身认知视角下汉语二语情感词的空间隐喻，《世界汉语教学》（3）：405—416。

[371] 吴晓明、张金桥（2006）留学生汉语惯用语理解特点的实验研究，《暨南大学华文学院学报》（4）：36—42。

[372] 伍新春、李虹、舒华、Anderson, R. C.、李文玲（2002）拼音在儿童分享阅读中的作用，《心理科学》（5）：548—551。

[373] 夏林丽、杨龙仙、颜宝平（2022）阅读元认知策略对学生数学成绩的影响——基于 PISA2018 数据分析，《中国考试》（1）：76—85。

[374] 肖奚强（2002）外国学生汉字偏误分析，《世界汉语教学》（2）：79—85。

[375] 肖奚强（2000）韩国学生汉语语法偏误分析，《世界汉语教学》（2）：95—99。

[376] 谢谜（2009）二语心理词汇的性质与发展，《语言教学与研究》（4）：71—76。

[377] 谢斯骏、张厚粲（1988）《认知方式》，北京：北京师范大学出版社。

[378] 邢红兵（2003）留学生偏误合成词的统计分析，《世界汉语教学》(4)：67—78。

[379] 熊云茜（2003）中级汉语阅读课教学模式初探，《云南师范大学学报》(2)：15—18。

[380] 徐浩（2014）双语工作记忆和二语水平对跨语言句法启动效应的影响，《外语教学与研究》(3)：412—422。

[381] 徐丽华（2003）对外汉语教学难点分析及对策，《浙江师范大学学报（社会科学版）》(5)：94—97。

[382] 徐知嫒、王小潞（2014）中国英语学习者的隐喻理解策略及理解模型建构，《外语教学与研究》(1)：98—110。

[383] 徐知嫒、赵鸣（2014）不同英语水平学习者隐喻理解策略研究，《现代外语》(3)：400—409。

[384] 徐子亮（2000）《汉语作为外语教学的认知理论研究》，北京：华语教学出版社。

[385] 徐宗才、应俊玲（1985）《惯用语释例》，北京：北京语言学院出版社。

[386] 薛耀锋、曾志通（2020）面向自适应学习的不同认知风格学习者眼动模型研究，《现代教育技术》(8)：91—97。

[387] 严春荣（2009）二语习得者的语言内句法启动及其机制，《福建广播电视大学学报》(6)：19—21。

[388] 杨斌芳、张丽锦、李晓（2016）故事书阅读中考核与注音对农村一年级儿童识字量的影响，《中国特殊教育》(6)：84—90。

[389] 杨小虎、张文鹏（2002）元认知与中国大学生英语阅读理解相关研究，《外语教学与研究》(3)：213—218。

[390] 杨玉芳（2007）场独立/依靠对高级英语课堂教学的启示，《阜阳师范学院学报（社会科学版）》(3)：125—126。

[391] 姚勇（2006）《中国英语学习者言语产生中的句法启动效应》，新疆师范大学硕士学位论文。

[392] 殷融、曲方炳、叶浩生（2012）"右好左坏"和"左好右坏"——利手与左右空间情感效价的关联性，《心理科学进展》（12）：1971—1979。

[393] 殷融、曲方炳、叶浩生（2012）具身概念表征的研究及理论述评，《心理科学进展》（9）：1372—1381。

[394] 殷融、苏得权、叶浩生（2013）具身认知视角下的概念隐喻理论，《心理科学进展》（2）：220—234。

[395] 余卫华（2002）需求分析在外语教学中的作用，《外语与外语教学》（8）：20—23。

[396] 俞红珍（2005）教材的"二次开发"：涵义与本质，《课程·教材·教法》（12）：9—13。

[397] 张萍（2010）中国英语学习者心理词库联想模式对比研究，《外语教学与研究》（1）：9—16。

[398] 张萍（2011）学习者英汉语心理词库构建的词性效应对比研究，《解放军外国语学院学报》（6）：68—71。

[399] 张琦、江新（2015）中级和高级汉语学习者语素意识与阅读关系的研究，《华文教学与研究》（3）：11—17。

[400] 张赛（2006）《英汉双语者在被动结构上的跨语言句法启动》，浙江大学硕士学位论文。

[401] 张巍、朱倩园（2016）留学生汉语联合式双音合成词识别实验分析，《汉语学习》（5）：77—86。

[402] 张芳（2012）《维吾尔族学生汉语结构助词"的"的习得研究》，中央民族大学硕士学位论文。

[403] 张和生（2006）外国学生汉语词汇学习状况计量研究，《世界汉语教学》（1）：70—76。

[404] 张积家（2012）汉—英双语者言语产生中的句法启动效应，《西安外国语大学学报》（1）：5—8。

[405] 张金桥（2012）印尼留学生汉语句子产生中的跨语言句法启动，《心理与行为研究》（4）：297—300。

[406] 张金桥、吴晓明（2005）词形、词义因素在留学生汉语词汇选择判

断中的作用，《世界汉语教学》（2）：71—78。

［407］张金鑫（2020）《不同实验任务下声旁家族大小对小学生形声字识别的作用》，新疆师范大学硕士学位论文。

［408］张晶、王尧美（2012）来华预科留学生阅读策略调查研究，《语言教学与研究》（2）：25—32。

［409］张黎（2006）商务汉语教学需求分析，《语言教学与研究》（3）：55—60。

［410］张珊珊（2006）通过单词联想实验探索二语词汇的结构，《现代外语》（2）：164—171。

［411］张仕海（2017）中、高级水平留学生汉语隐喻理解能力实证研究，《海外华文教育》（1）：66—75。

［412］张淑静（2003）从反应类型看词汇习得，《外语教学与研究》（4）：275—281。

［413］张淑静（2004）《中国英语学习者心理词汇：性质与发展模式》，郑州：河南大学出版社。

［414］张淑静（2005）从联想测试看二语心理词汇之间的联系，《解放军外国语学院学报》（2）：52—57。

［415］张淑静（2008）重组二语心理词汇，《四川外语学院学报》（6）：66—69。

［416］张卫国（2006）阅读：覆盖率、识读率和字词比，《语言文字应用》（3）：102—109。

［417］张熙昌（2007）论形声字声旁在汉字教学中的作用，《语言教学与研究》（2）：21—28。

［418］张禹东（1996）马来西亚的"伊斯兰化"运动对华人及其宗教文化的影响，《华侨华人历史研究》（4）：22—29。

［419］赵玮（2016）汉语作为第二语言词汇教学"语素法"适用性研究，《世界汉语教学》（2）：276—288。

［420］赵金铭（1998）论对外汉语教材评估，《语言教学与研究》：（3）4—19。

[421] 赵金铭（2002）外国人语法偏误句子的等级序列，《语言教学与研究》（2）：1—9。

[422] 赵金铭（2004）《对外汉语教学概论》，北京：商务印书馆。

[423] 赵清永（1994）从语法研究的三个平面看外国留学生的误句，《北京师范大学学报》（6）：97—102。

[424] 赵晓艳（2007）《对外汉语中级精读教材话题研究》，暨南大学硕士学位毕业论文。

[425] 赵新、李英（2004）汉语中级精读教材分析与思考，《暨南大学华文学院学报》（4）：30—36。

[426] 郑梦娟（2021）推进国际中文教材资源建设，《中国社会科学报》2021—08—24（3）。

[427] "知网"情感分析用词语集（beta 版），http：//www.keenage.com/html/c_index.html。

[428] 中国教育部、国家语言文字工作委员会（2011）《汉语口语水平等级标准及测试大纲》，北京：语文出版社。

[429] 周宏溟（1990）《汉语惯用语词典》，北京：商务印书馆。

[430] 周谨平（2013）二语心理词汇联想测试中词频和词性效应的相关性研究，《安徽理工大学学报（社会科学版）》（2）：72—75。

[431] 周平红、卢强、张屹（2007）对外汉语学习网络教学平台建设的需求分析，《开放教育研究》（3）：65—70。

[432] 周榕、徐丽欣（2012）概念隐喻对并列中英双语者隐喻表达理解的效应研究，《现代外语》（3）：261—269。

[433] 周小兵（2004）学习难度的测定与考察，《世界汉语教学》（1）：41—48。

[434] 周小兵（2007）语法偏误类别的考察，《语言文字应用》（1）：111—118。

[435] 周小兵（2007）越南人学习汉语语法点难度考察，《云南师范大学学报（对外汉语教学与研究版）》（1）：1—7。

[436] 周小兵（2009）非母语者汉语语法偏误研究程序，《云南师范大学

学报》（1）：1—9。

［437］周小兵、赵新（1999）中级汉语精读教材的现状与新型教材的编写，《汉语学习》（1）：53—56。

［438］周奕（2005）汉语拼音对外国学生发音偏误的诱发机制及其教学对策，《语言文字应用》（9）：30—32。

［439］朱莉、黄思静（2015）非英语专业研究生英语习语加工策略的实证研究，《海外英语》（24）：227—229。

［440］朱勇、崔华山（2005）汉语阅读中的伴随性词汇学习再探，《暨南大学华文学院学报》（2）：15—22。

［441］朱火红、郑海燕（2009）中国4—6岁儿童口语句法启动效应的实验研究，《心理科学》（32）：816—819。